Governing Cross-Sector Collaboration

跨部门合作治理

（美）约翰·弗雷尔（John J.Forrer）
（美）詹姆斯·埃德温·凯（James Edwin Kee）　著
（美）埃里克·波伊尔（Eric Boyer）

甄杰 译

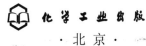

化学工业出版社

·北京·

本书所关注的跨部门合作治理的主题，毫无疑问，是当今组织间合作与效率提升方面最为重要的论题之一。在现代社会中，由单一部门主导的工作几乎消失，由不同部门合作管理并施加影响的工作随处可见，本书正是在这种发展背景下，对各级政府部门、各类企业、非营利性组织等的合作治理问题进行专门探讨和深入的研究。

本书以例证的方法描述了跨部门合作治理的基本模式，引导读者以研究的眼光来评判不同的合作方法，并探究其变化形式，从而产生创新性的解决跨部门合作中诸多问题的方式。并且，本书深入探讨了在跨部门合作中高管、各层次专业人士都需要具备的四种基本领导技能，即从其他主体那里得到支持、在其正式角色之外领导、理解更为宽泛的系统、构建信任，这也是我们成功参与跨界活动的必备利器。

本书针对的是公共管理领域，如公私合伙（PPPs）、网络治理等，但却适合各学科背景如工程、规划、健康卫生、法律等的专业人士研读，而不仅限于工商管理和非营利管理这些方面。本书可以让我们在复杂的社会活动中，高效地整合各类资源、明确角色责任、构建合作网络，从而深刻理解其中的协作关系，并对未来达成共同的理解。

Governing Cross-Sector Collaboration, first edition/by John J. Forrer, James Edwin Kee, Eric Boyer
ISBN 978-1-118-75969-1

Copyright © 2014 by John Wiley & Sons,Inc. All rights reserved.
Authorized translation from the English language edition published by John Wiley & Sons,Inc.

本书中文简体字版由John Wiley & Sons, Inc授权化学工业出版社独家出版发行。
本版本仅限在中国内地（不包括中国台湾地区和香港、澳门特别行政区）销售，不得销往中国以外的其他地区。未经许可，不得以任何方式复制或抄袭本书的任何部分，违者必究。

北京市版权局著作权合同登记号：01-2015-0138

图书在版编目（CIP）数据

跨部门合作治理/（美）约翰·弗雷尔（John J.Forrer），（美）詹姆斯·埃德温·凯（James Edwin Kee），（美）埃里克·波伊尔（Eric Boyer）著；甄杰译. —北京：化学工业出版社，2018.9
书名原文：Governing Cross-Sector Collaboration
ISBN 978-7-122-32551-8

Ⅰ.①跨…　Ⅱ.①约…②詹…③埃…④甄…　Ⅲ.①管理学　Ⅳ.①C93

中国版本图书馆CIP数据核字（2018）第145819号

责任编辑：刘立梅　　　　　　　　　　　　装帧设计：王晓宇
责任校对：宋　夏

出版发行：化学工业出版社（北京市东城区青年湖南街13号　邮政编码100011）
印　　装：中煤（北京）印务有限公司
787mm×1092mm　1/16　印张16　字数334千字　2018年11月北京第1版第1次印刷

购书咨询：010-64518888（传真：010-64519686）　　售后服务：010-64518899
网　　址：http://www.cip.com.cn
凡购买本书，如有缺损质量问题，本社销售中心负责调换。

定　　价：89.00元　　　　　　　　　　　　　　　　　版权所有　违者必究

THANKA
致谢

本书是在超过1/4世纪的时间里在跨部门合作方面教学、写作与思考的成果。我们对在该主题方面促进我们思考的许多同事与学生心存感激，很难在此将他们的名字一一罗列。然而，我们尤其想要提及并感谢以下几位。

埃里克·波伊尔在与巴斯出版社商讨的最初阶段就作为共同作者加入这项工作中。他负责了几个章节的写作，提出了重要的见解，并在全书的理论与实践方面做出了贡献。他表达了对父母保罗和苏珊·波伊尔的感激，感谢他们的爱与支持。

乔治·华盛顿大学的教授凯瑟琳·纽科默是特拉亨伯格学院公共政策与公共管理系的主任，她在整个过程中都给予了支持；她阅读了一些章节的草稿并进行了有价值的评论，而且她还是我们发表在《公共管理评论》杂志中两篇基础性论文的共同作者。乔治·华盛顿大学的名誉退休教授迈克尔·哈蒙提升了我们对于民主责任问题的思考。迈克·沃思，乔治·华盛顿大学非营利管理专业的教授，在有关跨部门合作的非营利部门中的领导方面提出了意见。佐治亚理工大学的教授戈登·金斯利在组织学习与跨部门合作方面提供了有益的反馈。

我们也得益于一些研究生助理的帮助。乔治·华盛顿大学的莉蒂亚·沃尔曼在有关性别和沟通的责任与官僚制研究方面、塞缪尔·克莱门茨在网络治理研究方面、里德玛·卡普尔在独立的公共服务提供者研究方面都给予了帮助。日本访问学者安谷觉在有关公私合伙的大量问题方面与我们一起工作。佐治亚理工大学的研究生阿瑞丹姆·达斯进行了协作的背景研究，帕蒂·奈尔斯提供了宝贵的行政管理方面的支持。

我们也要感谢同意接受采访的许多单位和个人，尤其是美国海军和一些记者，以及阿德米拉尔·撒德·艾伦、罗恩·卡莉、洛里·卡普兰、巴·斯蒂尔曼和休·拉塞尔。特里·凯在独立的公共服务提供者的组织问题方面提出了洞见。我们也非常感谢在手稿完成的不同阶段对其进行审查的匿名评审。在本书的内容与组织方面，他们都给我们提出了有价值的建议和意见。

约翰·布莱森教授与巴斯出版社的编辑艾莉森·汉基是本书坚强的支持者，他们推动我们将本书主题拓宽至所有的跨部门合作。我们对巴斯出版社的职员和编辑们表示感谢，他们对于手稿提出了建议并进行了完善。

最后，要感谢我们的爱人莎伦·福莱尔和苏珊娜·爱尔隆·凯，她们全程以爱和耐心相伴。我们将此处献给她们。

约翰·弗雷尔　詹姆斯·埃德温（杰德）·凯

华盛顿特区

2014 年 4 月

罗恩·卡莉的序

社会的确是一个相互依赖的复杂系统，我们将之描述为不同的部门——公共部门、私人部门和非营利部门。在生活中，我们一般不怎么注意这些不同的部门。例如，我们可能想当然地认为是政府在从事垃圾回收工作，即便是私人公司从我们家中将垃圾搜集起来并运走。然而，我们基本上会忽视这种被看作简单的服务是怎样由不同的部门管理并施加影响的：地方、州和联邦政府；私人运输企业；公立和私营废物处置机构；非营利性环境组织；以及其他组织。

没有什么是简单的。现代社会中没有哪一方面是由单一部门所主导的。一个也没有。

《跨部门合作治理》处理的是当今相互关联的社会中的真实情况。本书对于不同协作方法的描述是例证型的，而非限定型的。正如作者所言，他们所讨论的五种"选择""可以被视为是演化的过程"。作者没有声称"这五种选择包括了所有的可能性"，而是代表了一些基本的模式。因此，读者可以用研究的眼光来评判这些不同的方法，并探究其变化形式。合同、合伙以及网络将会以独特的、并希望是以创新性的有效方式从一种共同体向另一种共同体汇聚。本书提供了有价值的基础，由此可以产生创新性的跨部门的问题解决方式。

尽管本书针对的是公共管理，却适合各学科背景的人来研读，而不仅限于工商管理和非营利管理这些方面。工程、规划、健康卫生、法律和其他大量专业都是我们相关联的社会的一部分，并受其影响。《跨部门合作治理》中所讨论的领导技能也不是只针对高管。各层次组织中的专业人士都需要从其他主体那里得到支持、在其正式角色之外领导、理解更为宽泛的系统、构建信任——这是作者所讨论的四种基本领导技能。实际上，协作只有在这种情况下才会有意义并有效果，即我们组织内的所有成员都理解、看重并支持跨越组织边界一起工作。

思量一下我自己所在的城市管理领域。如果私人部门无法有效率或有盈利地提供服务，那么地方政府也不能独自实现这样的目标。地方政府要服务于更大的目标。尽管各个城市的愿景陈述不同，但是从本质上来说都是要创建一个人们可以安居、乐业、享生的好去处。这样的地方可以提供谋生的机会、优良的教育、安全和健康的环境。这些社会特质不可能仅由独立工作的一个部门来提供。孤立的企业能够提供谋生机会吗？孤立的教育局能保证所有学生都取得成功吗？孤立的警察部门能安保四邻吗？社区健康又可能会被置于哪座孤岛之上呢？

在所供职组织提供服务的领域内做一位好的经理人是不够的。掌管所有部门的组织领导必须关注《跨部门合作治理》一书中所讨论的跨界活动。领导者们不仅必须自己能看到更为宽广的系统，还必须主动帮助其他人看到这一系统以及未来我们所有人都紧密联结的方式。

詹姆斯•埃德温•凯在其职业生涯早期，作为公共从业者遭遇过这些问题，并以学者身份对此广泛研究了数年。其成果是出版了一本不抽象而具有实用价值的著作。詹姆斯•埃德温•凯的视角也受到他在公共物品共享责任方面所具有的深切感知的影响。约翰•弗雷尔运用了全球企业的视角，而埃里克•波伊尔则秉持当代公共管理的观点。其成果是一本提出了可操作的原则并以该领域中的大量案例进行描述的著作。阿灵顿郡消防与救援部门的詹姆斯•施瓦兹是9•11五角大楼恐怖袭击事件初始响应的应急指挥官。他注意到，在应急响应方面人们往往在问："谁在负责？"詹姆斯说这是一个错误的问题，真正的问题应该是："谁在负责哪方面的工作？"这对于我们在社会中所从事的全部工作来讲都是正确的。没有人掌管或能够掌管这个社会或是它的任何一个主要方面。每一个部门和组织相对于整体来说都扮演着一种角色、承担着一种责任。实现有效性——人们兴旺发达并追求希望与梦想的宜居社区——最终依赖于组织跨部门协作的程度，并要对我们相互关联的关系和未来达成共同的理解，《跨部门合作治理》这本书有助于推动我们朝向这一目标前进。

罗恩•卡莉

北卡罗来纳州夏洛特市数据处理局城市主管

2014年5月

CONTENTS
目录

导论

在当今的21世纪，公共部门的领导者和管理者们越来越多地涉足跨部门合作（CSCs）之中——这场转型与始于一个世纪之前的公共治理变革同样重要。在19世纪晚期和20世纪初期，美国从主要通过赞助进行管理的小政府演变为由专业公务员进行管理的大型公共部门。这种专业水准的增强导致了公共管理和公共政策学派的发展、联邦政府层面高级行政官员制度的形成、官僚主义管理和问责模式的开发，这种模式直到最近才没有了争议。在国际范围内也出现了类似的公共部门的发展，尤其是在西方国家中。

然而，从20世纪80年代开始，传统公共管理的正统观念在美国及其他国家受到了挑战。这种挑战源于政界人物和学界专业人士，他们感到20世纪80年代形成的公共部门是无效、臃肿且反应迟钝的。他们力主更多的私人部门在交付公共物品和服务方面进行更多的介入和创新，而公共部门官僚机构从中得以释放并变得更加灵活和具有创新性。这场运动被贴上了新公共管理的标签，而针对该运动的争论也在持续着。不过，现实情况却是，当今的公用企业日益依赖第三方（州政府、私人公司、非营利组织）来向美国公众交付服务（萨拉蒙2002）。

本书的读者是那些想要更多地了解这些合作形式的人，以及公共部门和非营利部门中发现自己在实现其公共的和非营利性的使命时日益涉足于各种合作活动的人，这些合作活动包括缔约、合伙、网络和其他非依赖型关系。私人部门也会从理解公共管理者如何着手处理其所面对的合作、选择和实际权衡的过程中获益。

公用企业的多变性

这种我们称之为"公用企业"的更为宽泛的政府环境，其特征自我们的国家建立之时就已经发生了根本改变❶。尽管政府仍然是公用企业的核心，但是当今的

---

❶ 公共企业的概念在纽科默和凯（2011）的论文中进行过讨论。导论中的有些材料来自于那篇文章。

公用企业也包括了许多从事公共服务活动的私人和非营利主体。这种新兴的变化要求我们重新思考基本的治理结构以及公用企业内部的关系。

宪法争议时期的美国政府在殖民管理之后大都是模式化的。政府例如法院和自卫队的主要作用，在各个州或地方政府（县、教区、郡）中都是由其民众履行的。这些人包括农民、律师、专业人士和工人，他们通过任职于政府部门而增加了收入。直到19世纪，在西方国家才出现了这种永久性的公务员。美国在建国的第一个100年中，政府行政任命大多是基于所认识的人而不是你自己的技能。

美国建国之时，公共部门和私人部门的区分是比较模糊的。政府部门的工作往往是兼职的；邻居们组成协会在一起工作，从而创建了"公共"部门的基础结构；私人部门开发了收费的公路和运河，为公共运输和私人运输提供便利。随着国家的发展，特别是在工业革命以后，公共部门和私人部门之间明显的分界线产生了重要的问题。大部分经济都是不受管制的、不安全的；城市地区由政治机器运营，而其支持者则获得公共部门的工作或是缔约的好处。在19世纪末期，进步主义运动反映出人们越来越认识到国家需要在两类部门的作用之间进行更为明确的区分，而进步力量支持专职公务员的发展，以管理公共事务。公共管理的职业化开始于地方层面，但随后就由联邦政府领导着进行了，并在1883年的彭德尔顿法案中形成了联邦公务员制度。

正如我们现在所了解的，公用企业当前的规模主要是20世纪国家政府扩张的结果，尤其是在大萧条、第二次世界大战、冷战以及随后伟大的社会时代期间。国家政府的开支占国内生产总值的比例由不到2.5%上升了10倍，达到了2010年的超过25%。在此期间，由于专职公务员制度的发展，公共部门的雇员数量有了巨大幅度的增加。然而，联邦就业职员的增加在20世纪后期受到国会的限制，即设定了全职雇员的人数上限，并将联邦项目的执行转移到州政府或联邦契约商的层面。实际上，尽管联邦政府的开支由1980年的6780亿增至2009年的3.5万亿，但联邦雇员的数量却下降了。甚至在创建新的联邦部门例如能源和国土安全局时，雇员上限意味着那些新部门大部分要依赖私人承包商来完成其公共使命。

公用企业当前的结构

当前公用企业在20世纪后半段的演化可以从五个方面来进行解释：实际的项目运作（尽可能地）向州政府转变；在所有非"固有政府性"功能方面充分利用私人和非营利契约商；利用公私合伙关系处理公共问题和需求的情况不断增多，尤其是在基础设施领域；包括私人和非营利主体的公共服务提供者网络的发展；以及最后由私人和非营利组织组成的独立主体，即交付公共物品和服务的、我们称之为独立的公共服务提供者（IPSPs）的发展。这五种趋势中有四个都涉及跨部门合作。

政府与扩张发展的公用企业

权力下放、缔约、合伙以及网络的结果是形成了公用企业，这种企业与20世纪大多数时间发展起来的企业有很大的不同。有些人将此贴上了"国家空洞化"的标签（戈德斯坦1992；米尔沃德，普罗文2000），因为政府在有效管理公用企业方面表现得越来越无能为力。也有些人把这称作"第三方政府"的发展（萨拉蒙2002）或是"市场状态"（博比特2002）。支持者和反对者纷纷赞美或谴责这种发展，但毫无疑问，公用企业已经发生了巨变。

在20世纪后50年，公共治理包括非营利组织在提供公共物品和服务方面的扩张，以及提供从监狱到公路等物品与服务的私人市场的出现（萨瓦斯2000）。尽管网络与合伙关系发展了，但是政府的正式结构及其组织起来的方式大多仍未发生改变，而公共管理者的角色却在同时期变化很多。

公私合伙、网络以及独立的公共服务提供者

本书关注各种合作安排——缔约、网络、公私合伙以及我们称之为的独立的公共服务提供者——并将之作为政府行动的工具。独立的公共服务提供者是更加网络化地交付服务的自然延拓，是由企业和非营利组织组成的自我管理的实体，它们在生产或交付公共物品和服务方面进行合作，有时候是与政府合作。

政府（联邦、州和地方政府）仍然处于公用企业的中心位置，继续占据支配地位但不再是唯一的主体。缔约商也处于公用企业的范畴内，其总体上是在政府框架内作为政府代理来运营。然而，与缔约商相比，合伙与网络有时候是处于政府框架之内，而有时候却有更大的自由裁量权和自治权。政府必须同网络或合伙关系中的其他主体在公共物品与服务的性质、范围及交付等方面进行协商。独立的公共服务提供者是这些备选组织方式中最为独立的形式，是在没有任何政府部门参与的情况下被创建的。

政府行为现在大都是通过官僚制结构来设计的，这种结构主导了政府在20世纪大部分时期的活动。官僚制模式在非常结构化的情形下效果很好，此时问题可以由单个政府机构进行区分和控制，但这并非当今许多重要问题例如环境变化以及医疗保健成本改革等的特性。相反，公务员必须在政策主体、实施者或独立的公共服务提供者形成的网络中，指望涵盖多种组织的多机构、多部门解决方案，这与当前的政府官僚层级制度有很大的不同。

这种跨部门领域包括合作与相互关系，并由差异化结构而非传统的政府层级制度组织起来。与既存的模式相比，这种差异化结构要求不同的领导和公共管

理类型（凯特尔1997；凯，纽科默2008）。与基于责任层级制观点的公共管理不同，公务员们必须与各类主体协商一致，可能对他们很少有影响力或者不进行直接控制，而是在涉及相互信任、相互负责发展的横向关系中通过合同或临时安排联系在一起。

本书的组织架构

本书由两部分12章组成。第1部分是"选择跨部门合作"，描述了跨部门合作的各种形式（其优势与劣势），并提供了分析其在解决公共事件或问题中作用的框架。第1章谈论了公共管理者面临的挑战以及当前复杂的治理环境，包括驱动跨部门合作的政治、社会和经济的力量。本章描写了为处理那些传统政府结构似乎不能或不愿解决的问题而出现的组织类型，并且介绍了独立的公共服务提供者这一概念。

第2章检验了各种部门对跨部门合作利用数量提升的基本原理，并为以更为战略性的方式参与跨部门合作提供了模板。本章对委托-代理环境下的政府活动以及契约、网络、合伙关系或独立的公共服务提供者等合作情境下政府与其他主体协商，进行了明确地区分。

第3章到第6章研究了跨部门合作的主要模式：合作缔约、合伙关系、网络与独立的公共服务提供者。每一章都界定了跨部门合作的一种形式，分析了其基本原理，并为公共管理者提供了具体的案例和框架，以在交付公共物品与服务方面让私人和非营利部门参与其中。

第3章的内容是缔约，分析了缔约如何从传统或经典的合同转变为需要政府与缔约商之间更多互动的合同。我们将这些不完全契约或关系契约称为"合作缔约"，以将其与更为传统的合同类型进行区分。在本章中，我们也为所有的合同类型提供了详细的评估过程。

第4章的内容涵盖了与非营利部门合伙以及公私合伙。我们在讨论这些内容时使用了"跨部门合伙关系"这一术语。政府日益参与到与非营利部门和私人部门的合作关系之中。这些非营利主体在交付各种医疗保健和社会服务方面具有特别重要的作用。私人组织正在寻求并进入公私合伙关系，尤其是要满足公共基础设施方面的需求。本章为公共管理者有效地开展合伙关系提供了一个框架。

第5章涉及网络组织，包括其作用、类型与结构。这些内容通过各种例子和案例研究进行了描述。本章也提供了一个框架，使得公共管理者能够与交付公共物品和服务的网络有效地共同工作。

第6章进一步探讨了独立的公共服务提供者的概念，提出了在交付公共服务中该主体日益增多的使用及其合法的可能性。本章提出了独立的公共服务提供者在处理第1章所提出的重要挑战时的案例。

第7章提出了评估这些新的治理改革方面的分析框架，以及它们应该或者能够在何时被用于特定的情境或是解决特定的问题。运用这些案例研究，本章探讨了一些关键性问题，例如公共任务或挑战的本质、应对挑战的必要资源的位置、风险识别与分担、公众最佳价值分析、测量绩效并确保适当责任的重要性。

第2部分"管理跨部门合作"中的章节研究了影响公共管理者有效利用跨部门合作的许多执行因素。他们描绘了公共管理有关跨部门合作这些新形式的当前状态，识别了公共管理者在从事跨部门合作时在管理和领导方面的要求。

第8章研究了公共管理当前的官僚制形式，提出了支持和反对当前模式的一些论据。本章认为，主体演化分层结构是需要一个新的模式的。

第9章描绘了在差异化结构而不是等级制下，对公共管理者在领导力方面的要求，并研究了公共管理者协调非营利性和营利性组织在公共服务领域所作贡献的一些技术。

第10章强调了形成相互的和民主的责任制的重要性，提出了实现这一责任制的方法，并向公共管理者提供了在跨部门合作中培育责任的四个支柱。

第11章讨论了公共机构开发学习实践的需求，以改善其与私人和非营利部门合作的方法。

第12章讨论了我们如何通过重新考虑公共管理者的角色以及通过营利性部门和非营利性部门增加行动的可能性来弥补治理差距，并以此来作为本书的结尾。本章应对了公共管理者的关键性挑战，总结了跨部门合作的优劣势，并在评估跨部门合作的成功时将"公共价值"作为重要的考虑因素。

这些章节中列举了各种案例研究，包括在州政府就业和培训选择方面的案例研究，这会给读者在深入理解本章跨部门合作时运用这些概念的机会。更多的案例可以参考本书的网址：www.wiley.com/college/forrer.

当今的公共管理者在解决公共问题并交付公共物品和服务方面面临许多选择。这些新的跨部门合作选择为改善绩效提供了保证，但是却需要具有与当前政府机构中的传统方式迥异的管理和领导手段。

本书是面向公共领导者和管理者的，他们对公用企业的有效管理工作及其在非营利部门和私人部门中的合作伙伴负责。本书提供了分析蓝图以及为了公众利益确保公共责任的框架。我们相信，本书对于学生和实践工作者来说都是有用的，他们明白我们正生活在具有挑战的时代，并渴望更好地理解不同的行为与治理模式。

∧

第1部分

∨

选择跨部门合作

第1章

跨部门合作的内容

对于公共部门管理者来说，跨部门合作（CSCs）可以使得政府同其他部门一起利用资金、专业知识并共担风险，从而为公共产品和服务的成功交付提供关键要素。对于非营利部门管理者来说，合作可以使其组织更好地践行使命，并有可能将该使命拓展到相关的利益领域。对于私有部门管理者来说，合作预示着利润的增加、声誉的提升、商业机会的扩大。所有的部门管理者都可以通过更好地理解合作的本质或者通过理解其如何在合作中被成功引导、管控而受益匪浅。

本章以审视所有公共部门管理者都要面临的困境为开篇：缺乏资源和支持来履行其公共职责的公共部门如何对其所面临的全球性挑战做出反应？本章也阐述了合作的必要性，以及推动政府参与网络及合作的多种因素。其次，本章界定了跨部门合作的含义，并为公共部门管理者提供该种合作的类型、利用和关键问题的框架。每一种合作类型都会在后续章节中进行详细论述。

公共合作者困境

各个层面的政府——无论是联邦政府、州政府还是地方政府，包括美国和国际社会的政府——都面临着来自社会、政治和经济的巨大挑战，而这些挑战还有可能演变得更为复杂。这些挑战使得公共管理者进退两难：公众对于政府的期待与政府在资源与支持方面从未得到满足之间形成了前所未有的鸿沟。当政府政策与项目在效率和效果方面面临诸多挑战时，政府就会出现资源不足、价值被低估、被评价为不公的现象。

对政府的信心不足以及多年来逐渐累积的失望，说明在增强政府机构并提升其绩效方面缺乏足够的政治支持。政府机构的资源不足，以及日益增长的对政府在应对当前新兴挑战方面的要求，意味着政府绩效的持续无效，这也反过来加强了对政府信任的不足。

各个层面的政府部门都往往缺乏识别时下潮流并采取有效政策和程序的专业知识、能力或资金。最终，公共部门的管理者可能就要脱离当前政府的层级结构，加入政府之外的私有和非营利部门主体，以处理我们在本章及其他新兴政治关注点方面所强调的挑战。跨部门合作并非当今所有挑战的解决之道，但是，如果管理者能够理解合作在何时会成为仅供政府使用的有效解决方式，并且意识到在保护公众利益方面重要却相互对抗的价值观之间潜在的紧张局面，那么它就可以成为解决方法的一部分。

跨部门合作必要性

公共管理者面临着复杂而艰难的治理环境，并被期待着在这样的环境中履行其责任和义务。市场、政治和社会期望是快速变化的。有些变化来自于政府之外的力量，有些是看似功能异常的公共部门的产物，有些则是在公共活动中兴起的新型组织的结果。当今的问题比以往任何时候都具有挑战性，然而，政府处理这些挑战的努力也似乎比最近其他任何时候都成问题。因此，公共管理者所面临的挑战"需要多部门协同行动"（凯特尔2006，13）。许多因素似乎都推动了跨部门合作的必要性。

社会转型

对于公共管理者来说，社会及社会期望方面的转型经常使其难以应付新的挑战，尤其是从单个机构或政府的角度来看。今天，我们生活在"一个紧密相连的系统里，在该系统中，地方的决策和行动可能引发全球的反响——反之亦然——某地社区的命运与其他地方决策者的选择绑定在一起"（奥图尔，汉夫2002，158）。许多不同的东西——人、产品、数据、资金、动植物、新闻、影像、声音等，比以往任何时候都更快、更廉价地传播到全球网络中（罗塞瑙，1990；斯科尔特，2005；乌尔夫，2004）。全球化迫使公共管理者跳出传统行政区划的范围向外看，以试图理解和解决其所面临的问题。

加剧的全球化竞争也从过去被认为由商品和服务生产商掌握权力的卖方市场转变为消费者有更多选择权的买方市场。这导致许多行业更多地关注以消费者为中心的活动。那么，消费者就会变得越来越期待从其购物的公司和商场那里得到优质的服务。当我们在网上订购衣服、书籍和家用产品的时候，我们希望买到所想要的东西，如果我们对产品不满意，就希望能无理由退货。随着这些日渐增多的期望，沿袭官僚（以及垄断）文化的公共服务与之前相比更加令人不满。

重大挑战需要新思维

政府所面对的重大挑战同近代历史中的其他方面一样不胜枚举，包括诸如恶化的基础设施、失控的医疗保健成本以及气候变化等方面的问题。气候变化就为合作的必要性提供了一个清晰例证。地球的气温正在升高。尽管有人可能会对人类在地表和大气中活动给气温上升带来影响这一方面进行争辩（例如，发电和运输时的石油燃烧、森林砍伐、畜牧业扩张），但没有人就大气中的温室气体含量在当代已急剧上升这一问题进行争论（帕乔里，赖辛格，2008）。图1.1对这一问题进行了生动的描绘。

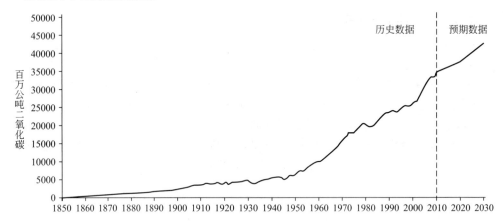

图1.1 全球二氧化碳排放量，1850—2030
资料来源：气候与能源解决中心（2014）

气候变化的结果是令人警醒的：极地冰冠的大量融化以及海平面的上升威胁着城市和国家。全球生态系统将会改变，并威胁动植物的健康甚至生存。由于海洋水温的上升，气候模式正在发生变化，飓风以及其他暴风雨天气很可能会变得更加恶劣。疾病也会随着气温上升而传播，还可能产生大量的全球性流行病。气温上升可能对农作物产品和产量带来巨大变化，造成食物短缺（国家地理，2011；美国环境保护机构，2011）。公共部门的领导者和管理者将不得不找到联合所有部门的方法，来处理气候变化因果关系方面的问题。

功能失调的公共部门环境

尽管对公共部门的有效性需求迫切，但是由部分公共部门官员不良行为引起的公众对政府的态度，以及公共财政的约束，使得仅仅依靠公共部门的解决方案几乎不可能有效。根据盖洛普年度治理调查的结果，美国人对于国家政府的信任度处于历史低点。2013年10月所进行的民意测验显示，81%的美国人对国家治理方式表示不满，处于盖洛普自1972年首次调查该问题以来的最高水平（盖洛普，2013）。幸运的是，公众对州和地方政府的满意度要显著高于对联邦政府的满意度，有74%的美国人对地方政府表达了良好的信心，65%的美国人对州政府具有信心。

过去25年，在联邦层面上，公众见证了在构建理性的、两党政策一致性方面的倒退。历经党派之争，国会民主党议员和共和党议员之间的分歧在过去25年中深有扩大，其党派矛盾达到了自20世纪二三十年代以来所未曾见识的程度。甚至政府机构官员的任命都成为这种党派偏见的受害者。现在，总统任命的人要得到批准会比以往花费更长的时间，还有更多的职位长期空置。政府机构的功能弱化了，合格的管理人员只是简单地占据了政府的职位，并不愿意面对党派的公众监督以及时常作为偿付公共服务代价的政治竞选活动。

大部分美国政府的财务状况并不好。2012年，各级政府债务水平创下纪录，预算赤字已是司空见惯的事。尽管在2013年财务状况得到了改善，但很多州和地方政府都已经达到或接近借款限额。标准普尔在2011年8月宣布，它已经首次降低了美国联邦政府的信用等级，这对世界经济超级大国的声誉来说是一个极具象征性意义的打击。

中空的政府

20多年前，马克·戈德斯坦（1992）注意到，美国政府机构持续的预算缩减以及监管权利的旁落严重削弱了其政府治理能力。他当时引用了住房与城市发展部以及食品和药品管理局的丑闻、储贷紧急救助项目和哈勃望远镜项目的失败，作为严重削减政府预算带来破坏性历史遗留问题的证明。他用"中空的政府"这个词来暗指缺乏资源去履行责任的政府。图1.2对1948年以来国家支出和美国人

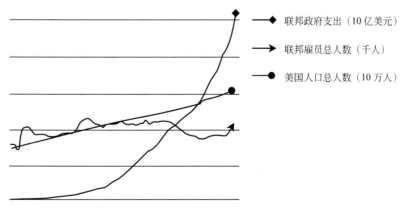

联邦政府支出（10亿美元）

联邦雇员总人数（千人）

美国人口总人数（10万人）

图1.2　1948—2009年联邦政府支出与联邦行政部门文职人员及总人口对比

资料来源：纽科默，凯（2011）

注意：行政部门文职人员不包括邮政服务

口增长与联邦就业人口增长进行了比较。尽管支出和人口都呈现增长趋势，但是联邦就业人口自从第二次世界大战后并没有出现过显著变化。虽然由于技术的发展、政府效率的提高会多少改善这一问题，但政府人员所做的多数工作都限制了潜在的生产率收益。当然，只看联邦就业数字就会忽视联邦政府的规划整体。十多年前，赖特估计，当将联邦政府的承包商、执行联邦规划的州和地方雇员以及联邦基金的各种授让人都计算在内的时候，就会发现政府的"真实规模"实际上要远大于联邦职员总数。

20世纪80年代早期和里根革命时期，由于维持联邦政府机构中职员数的最高水准，公众支持开始衰落。在过去的30年中，非军事联邦职员与戈德斯坦所关注时期的职员数几乎处于同样的水平。由于这一数字包括了国土安全部和退伍军人事务部人数的显著增长，所以其他联邦机构的职员数实际上是缩减的（美国人事管理办公室2011）。

复杂的组织环境

当政府努力在其传统的官僚结构中寻找答案时，他们经常指望其他部门或新的政府形式来解决这一问题。对公共部门管理者来说，这些新兴治理结构形成了更为复杂的组织结构。

在20世纪后半叶，我们看到美国三个主要的趋势：

● 与传统官僚制相比，准政府结构的形成为管理者提供了更多自由度；

● 政府缔约合同在私有和非营利部门两方面的增长，成为交付政府产品与服务的方法；

● 项目责任由联邦政府下放到州政府。

当我们进入21世纪时，出现了挑战传统政府结构的三种新的形式：合伙、网络和多种独立参与者，这里我们是指独立的公共服务提供者（IPSPs）。在这些新的结构中，有些补足了既存的政府结构并易于与之共存，而有些并非如此。有些网络与合伙在传统结构之外以某种独立性发挥作用，并要求公共管理者运用非传统的技能，例如风险分析与协商。

跨部门合作：定义与部门角色

跨部门合作是三种组织部门中的两种或三种的相互作用，即公共部门（各级政府单位——地方、州和国家政府）、私有部门或以营利为目的的部门、非营利或不以营利为目的的部门。合作可以是这三种部门之间的任一组合，即公共 - 私有、公共 - 非营利、私有 - 非营利或公共 - 私有 - 非营利。那些涉及政府产品和服务交付的合作正是本书首要关注的问题。许多作者都阐述了他们自身对跨部门合作的界定。本书中，我们以布莱森、克罗斯比和斯通（2006）提供的阐释作为界定其含义的基础：

> 跨部门合作是两个或两个以上部门自愿进行组织联结的共同努力，包括信息、资源、活动、能力、风险和决策制定方面的共享，并以达成一致的公共产出为目的，而这种产出在单独一个组织行动的情况下是很难或不可能实现的[1]。

尽管政府间的合作很重要，但并不属于上述概念的范畴，因为它并非该定义所指部门间的合作。国家政府使用多种工具，包括津贴和规制，来鼓励州和地方政府实行联邦政策。美国政府联邦体系内变化着的合作动态引起了大量关注（参见康兰，波斯纳，2008；奥图尔，2006；德斯克，1996；以及联邦党人文集：联邦制期刊）。州和地方政府也达成了各种契约和地方间协议，以协调州和地方政府之间的服务。在这一类型的合作方面，有着大量的研究文献（参见布朗，2008；凯特尔，2006；普罗文，米尔沃德，1995）。各级政府之中的组织间协调至关重要，并且那些合作中得来的教训可以为跨部门合作提供帮助。然而，本书着眼于部门之间的互动，而不是关注于其内部活动。

被强迫的合作也不包括在本定义中，这也是用"自愿"来进行界定的原因。执行环境法规的活动并不是合作的例证。然而，如果联邦法律允许使用实验研究法来减少污染，并且那些实验还包括了一个以上部门的活动，那么这就可能是跨部门合作（CSC）的一个例子。

此外，除了涉及交付公共产品或服务的相关组织之外，社会企业组织也不在讨论的范围之内。社会企业组织通过商业活动来提升人类和环境的福祉，而不是最大化外部股东的利益（里德利 - 达夫，布尔，2011）。社会企业可以以营利为目的，也可以不以营利为目的，并可以服务于诸如可持续性或经济发展的公共目的，但是其首要目标是为企业中的个人提供私人利得。

跨部门合作可以采用多种形式，从临时互动到复杂合作或者网络，这些形式可以由合同或其他复杂的协议黏合在一起。在某些情况下，私人或非营利组织提供公共产品和服务以代替政府条款。理解跨部门合作中部门主体的范围是基础性工作。尽管部门之间存在一些共性，但仍然在使命、运作方式、负责对象、衡量成功标准方面存在显著差异。

---

[1] 这接近于布莱森、克罗斯比和斯通（2006）等的定义，虽然增加了自愿、决策制定、风险的概念。

公共部门

公共部门是由政府资助的结构形式组织并监管的实体。在美国，有89000家政府机构被美国统计局追踪，这些机构组成了公共部门。这包括"一般目的政府"：国家政府，50个州政府（以及哥伦比亚特区），3000多个郡政府，近20000个市政府，以及16000个镇政府。也包括50000家单一目的的政府机构，例如学校部门、公用事业部门、机场管理局以及各种准政府单位。所有的公共部门单位都在联邦或州宪法当局和适用法规的监管之下运作。这些政府机构的规模可以很小（如地方社区图书馆）也可以很大如加利福尼亚州，如果加利福尼亚州是一个国家的话，那么其经济实力可以位列世界第8位，排在巴西和俄罗斯之前。

公共组织都是以某种使命而设立的，其交付产品和服务的过程在其使命中是很重要的因素。公平、市民参与、正当程序等原则有时候与最终结果一样重要。一般来说，公共部门与对应的私人部门或非营利部门相比，受到更多的约束。立法、法规和司法判决都会影响到公共组织的运作方式。公共管理者的自由裁量权很少，往往过于强调规则与程序。幸运的是，当我们从强调过程转向更为强调结果的时候，始于20世纪80年代的某些公共部门改革已经引领着公共组织更加以结果为驱动，正如政府绩效与成果法案、绩效预算和平衡记分卡（纽克默，1997）所规定的那样。

私人部门

私人（或营利性）部门由以营利为目标而提供产品或服务的所有个人或组织组成。在美国，国内收入署规定了以营利为目的的部门的类别，并且在私人部门范围内有相当多样的组织形式。营利性实体的例子包括跨国公司如丰田、马里奥特、通用电气、苹果、三星等；旨在具有社会影响的企业（社会企业组织）；家庭运营的夫妻店；各种合伙企业；提供有限产品和服务的个体经营者。

私人部门组织的出现主要受利润驱动；成功的衡量标准主要是财务方面的利润、股本回报率、红利、与收入相关的股价以及市场份额等。财务标准是重要的，因为这些组织的私人所有者处于对资本和客户的竞争环境中。私人企业会通过帮助所在社区来展现公司的社会责任，从而变得具有环境可持续性，并为其他有价值的事业做出贡献；但是好的企业公民一般也都对企业有益。然而，在最终分析中，私人部门组织要面对积极的财政底线。他们特别重视可以提升其短期和长期财务绩效的效率和企业活动，以使其客户、利益相关者和股东满意。

非营利部门

非营利部门是由那些出于理性而不是以营利为目的的组织和协会组成的非官

方机构。很多组织形式都可以纳入非营利组织的类别，并且越来越多的公共服务都是通过与非营利部门的合作来进行提供的。这种趋势在公共事业（社会）服务提供领域尤为普遍。截至2009年，政府机构已经同大约33000家公共事业服务非营利组织签订了200000份左右的正式协议（合同和授权）（鲍里斯等人，2010）。与政府一起工作是许多非营利组织的主要功能，公共事业服务非营利机构总收入的65%以上都来自于公共部门（鲍里斯等人，2010）。

然而，在美国并非所有被归类为非营利部门的组织都提供公共事业服务。非营利部门也包括保险公司、宗教组织、休闲俱乐部、艺术组织、商业协会、公墓企业以及其他各种服务组织。该部门包括小的街道社团和教堂，大一些的艺术组织（当地声乐团、芭蕾舞团或戏剧公司），和非常大的组织如美国红十字会（整个美国）以及红新月会（阿拉伯语世界）。该部门还包括这些组织的联盟。例如，红十字会与红新月会国际联合会是世界最大的人道主义组织，由187个成员组成，秘书处设在日内瓦（红十字会与红新月会国际联合会，2013）。

有些非营利组织是专门为了教育和慈善的目的而设立的；在美国，这些组织（将近100万家）被称为501（c）（3）组织（在联邦税收法典的适用部门之后），享有特殊的课税政策，并允许从个人和公司方面获得可减免课税的贡献。从国际上来看，非营利组织经常被称为NGOs。有时候该部门也被总称为"民间团体"。

非营利组织与私人部门相比具有更加细微的底线。他们通常以使命驱动为特征（正如公共部门那样），强调与该使命相关的人类服务的数量。例如，"车轮上的食物"是一家把食物送到蜗居人士手中的组织，其成功的衡量标准就是所送餐饮的数量和所服务的人数。非营利组织不得不为了生存而维持预算平衡，但赚取利润并不在其考虑范围之内。然而，保持预算盈余对组织的长期持续发展是有好处的。收入盈余有助于非营利组织构建其机构能力，增强致力于监管和评估的筹资部门或管理部门的水平。许多非营利组织面临的挑战在于他们所依赖的规划型资金经常优先考虑项目方案交付，很少在构建维持其长期运营的机构能力方面留有空间（鲍里斯等人，2010）。

非营利组织也必须满足捐赠者、组织成员和所服务客户的需求。捐赠者组织如基金会一般会迫使非营利组织专业化，即以与出资目标相匹配的一致性格式来改进运营程序和报告结构。当组织成员和捐赠者一般致力于非营利的使命时，他们可能会有必须达成的额外目标，例如，参与决策或服务交付。效率是重要的，但更重要的是组织如何有效地满足其使命，以及是否遵守了诸如公平、为特定人群提供服务等原则。最终，非营利服务交付对消费者费用的依赖日益增长，并于2008年在私人来源中达到24%，为非营利组织对其所服务的人群做出反应增加了压力（国家慈善统计中心2012）。

尽管这些部门的界定似乎相当准确，但是在功能、途径以及与公众的相互作用方面，这些部门却存在着交叉重叠。图1.3描绘了部门的角色及其重叠情况。

虽然有些角色只由公共部门承担（例如公职选举、罪犯审判、公共卫生），

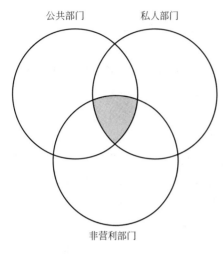

公共部门　　私人部门

非营利部门

图1.3　部门角色及其交集

但其他功能会发生重叠。因此，在美国既有公营的公共事业，也有私营的公共事业，还有非营利合作的公共事业。大多数的住房供给是由私人部门提供的，但我们也有公共住房管理局，并且非营利组织也涉及提供或管理低收入住房。大多数艺术组织是非营利的，但也有许多类似性质的娱乐活动（如太阳马戏团、百老汇歌舞剧）是以营利为目的运营的。我们有着营利性的电视台和非营利性的公共广播服务。试图把某些活动描述为"内在政府的"或"只为利润的"并不会非常准确，正如我们在第3章所更为深入研究的那样。

公共管理者新兴的选择

当公共企业的特性与范围发生变化的时候，公共管理者可获得的选择也会发生变化。我们不再自动假定如果政府扮演了一种角色，那么该角色就一定涉及公共生产与供应。公共管理者的选择是一个连续统一体，从完全的公共生产和供给到完全的功能私有化，并伴随两者之间各种不同的安排。图1.4展现了选择的连续统一体。完全公共供给与完全私有化之间的选择是跨部门合作（CSC）的各种例证，其中，在公共产品和服务的提供和交付方面，政府要么与私有部门合作，要么与非营利部门合作，要么兼而有之。

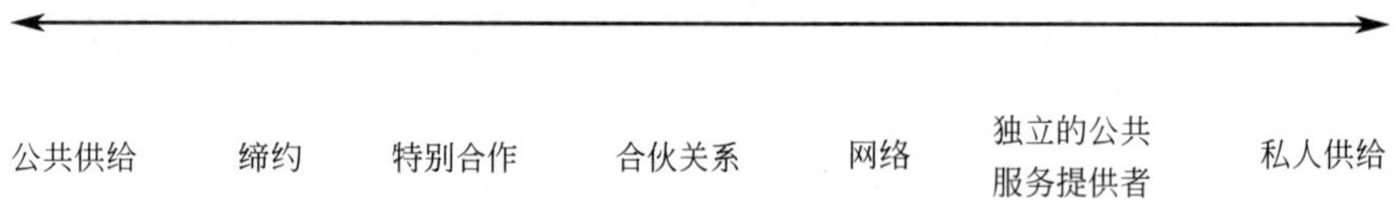

公共供给　　缔约　　特别合作　　合伙关系　　网络　　独立的公共服务提供者　　私人供给

图1.4　跨部门合作安排

对公共管理者来说，每种选择都有得有失。当我们移动到统一体的右端时，政府就会放开对产品或服务生产的某些控制；跨部门合作创造了更多的自主权，总体上去除了政府的影响而完全由私人供应。同时，在沿着统一体移动的过程中，公共管理者不断引入参与者，并经常形成更为创新的环境。在合伙及网络安排下，私人和非营利参与者并没有被当作政府代理人的角色对待，而是被视为应当在生产决策中有话语权的当事人。

尽管跨部门合作的这些术语和选择似乎是分立的，实际上却伴随着包括大量混合型安排的各种框架所提供的公共项目，很难区分。而且，一些著作和期刊文章的作者有时也会轻率地使用这些术语或者使用类似的术语，使得公共管理者变得更加困惑。例如，合伙与签约外包可能被视为一种合作类型甚或私有化类型。合伙有时候被称作公私合伙（PPPs或者P3s）。私有化有时是部分的，如当其部分功能转给私人部门的时候，或者也可能是完全的，如当政府售出国有企业的时候。

当世界变得更为复杂、问题更具挑战性的时候，在提供公共服务方面，公职人员和管理者需要在引入政府机构之外的参与者方面做出选择。与传统的诸如直接由政府提供或者签约外包等方法相比，那些选择需要更具创新性和灵活性。提供公共服务新方法的出现会在各种政策和交付工具方面给予公共管理者选择（萨拉蒙，2002）。

选择方面的考虑

公共管理者目前可以从交付公共产品和服务的七种选择中进行挑选：

- 政府直接供给；
- 签约外包；
- 特别协作；
- 合伙与公私合伙；
- 网络；
- 独立的公共服务提供者；
- 私人供给或私有化。

除了本书所主要讨论的内容之外，这里首先简要讨论下其中两种可能的情况。第一种是特别协作，当政府需要私人或非营利部门援助临时的或紧急的项目时，这种形式就会周期性地出现（多纳休，泽克豪泽，2011）；第二种是私人供给或私有化，此时政府基本上会退出政策或公共交付领域，允许私人或非营利部门提供那些特定的产品和服务（萨瓦斯，2000）。

- 特别协作。公职人员邀请私人或非营利部门参与某些公共工程或项目，或者那些部门可能自愿参与其中。比如，在当地建一个新公园，此时公共部门提供土地和某种基础设施，私人或非营利协作者自愿提供某种便利设施，例如运动场地、音乐论坛和一些其他的增值设施。尽管这些安排会提出一些有趣的问题，例如透明度和私人影响（多纳休，泽克豪泽2011），但是他们并没有涉及本书所讨论的跨部门合作的特征，即持续的相互作用，这为公共管理者提出了最主要的挑战。

- 私有化（私人供给）。政府部分或完全退出特定功能，如果可以的话，允许该功能完全由私人和非营利部门来履行。政府除了通过法规或税收之外，不再拥有或监督此项功能。国有企业出售是这方面最好的例子，例如英国玛格丽特·撒切尔时期，公用事业、住房供给、航空公司和其他公共资产都出售给私人部门。这一政治决策主要是弱化公共部门在国家经济中的作用。尽管在国家中存在大量至关重要的国有企业，但这并非大部分公共管理者能够解决或者影响的选择。

公共供给与跨部门合作的主要选择

本部分简要描述和讨论了公共管理者可选择的五种主要选项，从最传统的政府直接供给，到最近的跨部门合作（CSC）、独立的公共服务提供者（IPSPs）。我们并不认为这五种选择可以涵盖所有的可能性，但是他们代表了公共管理者可以利用的基本模式，每一种都具有基本的特征、差异性、预期、冲突和影响。

政府直接供给 公职人员开发项目并将之分派给机构处理或者建立一个机构来实现它。该项目主要通过公共部门工作人员直接交付给该项目的适格公民。直接提供公共服务仍然是许多政府职能的重要基础。这方面的例子包括政府机构检查职能，例如食品安全、环境法规遵从；州和地方安全职能，例如警察、消防、医疗紧急情况；娱乐和公园服务；水和水处理；公共教育（鲍曼，卡尼，2011）。

签约外包 公职人员决定将部分或全部的公共职能交由私人或非营利主体以更低的成本提供。公共部门界定了产品或服务的参数，合同相对方基于这些参数来提供服务。公共缔约的例子包括办公用品这些简单的必要物资，也包括非常复杂的产品，例如主要防御系统的开发与建设。在过去经常（在某些圈子中依然）被认为是政府垄断领域中的签约外包变得越来越普遍（冯克，2007）。例如，某些州汽车部门的职能被签约外包了，并且运输安全管理局也把16座美国机场的安全监察工作签约外包了，最大的一项位于洛杉矶国际机场❶。签约外包是第3章的主题。

合伙 公职人员在联合生产公共产品和服务方面引入了私人部门组织或非营利性组织，共享一部分生产和供给，例如规划、设计规格、风险以及融资。在合伙关系中，公共管理者主要是和另一方当事人进行合作。然而，合伙的类型与形式是多样的（韦滕豪，2003）。基础设施工程方面的合伙变得日益普遍，此时，私人部门可能会同意在一定时期内投资、建设、拥有并运营某类设施，以换取投资回报——由用户或者政府支付。合伙与PPPs将在第4章进行讨论。

网络 公共管理者使用"正式和非正式结构，由来自政府和非政府机构的代表组成，这些机构相互依赖以交换信息，并/或规划和执行通常是通过其各自的组织而采取行动的政策"（阿格拉诺夫，2003，7）。合伙与合作网络之间的差别在于主体的数量：网络包括公共部门和私人部门或非营利部门中的至少一个主

---

❶ 筛选器由交通安全管理局的监管员所监督；他们运用同样的X射线和扫描设备，并穿着相似的制服，但是他们是为私人公司工作。

体。许多人文服务项目都是通过包括许多政府和非政府组织的网络运作的。对公共管理者来说，网络是一个新颖和奇特的治理结构，并通过各种形式组织起来（卡里巴，米克，阿诗娅，2011），这将在第5章中进行更多细节讨论。

独立的公共服务提供者　独立的公共服务提供者（IPSPs）是合作的一种新类型，我们用它来描述试图实现未达成的公共需求的新实体。非营利主体和营利性主体共同形成一个组织或框架，来解决政府传统层级结构之外的公共问题。IPSPs是通过主要主体的合作而形成的；它们不是政府机构。

独立的公共服务提供者（IPSPs）是自我引导的实体，由公司、非营利组织、政府单位组成，在公共产品或服务的生产或交付方面进行合作，但在政府控制或监管范围之外进行运作。逐渐地，它们达成一种共识，即政府已经不能对严峻的公共政策挑战做出充分及时的反应。尽管IPSPs的个体特征比较常见，但正是它们的混合特征使其变得独特并与政府形成了特别的关系。我们认为下列是其最为重要的特点：

- 它们大都自我引导并能独立于政府行动。
- 它们由多种为组织提供合法依据的利益相关者组成。
- 它们提供公共物品和服务，扮演了政府的角色。

考虑IPSPs的三种例证：

- 比尔与梅林达·盖茨基金会：无家可归者项目（2013）由公共和私人合伙者组成，以解决普吉特海湾地区无家可归的儿童与家庭的长期需求。
- 助源基金会（2013）在4万多公司、非营利机构和政府合伙人中促进了协调人道主义救助。它为最艰难环境下的工作提供了网络式的供应链解决方案。
- 被忽视的热带疾病全球网络（2013），发源于美国的沙宾疫苗机构，与国际合作者共同工作以冲破物流和财务障碍，把现有治疗方案传播到最需要的人们那里。

独立的公共服务提供者（IPSPs）中的每一个组织在其使命、解决问题的方法以及与合作者的关系方面都是不同的。与总是陷入政府层级制度的政府雇员及承包人相比，独立的公共服务提供者（IPSPs）有时候通过出资等与传统的政府框架相联系，而其他时候又与政府没有特定的关联。不管是哪一种情况，它们都以更大的自由裁量权和自主权采取行动，因为它们甚至在政府参与其中时，也处于政府官僚框架之外。由于独立的公共服务提供者（IPSPs）的自主性，公共管理者不再具有可能在其他安排中那样的控制权。

描述五种选择：公共卫生项目

为了简要描述那些选择，我们在此分析一项普通的公共服务：公共卫生服务。

- 政府直接供应。政府可以通过各种项目直接提供健康服务。联邦退伍老兵健康管理局为老兵提供医院和诊所，州或郡为那些心理疾病患者开设医院，许多城市都设立了公立医院。所有这些医院都由公共资金资助并由公职人员任职，以期使得公共直接供给与私人健康保健相比更加低廉，并为那些可能无法从其他途径得到医疗服务的人群提供必要的服务。

● 签约外包。政府认为某种公共健康职能可通过签约外包方式减少服务成本。某些市立医院已经被外包给私人来运营和管理。在这些情况下，其员工可能是由公共部门与私人部门的工作者共同组成的。在地方政府将设备出售给营利部门或非营利健康保健提供者的例子中，这些工作者都是私人的（尽管许多人是医院的前雇员，因此也是前政府职员）。政府可能承包某类服务，例如贫穷者的医疗照顾或急诊室运营，这些服务可能是私人或非营利部门不能收回成本的方面。在这种情况下，政府可能基于所提供的服务来进行支出。

● 合作。健康保健行业中的合作关系比较普遍。其范围从联邦政府在医保领域所采用的私有形式（65岁及以上的老人）到州政府为有资格享用医疗补助计划者提供服务的各种健康维护组织。合作关系的形成主要是因为私人部门具备专业知识与技能，所以在交付这些服务时利用私人部门而不是维持或形成单独的公共部门。这种合作关系经常为公众提供更多选择。

● 网络。健康保健中的网络也较常见。小型社区环境基础设施集团（在第5章讨论）描述了由公共的、私人的和非营利的部门组成的联盟组织，该组织旨在净水和废水项目的设计及投资方面帮助地方政府。网络使得各种不同来源和部门的专业知识得以混合，以对手边的问题产生影响。

● 独立的公共服务提供者。独立的公共服务提供者（IPSPs）的出现是对政府项目没有满足健康保健需要做出的反应。第6章将详细讨论的被忽略的热带疾病全球网，正是由私人和非营利组织投资和运作的一个例子，其目的就是同没有得到多少政府项目关注的热带疾病做斗争。

︿ 审查权衡 ﹀

每种合作方式都有其优缺点。例如，当政府界定、生产并提供公共产品或服务（公共供给）时，政府就具有完全的控制力。当我们向统一体的右端移动时，由于其他主体的介入，政府的控制力就会变弱。在最右端的私有化或私人供给方面，政府完全不介入供给，并且如果要控制的话，也是通过法规和税收进行间接控制。在放弃控制的同时，政府可能也实现了其他重要的目的，包括更高的效率、更具创新性、更好的目标服务以及私人部门的增长。当我们向右端移动时，政府也必须在更为协同的环境下运作，合作的强度也很可能增加。因此，在面临许多其他选择时，公共管理者可能不得不决定相互竞争的利益或价值中哪一种是最为重要的，并且决定是否及如何使用不同的方法。

当公职人员在统一体上向右移动的时候，他们也将获得多部门的解决方案，这些方案涉及政策主体或制定者网络中的多个组织。这种新的环境包括合作与相互依存，并围绕差异化结构或存在于传统政府等级制度之外的多种水平关系参与者网络而组织起来（凯特尔，1997；凯，纽克默，2008）。公职人员不再基于传统责任层级观进行公共管理，而是必须同那些难以影响或不能直接控制的参与者协商一致，不过在包含相互信任与共同责任的横向关系上，他们却以合同或其他安排方式产生关联。在等级关系中，政府必须通过合同监管、绩效测量、事后报告、公民参与和反馈等方式行使控制权，或者通过其他方法来确保他们的缔约方、网络合作者及其他所涉主体以满足公共期望的方式来完成任务。

最后，从直接供给和传统契约安排转移到跨部门合作意味着从传统的委托代理关系转移到股东对股东的关系。在公共供给方面，公职人员是被选出的政策制定者（委托人）的代理人，而在合同中，缔约方是公共管理者的代理人；双方是传统的委托代理关系。然而，在合伙与网络关系中，私人和非营利参与者是其自身目标的委托人，谈判变得更为微妙与和谐。尽管可能会有某个代理机构参与（例如订立合同时），非政府参与者传统上对于如何运营具有更多的控制权，并且目标的形成与测量标准通常是一项共同活动，而不是政府向其代理人发号施令的活动。最后，在独立的公共服务提供者（IPSPs）的情况下，公共管理者是在与丝毫不受其影响和管控的完全自治组织打交道。

表1.1描述了与公共供给相比较的四项跨部门合作方法的特征。

表1.1 交付公共物品和服务的方法的特征

方法	政府提供	缔约外包（传统）	合作关系/公私合伙	网络	独立的公共服务提供者
一般方法	由政府雇员直接供给	政府雇佣私人或非营利提供者	共同生产，通常在明确的协议下	根据个体优势由网络成员形成的多种生产	具有重要自由裁量权的独立组织进行的生产
与政府关系	政府提供资金，界定流程，并雇用人员	政府基于明确的标准书写提案请求并签订合同	政府是合伙者，发挥投资、监控甚至合作生产的特定作用	政府可能是网络管理者或中心协调者；它可能提供资金；或只是扮演补充的角色	没有关系，或政府充当次要角色；它可能是投资者但并非收益的唯一来源，不完全依赖于政府
与市民关系	政府直接联系和供给	承包商直接联系和供给	合作者依赖于合同一方或双方与公众交流	来自网络合作者的分散的多种联系	独立的公共服务提供者提供所需的直接联系和供应品
主体间所需信任	低：传统制衡	低：合同监控	中等：在协议设定的法律条款下合作者之间频繁的互动	高：多点联系并共同工作；有限的政府监管	高：在没有政府监管的情况下进行多点联系并共同工作
关键事件或冲突	效率，能力，政府失灵	合同设计和监控	公众利益vs.合伙者利益；成果方面的协议	多种利益和成果的聚合	影响成果和保护公众利益的能力

表1.1的描述明确了最佳项的选择是基于多种因素的考量。与政府的关系考虑了其在引导和控制目标公共服务方面将要扮演的角色。直接供给赋予政府最大化的控制权。正如我们在第3章～第6章更为充分描述的那样,依次进行的每一种其他选择都减少了政府指定和命令所要提供服务的能力,并要求公共管理者在领导力和问责上提供不同的方法。利用独立的公共服务提供者意味着政府在界定和引导所提供服务的内容、方式及获取个人资格方面仅处于次要地位。

方法的选择在为公民提供服务的关系方面也具有一定影响。除了政府直接提供服务的情况外,所有其他的选择都涉及非政府的一些实体。拥有公共职员所提供的服务,可以最佳地确保政府对其公民负有责任。当有其他人提供服务时,直接问责就会减少。那些不愿意与政府缔约方或其他主体打交道的人,就可能提出疑问和抗议。

与这种关系相关的第三个因素是信任。独立的公共服务提供者(IPSPs)及网络要求在政府及其合作者之间具有高度的信任。因为政府在服务交付特征方面对网络和IPSPs具有较少的影响,所以它必须对于合作者具有极大的信心,即相信他们会如期望的那样诚心地完成活动。合伙与公私合伙(PPPs)也需要信任,但是通常在合伙协议中都有法律条款来确保绩效满足期望。信任在传统的合同外包中是最小限度的因素,因为它假定供应商会在其提议中诚实地呈现能力,并坚守其合同义务。合同本身将会确保承诺得到履行。

每一种选择都为公共管理者提出了重要的问题。公共管理者对有关政府供应和传统合同外包的问题与冲突更为熟悉。然而,当公共管理者需求对合作选项做出选择时,新的问题与冲突就会出现。公共管理者能够确保公共利益方面的产出吗?这些管理者能够认识到其私人与非营利合作伙伴的法律利益,并仍然有效地明确表达高于一切的公共价值或者合作所期望的结果吗?

私人和非营利组织在供应公共产品和服务方面是有能力且可靠的。当与政府合作的时候,他们给予政府一项重要的选择,以改善那种产品和服务的质量以及公众获取的渠道。当然,政府已经长期利用了企业和非营利部门的能力,通常通过政府需要或打算交付产品和服务的特定合同,帮助政府实现政策与项目的目标。而随着诸如合伙、公私合营(PPPs)和合作网络安排的增加与普及,这些选择正在不断地扩大其合作机制。

当今,公共管理者面临许多选择,政府各层面都可以发现合伙/公私合营及网络合作的形式:

● 尤马沙漠试验场是通用公司(GM)与美国陆军增强使用租赁(EUL)之间独特的合作安排。公私合伙使得GM在联邦土地上构建了新的试验场。GM与EUL共享设备的利用,并共同推进了车辆试验(公司合伙国家委员会2009)。

● 印第安纳经济发展委员会是501(c)(3)条款下的非营利组织,在州范围内发挥经济发展机构的作用。其成员由州内参与经济发展的所有实体包括各部门代表形成的网络组成(阿格拉诺夫,2003)。

● 雨林联盟通过与政府和企业的各种合作安排，利用市场力量确保企业和当地社团的利润。联盟致力于保存生物多样性并确保可持续发展（雨林联盟，2013）。它在政府结构之外运作，并直接与企业和其他非营利部门合作。

● 毒品抵制教育是1983年成立于洛杉矶的主张药物滥用预防的网络。该项目把警察请进教室，向学生传输预防吸毒、团伙犯罪和暴力的必要技能（米尔沃德，普罗文，2006）。

● 达拉斯市/达拉斯公共图书馆是达拉斯市与克罗格公司之间发展的合伙共识，并在商业购物中心发展图书馆。当更多的人被带到相邻的杂货店的同时，图书馆的上座率也提升了，双方都从共享服务中获得了利益（公私合伙国家委员会1999）。

● 营养改善全球联盟（2011）创立于2002年，是一家独立的公共服务供应商，支持公私合伙以有助于提高全世界人类的饮食营养。它已经与25个国家的600多家公司共同工作，并覆盖到大约4亿人。

由于政府方案远离计划性结构并趋向于包括公共组织、非营利组织和私人部门的结构发展，公共管理者需要在传统的等级结构中磨炼出不同的管理技能。尽管所出现的差异化结构的形态和程度尚未被充分界定，但是很明显，公共管理者在服务交付方面正向着网络的或合伙的方式发展，这将涉及所有部门的组织。在这种差异化结构中，"权威由知识和职能决定——通过横向联系而不是传统的垂直差异化形式"（凯，纽克默，2008，10）。有时候，这些横向联系通过与政府的契约安排来缔造，并将政府作为首要的投资者与协调者。其他时候，公共管理者必须与他们无法控制的实体进行协商一致。

结论

公共管理者有若干交付公共服务的选择。然而，他们也面临着预算、法律和政策的限制。由于跨部门合作的创新形式已经出现并成为与直接供应和签约外包一样更为人熟知的模式，公共管理者要理解如何在这些模式中做出选择以便最好地提供公共服务则至为关键。

在某种程度上，当新的挑战呈现出来并且传统的公共服务交付方式选择不够充分的时候，这五种主要的选择就可以被视为执业者、学者和公共管理者广泛努力的渐进发展和反映。公共管理者正试图解决的问题数量的增加、这些问题及可能的解决方式的复杂性、公共资金的限制，以及变化的快速发展，都推动政府从内部和外部去发现和创造更为有效的方式以提供公共服务，并以对人们偏好和环境更为负责的方式提供这些服务。

表1.2综述了这五种公共服务选择的稳定演化及所假定的优点和潜在的缺点，

在后续章节中将对此进行详细的讨论。

表1.2　五种基本选择的转换

转换形式	能力	服务	假定的优势	潜在的劣势
从政府到缔约外包	同等能力	同等服务	更加便宜	失去控制
从缔约外包到合伙	扩张的能力	更好的服务	技术与管理知识	合伙者抢占
从合伙到网络	扩张的能力	响应服务	技术与管理知识当地偏好的洞见	分散的责任难以取得一致
从网络到独立的公共服务提供商	扩张的能力	提升的服务	技术与管理知识当地偏好的洞见问题解决	政府监督缺失政策可能与政府优先级相冲突

　　决定外包而非直接提供服务是基于经典的自制或外购决策。这提出了一个基本问题，即主要依靠内部公共资源来提供产品或服务（自制）是否要比依赖政府外部的供应商（外购）更好。当服务趋于相同的时候，服务就会被外包以便更有效地生产。然而，签约外包会导致政府管理者控制的丧失，其成功取决于合同的内容及监管的方式。

　　在获取额外能力、更多技术和管理专业知识以及资本的驱使下，政府与企业通常以各种公私合伙（PPPs）的伙伴关系共同工作。这些伙伴关系之所以能形成，是为了改善现有的服务或者创造公共部门自身难以处理的新型服务。同时，私人和非营利合作者与政府有着不同却又必须调和的目标。私人合作者主要是由利润推动的；因此，私人合作者所想要的利益或过多的补偿都必须由公共管理者加以解决。

　　公私合伙经常提出公平性问题，以及共同体利益的全权代表在公私合伙中是否具有发言权的问题。当需要更宽泛的共同体知识的时候，尤其是需要有关地方环境和偏好的信息且寻求更广泛的政治支持时，网络的方法就会有用并且有效。网络可以允许各种声音和多种主体来解决一个公共问题。但是更多的主体也有分担责任的倾向。管理者必须在网络目标和衡量方法方面获得一致性。

　　最后，如果在解决社会公共问题方面，提供所需服务的实体已经存在，政府可能会支持独立的公共服务提供商（IPSPs）。独立的公共服务提供者（IPSPs）的独立性可以培育解决问题的创新性方式。然而，公共管理者对于独立的公共服务提供者（IPSPs）的监管是极其有限的，其独立的特性可能导致与既存政府政策相冲突的政策方向。

　　这五种选择为公共管理者提供了各自交付公共服务的方案。每一种方案都各具优点，而且在确保公共管理者成功的前提下，对合作者提出了不同的期望和要求。通过运用这五个选择，可以促进高效和创新的公共服务交付，这也就是说公共管理者必须了解如何为交付公共服务做出最好的选择。

　　这些选择方案中有些对于公共管理者来说是比较新颖的，或者他们缺乏足够的经验来了解如何成功地使用这些方法。本书旨在鼓励公共管理者考虑有益于公共利益的创新性的选择方案。后续各章详细地描述了这些方案，审查了其内容、不同于其他方案之处以及其优缺点。如果公共管理者要改善公共服务交付工作，他们就必须学会如何有效地分析这些工具并处于正确的环境之下。

 案例研讨 --------------------------------

州职业培训

你是社会服务部（DSS）执行主任的助理。州长正在从事增加本州工作培训的活动，并使得人们从获取福利金转到工作中去。目前，职业培训部（DET）（归属于DSS）提供那项服务；但是州长和州立法机构对当前的培训效果并不满意。DET每年花费2000万美元，却只为其中的一小部分人找到了工作。该项目通过20个地方办事处来运作，在500000个服务接收者中每年只有不到10%的成功率。福利支付一年要花掉州政府20亿美元（加上项目管理的管理费用，平均每年每人大约4200美元）。

问题思考

1.许多州都有工作培训项目；其他州利用私人或非营利机构作为工作培训项目的一部分。州政府单独提供与通过某类型的跨部门合作来提供，其优缺点分别是什么？

2.政府在公共供给方面具有特殊知识吗？

3.要求与政府进行合作的私人和非营利部门的特征是什么？

注：本案例将在后续大部分章节中继续用于处理特定的热点问题。

第2章

跨部门合作的基本原理

在《缩减州政府》（1998）一书中，费根鲍姆、赫尼格和哈姆内特把私有化途径的基本原理归为三个宽泛的类别：实用主义的、战术的和战略的。本章概述了类似的一套原理，来解释公共部门、非营利部门和私有部门的管理者想要进行跨部门合作（CSC）的原因。这三种原理是实用主义的、经济的和战略的。因此，有些跨部门合作是出于实用主义的目的而发生的——或许公共问题或服务提供问题无法被一个部门轻易地解决，所以寻求另一个部门进行合作就会有意义。跨部门合作也有一些围绕比较优势概念的经济原因：有些部门可能具有一些技巧、市场知识、能力或必要的合同，所以更加能够解决某类问题或提供某类服务。最终，所有部门都越来越多地调查跨部门合作如何解决其组织长期成功的问题，并开始以更为战略的方式来解决这一问题。

本章也仔细研究了发生在跨部门合作中的关键的治理中心点问题，以及该中心点转变所带来的影响。大多数传统的政府与私人和非营利部门之间进行的互动都以委托代理关系为特征。政府明确了它在这种关系中想要得到的东西，然后设计了获取该结果的机制，通常是采取合同、税收刺激或是强行实施法规的方式。然而，在跨部门合作中，政府由委托代理关系转换到了股东对股东的关系。尽管这可能是出于实用主义的原因而形成的，但其效果是战略性的，因为其他部门在政府产品和服务提供中都变成了其合作者。治理转变的影响是深远的。与私有的或非营利的组织共享权力、共同制定决策和共担风险形成了风险回报治理环境。潜在的回报诸如为公共问题带来创新和专业知识是很明显的，但是这一方法的风险也是真实存在的，包括利益被私有或非营利部门所侵占、控制权的丧失以及民主问责的失败。

实用主义原理

萨拉蒙（2002）是实用主义观点的代表。他检验了政府提供公共物品和服务的一系列新方法，并把缔约、合伙、网络及其他各种跨部门合作的方法称为政府选择工具箱中截然不同的可能性。在此观点中，政府不断地面临着新的挑战并进入新的政策领域，即他们被要求提供服务却又经常缺乏真正能应对新要求或新命令的资源或人手。他们或许发现在其他部门中可以得到那些知识与资源。

考虑下受到大规模自然灾害影响的共同体的情况。在卡特里娜（Katrina）飓风的紧急善后工作中，联邦应急管理局（FEMA）努力地要满足在这种大规模灾害情况下为提供服务而协调供应链时的物流方面的要求。相比之下，沃尔玛有能力补足空位，为暴风雨中的流离失所者提供基本的食物和卫生用品❶。因此，对于联邦应急管理局（FEMA）来说，与沃尔玛或家得宝这样的组织合作，以在紧急情况下有能力提供必需品是可以理解的。这是跨部门合作扩展背后主要的实用主义理由；这些问题的扩展性特征使得不考虑合作的解决方法更加难以发挥作用。

公共管理者必须处理的社会问题的复杂性目前也对用新方法来引导公共部门与私有部门之间的合作以及多层级政府之间的合作提出要求（凯特尔2006）。当今，政府管理所面对的许多问题都跨越了州和地方政府的管辖权界限，并常常既涉及联邦政府，又涉及其他部门。例如像儿童肥胖等社会问题就是多方面的，并可能要由所有部门来解决。据疾病控制中心（2013）估计，年龄在2～19岁的美国儿童中有17%都是过胖的。更糟的是，肥胖症的规模和范围在过去30年中一直都在急剧增长，尽管最近的研究发现2～5岁的儿童肥胖的数量有所减少，并表明美国儿童的营养和运动量处于上升趋势（疾病控制中心，2014）。在该问题上的任何项目都不可避免地重点利用了地方政府和学区的力量。然而，各种非营利部门也为年轻人提供服务；公司为年轻人事业贡献出资源与时间，作为其公司在社会责任方面努力的一部分，并且联邦层面的权力机构也在这一问题上表现出兴趣，美国前第一夫人米歇尔·奥巴马"让我们动起来"的运动为此提供了证明。

诸如儿童肥胖等问题是难以或不可能解决的，因为它们很复杂，并往往涉及难以识别的不完整的、相互矛盾的和不断变化的要求，就这个意义上来说，这种问题是恶劣的（韦伯，卡德米安，2008；里特尔，韦伯，1973）。由于一方面的问题可能会揭示出其他更多方面的问题，任何在形成解决方案方面的努力都是持续和反复出现的。在任何一种解决问题的努力中，各种利益相关者都可能以不同

---

❶ 几天时间，沃尔玛就提供了2000万美元的现金捐赠、1500辆卡车的免费商品、10万份食品，并承诺为每一位下岗工人提供工作（巴尔巴罗，吉尔斯2005）。

的方式来看待该问题。在儿童肥胖的案例中，这些因素实际上倾向于合作，因为我们仍然要面对这种健康状况所呈现出来的状态。更多的合作者可能会促使创新方式的诞生，以解决这类正在出现的社会问题。其中的一种组织便是华盛顿州儿童肥胖预防联盟，即由公共、私有、非营利组织联合起来合作以改善华盛顿的整体环境，从而使儿童能具有健康和积极的生活方式。在合作方法中，他们提倡公共和私有或非营利组织之间的共同使用协议，以为课后活动提供空间，并为感兴趣的组织提供详尽的工具包（儿童肥胖预防联盟，2014）。

在美国，其他复杂和相互依赖的问题也明显是跨政策部门的，例如国土安全和紧急事务管理局，其所包括的案例如卡特里娜飓风以及桑迪和波士顿马拉松爆炸案。英国石油公司（BP）漏油事件对于以多部门框架处理问题的需求提供了又一个例证。在这些类似的案例中，公共领导者面临紧急情况时却在如何充分解决问题方面不具有优先性，并日渐认识到他们要依赖于组织间的结构来处理问题——包括政府部门内部和非政府部门之间。这些组织可能之前没有在一起工作过，并且往往在不经过充分培训及缺乏合作经验的情况下被牵拉在一起。

私有部门和非营利部门观点

正如我们在第1章所注意到的，私有部门和非营利部门可能出于各种实用主义的理由而想要与政府合作。对于私有部门来说，政府契约或公司合伙为其提供了额外收入的可能性。尽管与政府共事的边际利润经常少于其他潜在的客户，但是其风险却较低，政府所能够提供的稳定收入流可以对其他更为冒险的（也可能更为有利可图的）商业机会进行弥补。

最近，我们开始看到企业以同政府、非营利机构和社会企业家的潜在合作为其特征。在这个角色上，企业被视为积极的参与者，有助于解决社会问题、纠正或避免环境破坏、形成解决如全球性贫困等问题的创新性方法。这种印象反映出企业在形象及其对社会影响方面，都有了巨大变化（纳尔逊，2005）。

> 2010年4月20日，深水地平线石油钻塔发生爆炸，11名工人丧生，墨西哥海岸附近2亿零2800万加仑的石油泄漏。该区域鱼类及野生物种所受到的长期影响仍然是不确定的，但是数以千计的物种已经受到伤害。危机发生后的应对措施要求海岸线所有国家的地方政府部门和无数联邦机构进行协作。数百家公共的、私有的和非营利的实体都对该灾难做出了回应。英国石油公司估计处理石油泄漏的总成本超过了400亿美元。
>
> 资料来源：英国石油公司深水地平线石油泄漏和海底钻探国家委员会。

这种观点与传统公共管理教科书以及公共政策分析所假定的观点形成了鲜明的对比：企业从根本上来说是逐利的——更简洁地说，生意就是生意❶。当然，并非所有的企业都明白这个道理；许多企业在其社会责任方面都秉持狭隘和自我服务的观点。然而，越来越多的企业相信，参与同政府和非营利组织的合作能够获得益处（钱德勒，维特，2014）。举个例子，在紧急情况管理中私人部门与政府之间进行合作，提供食物、水和其他必需品。经常是在特别的情况下，这种合作可以提升雇员和客户对公司所感知的商誉，并最终通过新客户的增加和雇员流失率的降低获得利益。

对于非营利部门来说，与政府合作经常是组织运作所必需的。许多非营利部门至少在某种程度上都依赖于通过授权、合同或其他与政府合作的形式来得到资金。这可以为非营利部门提供收入，并帮助它们实现其使命。此外，有时候非营利部门在特定领域会取得成功，并把与政府合作视为将使命拓展至其成员包括雇员和捐赠者所关注的相关领域的方式。

经济原理：竞争优势

正如我们在第1章所注意到的，政府在公共服务开支方面的政策支持，尤其是联邦政府的开支，已经下降了，而认为私人部门和非营利组织要比政府能更好地开展工作的观点已经更加普遍（斯科勒，2000）。布坎南和瓦格纳（1977）等学者支持了该观点，正如新公共管理学派的支持者那样（奥斯本，盖布勒，1993；波利特，鲍克尔特，2011）。支撑这一论点的基础是一套有关私人部门（或非营利部门）比政府更具竞争优势的经济思想。该观点在20世纪80年代得到美国保守党领导的支持，有时也被称为新自由主义观点。新自由主义是一种政治与经济哲学理念，其主张是支持经济自由化、自由贸易和开放市场、私有化、放松管制、缩减公共部门的规模并增加私人部门的作用。通常，经济观点大都是基于这种理论，即私人市场在分配资源方面往往优于公共部门。

市场失灵与政府失灵

新自由主义的支持者也承认，市场有时候也会失灵，市场失灵为政府干预经济提供了一个正当理由。当私人部门过分追求自身利益而导致无效率的资源配置时，市场失灵就会出现。例如，公共物品（重要的、非排他性的，因而不能由私人部门出于利润而生产），外部性（可以扭曲物品价格的正溢出或负溢出——例

❶ 这种观点在经济学家米尔顿·佛里德曼反复且广泛的引述中得到表达，他以其对公司社会责任的怀疑言论而知名。他在"企业的社会责任是增加其盈利"（1970）中对这种观点进行了争辩。

如，生产私人产品时不考虑污染成本），以及信息"不对称"，即消费者没有充分的信息来判断私人物品的价值和效能（例如，药物安全性）。市场失灵为政府干预提供了理论基础，并可能以多种形式出现：公共供给（国防）、法规（污染容许量）、补贴（某种健康保健计划）和禁令（不安全产品）。

同时，新自由主义者和其他一些经济学家认为，政府在实现其目标方面也经常失灵。政府也出于一些原因而出现低效。他们可能无法突破官僚体制的限制，从而无法找到解决所出现的公共问题的创新性方法。由于政治领袖持有与政府规划相冲突的目标，为在那些规划之下工作的公共管理者和雇员带来了混杂的信号，因而他们会失败。甚至那些"仁慈的"公共管理者和雇员没有什么动力投资于成本降低或质量改进方面的工作，因为他们并非所有者，其努力只能换来少部分回报，所以他们也会失败。此外，由于被选举出来的官员不能总是确保公共管理者会有效地或尽其所能地来工作，因此政府也会失灵。

沃尔夫（1978）在其一篇有影响的论文中提出非市场失灵理论——构成政府的个体和机构在发展公共计划时往往不能获得政策制定者所要寻求的结果。他引用的一些理由包括描述政府规划产出或结果的困难性；测量政府产品和服务质量的无能；缺乏政府供给竞争性并导致垄断性服务问题；不利于问题有效解决的绩效结构。尽管非市场（或政府）失灵并不一定表示政府不应该发挥任何作用，但它也的确提供了一个警示框架，暗示公众并不能总是从政府所提供的物品和服务那里获得所期望的结果。因此，就跨部门合作来说，这表明了利用私人或非营利部门而不只是政府自身在实现政府目标方面的可能优势。

⌃ 产权理论 ⌄

产权理论（或者所有权理论）探究了各种所有权结构是如何影响雇员的激励和行为的（德姆塞茨，1967；霍夫曼等，1994）。两种最为普遍的所有权是私人所有权和公共所有权。私人所有者能够将其权利转移（或出售）给其他当事人；由此，私人所有权会形成更有效的资源配置，以及更高层面的雇员激励体系。该主张的主要特点是，资源的私人所有权将集中于那些由于其知识、资源或高级管理能力而具有比较优势的个人。这些人由于在得自所有权的生产率和盈利方面具有浓厚的兴趣，从而可以更好地阻止"员工避责"。

相比之下，政府所有权是弥散的。我们所有人都"拥有"我们的政府——联邦、州和地方政府——但是我们个体的利益不足以要求政府对资源进行有效的配置。蒂伯特（1956）建立的理论认为，人们用脚投票并选择在能最好地满足其税收支付和服务要求方面意愿的地区定居下来。蒂伯特的理论具有很大的局限性，包括在某些纳税人的流动性、财政环境以及人们所居住的各种政府管辖区域内的生产率等方面的信息不完全。

然而，产权理论也具有局限性。私人公司的管理人员经常与所有权相分离

（公司管理人员与股东相对立），管理人员可能有其自身的利益，例如更高的薪水和奖金，这可能会以所有者利润的一部分转移到管理者而告终。私人所有权本身会散播开来，尤其是在大公司中，个人股票持有者在监控公司效率方面并不太感兴趣。当然，股东会监控股票的价格与红利，这也是公司是否正在有效地利用其资源的一个间接的表现。

委托代理问题

委托代理问题，或者说代理困境，所关注的是代理人是否以委托人的最优利益而不是以代理人自身的利益采取行动的认定难题。大多数的私人公司和所有的政府机构都以所有权与管理权分离为特征。这导致了代理情况的出现，所有者（委托人）把工作授权给其他人（代理人）去做。委托代理问题的关键在于，委托人如何或者是否能确定代理人将以最大化委托人收益的有效方式进行工作。委托代理问题的两个主要问题是信息不对称和目标偏离。由于代理人最接近消费者或客户以及公共问题，他们更加清楚自己是否正在对消费者或客户或者那些问题做出最具成本效益的反应。代理人也可能为了自己的目的隐藏信息，或者会有他们自己的目标，例如更短的工时、更高的报酬、更多的预算，这些可能都与委托人的利益背道而驰。最后的争论在于经济学公共选择学派的核心，该学派的学者认为，最大化代理人的预算是公共管理者或者职员的最优利益，而不是去找到最具成本效益的解决方式（唐斯，1967；尼斯坎森，1971）。

为了解决委托代理问题，委托人试图设计出能够监控和鼓励受托人做出符合委托人利益的行为的机制和激励结构。由于公共部门中宽泛的雇员保护和受限的激励结构，许多人认为要在政府中克服委托代理问题，即便不可能，也是很困难的。有人主张，对于私人部门的所有者或委托人来说，他们有更多引导其代理人进行有效产出的手段。但是，对于那种说法又会有一些局限。许多公共职员加入政府工作中是为了实现某种公共事业或者活动，因此可能会将公共利益置于自身利益之上。此外，信息不对称在公共部门和私人部门中都可能是一个问题。私人部门的代理人会发现隐藏信息以使其在公司中的利益最大化是有好处的。

委托代理关系中的另外一个问题源于交易成本。为了使代理人的行为符合委托人的目标，委托人必须根据其主观意愿设计雇用合同，或者提供其他激励。这是一些国家例如新西兰与其高级公共管理者签订绩效合同的原因：管理者基于完成预先设定的目标或结果而得到奖励。这种契约设计并不简单，也未必能确保代理人做出最大的努力来完成目标。如果公共管理者是以绩效为基准得到评判，那么尽可能低地设定绩效目标就会符合其利益，并且由于公共管理者可能对于即将发生的情况具有更多的信息，所以委托人（被选举的官员）可能并不擅长将业绩表现设定得足够高。相比之下，私人委托人和代理人在减少成本并提高质量方面具有更大的动力，因为代理人更可能获得他们视为重要的和值得追求的私人利益。代理人可能会由于其创新的和高效的行动，而获得奖金、加薪、晋升、分红、股票期权或其他个人利益的奖励。

竞争

经典的微观经济学理论强调竞争在获取效率分配方面的作用。竞争在私人部门中很普遍，某种程度上在非营利部门也是如此，但在公共部门中几乎不存在。类似于产权理论的效果，竞争力量把价格推向其最优边际成本，从而把资源分配到能够发挥其最大价值的地方。管理不善或者创新缺乏的弱小公司会发现，其产品没有竞争性。他们要么被淘汰，要么被其他相信能更有效率运营该公司的企业所并购。

公共部门供给基本上是垄断性的。政府决定要供给的内容，并通常以一刀切的态度来对待其客户/公民/纳税人。公民可以投票把他们选出的官员赶出办公室，也可以在新的官员中选出他们希望能对其需求负责的人，这些都是会发生的。然而，除了在地方政府层面，选举基本上与政府项目的高效运作无关。选举更像是关于理想政策的辩论，例如国家卫生健康政策，或者是在候选人亲民方面的投票。

尽管竞争在获取效率和创新方面十分引人注目，但是公共管理者不能总是确保在与私人或非营利部门的合作中出现竞争。与国防承包商合作中（通过合同合伙）的典型问题是国防工业寡头垄断的本质。用私人垄断取代公共垄断并不能获取想要得到的竞争环境。同样，政府可能会为了既定客户群而接触非营利部门，以得到其本地知识和经验。不过，因为很少有非营利部门只在特定领域工作，所以竞争性力量也不可能存在。

非营利竞争优势

非营利服务提供组织也可能在处理政府无法覆盖的特定社会需求方面具有竞争优势。公共部门处于提供满足"中位数选民"需求的社会项目的压力之下，或者占支配地位的联盟影响了立法（斯坦伯格，2006）。正因为如此，特定少数派的利益可能无法得到政府的特别注意。非营利部门通过给较小的联盟提供机会，为实现其认为重要的事业而调动资源，填补了这一角色。以这种方式，非营利部门有可能处理被政府忽视或由于资源不足而无法满足的社会需求。

在很多情况下，对私人捐赠的信赖以及非营利部门中的服务费用，也能为选民在既定产品或服务的直接利益方面创造更多的机会，以把自身资源投注于那些项目。尽管在非营利部门为其捐赠者需求提供服务的程度或者向那些得到其服务的人展示"向下问责"方面存在争论（鲍尔，施米茨，2012），但是非营利监管的本性以不同于其对应的私人部门的方式关注了其选民。营利性公司受到股东的监管，而股东优先考虑利润的产生，并用臆想的目标影响组织行为。非营利部门受到董事会的监管，而董事会通常共担了对社会的承诺或是组织正努力争取的文化需求（斯坦伯格，2006）。对政府领导者的暗示在于，非营利部门可能支持既存的公众服务社会承诺以建立合作关系，直接把非营利行动与政府工作重点相匹配。对于其他领域的非营利主体例如环境保护组织来说，非营利目标与政府的政策和工作重点相匹配，也是实际存在的情况。

跨部门合作的战略途径

所有三个部门——公共的、私人的和非营利的部门——都越来越努力地超越合作的临时和实用的形式，以采用更加战略的途径，而这种途径具有帮助各部门组织和管理者的巨大潜力。战略合作已经被界定为"一个有意安排的、集合性的途径，通过建立共享知识、设计创新性解决方案、缔造相应的变化来处理公共问题"（诺里斯-蒂雷尔，克莱2010，2）。

政府和各部门跨层次合作的日益盛行表明了那些合作的重要战略目标。诺里斯-蒂雷尔和克莱（2010）把那些战略性目标分为三个主要的影响领域：

● 可交付物和成果：这可能包括加强运营，达到目标，或者获得更好的总体结果。

● 增长的能力：这可能导致个人、组织或社团更大的能力。

● 新的资源与机会：这可能为新市场或项目领域带来新的筹资机会，以及进一步跨部门合作的潜在可能性。

通过把跨部门合作看作是战略的而不是实用的或经济的选择，管理者可以把合作视为其总体组织战略的一部分，以帮助其更好地满足组织需求。

︿ 私人部门的战略考虑 ﹀

企业长期使用战略联盟来提升其竞争力，并发展自身的战略目标（乌丁，阿科特，2011）。战略联盟的成功需要所有合作伙伴的合作行为。更具体地说，联盟成功依赖于若干因素，例如问题解决中所有当事人的积极参与、建立信任、通过联合当事人资源和能力创造价值、以合作或协作活动提升相容的组织行为（毛拉，2012）。大规模快速成长的企业，例如微软、飞利浦和联合利华，十分依赖联盟来支持其发展战略。数据清楚地表明，公司正越来越依靠战略联盟来维持全球竞争力（卡莱，辛格，2007；坎特，1994；斯丁斯默等，2005）。与政府和非营利部门合作已经成为这种经历的必然产物，并且公司在其他战略联盟中以同样的目标来寻求这种合作：增加竞争力。

企业社会责任　企业社会责任（CSR）是指企业应该以有助于社会及其居民的方式采取行动。当事人主张，企业有义务采取行动以对其所处的社区产生积极影响。这可能要求企业为了支持其对社会的责任而放弃利润最大化。最好的情况是，公司既可以履行其社会责任也可以最大化其利润（巴伦，2013）。之所以说公司应该积极承担社会责任，包括如下理由（劳伦斯，韦伯，2014）：

- 提高企业声誉。
- 改进利益相关者关系。
- 提升长期利润。
- 减少政府监管。

履行企业社会责任可以采用多种形式：鼓励员工形成并实施地方社团项目（国际商业机器公司）；高效利用能源来减少公司碳排放量和解决大气变化（沃尔玛）；在缺水的发展中国家进行水资源的再循环和补充来降低水的使用（可口可乐公司）；对组成汽车的85%的零部件进行循环利用来缓解处理垃圾的压力（福特公司）。这些以及其他的企业社会责任活动是有争议的，因为这些活动对企业和社会都带来了益处。有人把这些活动视为公司自利的，因为这些努力的付出只是为了提高公司在潜在客户中的声誉；然而，其他人把这些活动简单地视为符合公司总体使命的良好的商业模式（巴伦，2013）。

共享价值　在企业社会责任的另一面，波特和克雷默（2011）认为，企业可以同时推进其战略目标并建立社会价值。建立共享价值背后的中心假设是，公司竞争力与其所在地附近社区卫生健康状况之间的相互依赖。对经济社会进步与企业竞争力之间联系的认识能够刺激地方和全球增长。

公司可以通过三种方式形成共享价值机会（波特，克雷默，2011）：

1.审视产品和市场。公司可以在更好地服务现有市场、获取新市场或通过创新降低成本的同时，满足社会需求。

2.在价值链中重新定义生产率。公司可以提升输入和分配的数量、质量、成本和可靠性，而同时为基本的自然资源扮演管家的角色，并驱动经济和社会发展。

3.使本地集群发展。公司不是孤立于其周围环境而运营，而是能有助于其社区发展。例如，为了竞争和成长，他们需要可信赖的本地供应商、公路和电信等功能性基础设施、优秀人才以及有效和可预测的法律体系。

企业社会责任的标准途径可以被视为商业经营的一种成本，关注项目成本和潜在利润的损失。创建共享价值承认短期盈利能力和社会或环境目标之间存在着各种权衡。然而，它也强调竞争优势的机会，这种优势可能来自于把社会价值主张构建到更宽泛的公司战略活动中。体现企业社会责任的公司日益增长的数量表明，许多私人部门组织（尤其是政府潜在的合作者）并不只是关心利润；他们在其总体战略之下也有社会目标。考虑到这种变化的态度，政府有更多机会参与跨部门合作，从而以不仅相容而且相互加强的方式促进公共和私有部门的利益。

公共部门和非营利部门的战略观

正如私人部门组织开始把跨部门合作当作战略举措那样，公共部门和非营利部门也是如此。目前，当大多数公共和非营利部门管理者把跨部门合作视为利用资源和专业知识处理特别问题的实用性方法时，有些管理者正试图采取更为主动的姿态，把跨部门合作视为其组织战略的根本性内容。

为了帮助公共部门和非营利部门的管理者，诺里斯－蒂雷尔和克莱（2010）确定了跨部门合作战略实施的五步流程或"合作的生命周期"：

1.探究：设定战略合作的阶段。

2.制定与执行：形成战略合作。

3.成长与演化：加强合作。

4.成熟：获取结果、共享价值，创造不同。

5.结束或续期：实现目标时放手，或者与现有的或新的伙伴展开合作。

尽管跨部门合作的诱发因素可能是诸如资金损失、新的州或联邦指令或者自然灾害等一些事件或危机，但是公共部门和非营利部门的管理者可以有效利用这类事件或危机，考虑把跨部门合作作为组织长期成功的战略基础。

跨部门合作的战略思维过程适用于所有的部门，但略有不同之处。私人部门通过考虑如何创造共享价值来开始这一过程，或者通过企业社会责任增强竞争性来作为推进组织底线的方式。非营利部门为了其赞助者或成员的利益，通过考虑怎样利用其资源、稳定其财务环境、扩大其影响来开始这一过程。因此，很明显，私人组织的动机与非营利组织的动机是不同的。尽管如此，跨部门合作既能改善盈利部门和非营利部门的财务状况，同时也能为一般公众创造价值，提高公共组织和非营利组织两者的能力以实现其公共使命。

公共部门有必要以公共利益包括什么这一问题来开始。尽管公共管理者可能发现他们要成功就必须合作，但是也可能会受到潜在合作类型的限制。然而，通过探究与私人和非营利组织的选择权，公共管理者可能发现更好地获取公众期望结果的新途径。许多公司承担社会责任方法的演化特征，以及许多非营利部门总体的社会导向，表明在公共的、私人的和非营利的组织之间，存在许多充分趋同的领域可以一起协作地工作。

对于公共管理者来说，只要总体结果符合公共利益，那么总体结果或产出是满足了私人组织还是非营利组织的目标，都不是关键问题。因此，如果不同的组织由于不同的原因（例如私人公司以收费公路追求利润，或者非营利青年服务组织在社区中为特定的人口统计数据提供服务）进行跨部门合作，只要努力的总体效果提升了社会总价值，就是无关紧要的。合作不会长期持续，除非所有组织的需求都得到满足，并且跨部门合作中公共管理者的许多工作任务是理解那些不同需求的内容，以及为了服务于更加广泛的公共利益怎样囊括个性化的激励需求。

从委托代理关系到股东对股东关系

对跨部门合作的治理是复杂的，因为它把公共部门牵涉到这样一种关系中，即对非国家主体预示着更多的权力分享和更多的自由裁量权。公共-私有-非营利关系的两个互补性治理条件的重要性，可以在有关委托代理问题的思考中被更好地理解。

传统的公共管理在委托代理关系框架内运作。随着政府服务的供给，公共管理者及其雇员是被选举官员（委托人）的代理人，这些官员通过立法和执法行为建立起政策。被选举的官员自身就是一般选民的代理人。下列理由可以很好地解释这种关系：被选举的官员对一般选民负有责任；公共管理者对被选举的官员负有责任；公共职员对公共管理者负有责任。民主责任制的清晰界线为公共管理学者和一般公众提供了肯定性意见。长期以来，对于给予公共管理者自由裁量权的多少存在争论，并且还担心公共管理者或许会变得更加企业化（莫，1994，2001）。然而，也有人认为，即行政管理者——从街道层面向上——实际上在政策执行方面有大量的自由裁量权（利普斯基，1980；林恩，2006）。那种自由裁量权传统上被认为存在于由责任垂直条线所授予的权力范围内。

股东对股东关系

合作，无论是签约、合伙、网络的某种类型，还是独立的公共服务提供者，当它们在公共管理方面被传统地概念化的时候，都将改变委托代理关系的治理动力。在许多方面，合作都涉及两个委托人之间的相互作用：公共管理者（代表政府）与合作者——实体或牵涉到提供公共产品和服务的公共管理者的实体。关系各方都更多地充当了委托人的角色，因为他们每一个人都对关系条款产生了影响。因此，参与协作努力的公共部门组织更容易受到其传统边界之外利益相关者的影响（阿格拉诺夫，2012），因为非政府方会对共同实施的政策与项目的内容及条件进行权衡。

跨部门合作的特点就是，两个或更多同意一起工作的主体可以产生不同的整合层次。这些备择方案可以形成连续的层递排列（克罗斯比，布莱森，2005），因为在一些协议中，成员之间没有什么相互影响，在另外一些协议中却能够更多地相互影响。在合作结构中，各种因素都会对整合的水平产生影响，例如相互影响的深度或者合作的总体水平。合作的程度在图2.1中得以概念化。

合作…………协调…………协作…………服务整合

图2.1 协作中的一体化水平

资料来源：塞尔登，索瓦，斯坦福（2002）

在由协调向协作移动的过程中，各主体在如何运作方面接受了更大程度的相互影响。通过在公共部门和非政府实体之间的关系形成，以及关系中各方权利的共享，协作改变了委托代理模式的性质。在最清晰的委托代理关系结构中（如传统的合同），委托方决定了代理人行为最特定的要素。在协议条款中对这些行为规定进行了详细描述，为监管委托人纠正关联代理人的工作提供了更多手段。跨部门合作许多形态的实际情况是，预期的具体要求相当开放，在合作各方关系中留有更多空间以达成协议，而不是以书面规则来监管协作。个人关系在不同程度上填补了正式角色界定的空白，而非正式谅解在引导协作中的组织间沟通与决策制定方面要比法律合同更为重要（加兹利，2008）。协议的细节越不正式化，各方在协作中能行使的裁量权越多，在决定生产内容方面就越有影响力。

形成跨部门合作特征的第二个特色与关系治理的程度相关：所涉及的成员之间共享权力的数量（多纳休，泽克豪泽，2011；赫哈姆，范根，2005）。在最明确的委托代理关系形式中，假设委托人对参与的代理人具有更高的影响力。在跨部门合作中，共同治理的模式取代了单一权威（阿格拉诺夫，2012），即协作各方之间存在更加互惠的关系（布莱森，克罗斯比，斯通，2006）。

权力共享的程度可以在关于垂直和水平关系方面进行考量。前者界定了一方对另一方享有更为明确和正式的权力关系；后者表明了权力在各方更加均衡地被分配的关系。水平联系使得不同类型的管理技能和协商能力成为必要。公共管理中，在垂直关系下，公共管理者对被选举官员（或其他利益相关者）负责，在水平关系下，对协作的其他组织负责，他们不充当政府的代理人，而是具有必须与政府目标相混合的自身目标的委托人。

总之，规范化和权力分享这两个特征可以区分跨部门合作不同结构中所取得的一体化水平，表2.1对此进行表述。

表2.1　跨部门合作的一体化维度

规范化程度 / 权力分享类别	高规范化	低规范化
受限的权力分享	传统缔约 公共供给的传统管理 对非营利部门的规则与竞争性资助	整体拨款 对非营利部门的基金赞助 服务交付网络（非中心化）
互惠的权力分享	基础设施的公私合伙 应急反应网络（联邦应急管理局指挥系统） 合作缔约 中心化的服务交付网络	政府-非营利部门合作 非营利宣传网络 应急反应网络（临时） 独立的公共服务提供者

规范程度越高，公共管理者在关系中能够运用的控制度就越大。权力分享越多，创新性解决方案的潜力就越大，但是公共管理者从事非传统沟通且与协作者协商的必要性就越大。在表2.1左上象限，具有高规范化和受限的权力分享，协

作是最低的；可期望的是协调或磋商。其他象限都涉及不同程度的协作，右下象限（低规范化与互惠的权力分享）要求最大程度的协作、沟通和信任构建。

跨部门合作的治理结果

当越来越多的政府部门以各种跨部门合作的方式从事私人和非营利部门的工作时，社会的、政治的和结构性的实际挑战会使得公共部门越来越难以确保公众得到良好的服务。这一担忧大多已经通过有关政府责任（贝恩，2001；林恩，2006）和协作治理（弗雷尔等，2010）方面的文献得到了研究。跨部门交换的更为协作的形式向传统的政府管理规范提出了挑战；他们也对公共管理者应如何从事私人和非营利部门工作的规范提出了挑战（恩特威斯尔，马丁，2005）。他们从依赖于规则治理转移到依靠在指导方针之外采取行动的环境，为协作方创造了更多的自由裁量权并进行权力分享（阿格拉诺夫，2012）。然而，提供给跨部门合作中非政府各方的增加的自由裁量权，形成了公共管理者必须处理的一些潜在问题。

私人部门参与产生的挑战

在政府项目中加入私人部门是一把双刃剑。私人部门所提供的激励、资源和能力可以改变政府项目的工作。然而，私人部门对利润的看重却会形成"排他性"问题，即一部分渴望获得产品或服务的人就会由于不能支付费用而被拒之门外。一个主要的例子是道路拥堵收费设计的影响，这个价格会把不能支付高速车道通行费的消费者排除在外。

非营利部门参与产生的挑战

尽管非营利部门在为特定人群提供服务方面也很明显具有某些竞争优势，但是非营利部门就其特性来说，也会陷入阻止公共物品和服务成功交付方面的许多挑战。萨拉蒙（1987）解释了非营利管理部门有关"志愿失灵"的管理挑战。这些失灵被描述为四个有关方面：公益不足、公益特殊主义、公益家长作风、公益业余主义。

公益不足涉及的危险是，非营利部门对特定问题的关注可能会挤出为相同需求提供资源的部门。例如，一家社区中知名的非营利儿童关爱提供者，可能会鼓励政府权威部门在同类型项目中减少投入。这在低收入和中等收入国家中是一个特别的严重的问题，因为这些国家的公共机构是在财政紧缩的环境下运作的，如果他们相信非营利部门正在处理这些问题的话，就会忽视这类问题。

公益特殊主义解释了非营利部门处理少部分选民需求的倾向，相比之下，政府必须对影响全体民众的问题做出反应。例如，在非洲许多地区的预防 HIV 和 AIDS 的项目，长期以来都是国际非营利组织的重点工作，但是有些研究表明，这些项目解决社会相对较小的一部分群体的需求，是以诸如基础服务等更广泛的健康目标为代价获取关注的（史夫曼，2008）。

公益家长作风指的是非营利部门可能会采取"我们最了解"的方式为其关键对象提供服务的问题，这会歪曲对选民真正需求的理解。公益业余主义解释了许多非营利组织的一个倾向，即吸引那些对其支持的项目更为关注的专业人士，而不是那些对能有效交付项目的管理资源更为关注的人（萨拉蒙，1987）；因此，他们可能忽略了用技术和管理能力来打造工作人员。

不同利益的磋商

行政管理行为是有目的性的，因为它是目标驱动的，受到与中心愿景或导向有关的目标的指引（圣吉，2006）。跨部门交易形式的挑战是，在不同动机下运作的组织肩负了共创具有共同目标的交易形式的任务。合作者会经常基于不同的原因而追求共同的目标或结果，也就是说，它们可能具有不同的个体目标。在这些个体目标之外协商出一个共同的目标或结果，形成了更为权威和正规的模式中较少出现的复杂水平（奥利里，维杰，2012；赫哈姆，范根，2005）。组织由不同的动机和目标所驱动，这些动机和目标以内在于其法律地位的或公共、私人、非营利名义的组织机构逻辑为基础（布莱森等，2006）。公私合作的内在挑战是要确保私人部门的价值，例如利润最大化或者知识产权保护，而不包括公共部门的价值，例如平等进入和透明度（霍奇，科格希尔，2007；博兹曼，2002，2007）。

克服合作中差异性的动机不仅涉及在各部门间形成共同的愿景，而且也有关合作各方各自的及集体的利益。例如，组织使命与愿景方面的文献强调了内部工作规范的培养以推动集体行为（圣吉，2006）。跨部门合作要求考虑的不仅是自己的使命，而且也有广泛的合作组织的使命。因此，跨部门合作中的工作需要关注共享的以及个体的目标（伍德，格雷，1991）。这经常要求有一个对网络或合作关系内部责任需求进行管理的反复过程（米尔沃德，普罗文，2006）。在协作中，鼓励各方共享信息是特别重要的一个共同倾向（汤姆森，佩里，2006）。

在不同的法律制度下运作

奠基人设计了美国政府联邦系统以控制其各个部分。政府三权分立中权力制衡的复杂系统以及联邦和州政府之间，为旨在控制管理行为的重叠部门铺设了基础。毋庸置疑，美国人渴望以效率为代价限制官僚的利己主义。公共管理官僚的繁文缛节抬高了管理项目的成本，扼杀了创新、形成了人员冗余。然而，这一框架制度也对政府的行为进行审视，以确保公共利益得以满足。

非营利部门和私人部门组织在这些机构的权力制衡之外进行运作（斯库纳，2001）。例如，政府承包商并不像其相应的公共部门那样处于同样的人力资源限制之下。对于非营利组织来说也是一样，它们主要是在其捐赠者和其董事所设置的标准之下提供服务（阿克塞尔罗德，1994；布鲁克斯，2002）。公共管理者可能需要在协作合同的框架下，形成其自身的机构控制系统。

失控问题

把责任委派给私人或非营利组织所最受关注的一个问题是，政府一旦把公共物品或服务"外包"给合作伙伴或网络，便会对其失去控制。控制问题是重要的；在传统的公共管理之下，控制是通过授权、批准、报告关系和审计的层级系统来行使的。在现实中，在传统的层级关系下进行控制往往是虚幻的。为什么呢？第一，我们知道街道层面的官员经常在如何及向谁提供公共物品和服务方面具有重要的裁量权（利普斯基，1980）。与公众接触最多的公务员确实需要灵活性，以与立法框架相一致的方式解释公共利益，形成共识。第二，我们知道公共项目的交付受到所谓委托代理问题的影响。委托人为了"维持控制"，在监控其代理人行为方面可能比较艰难。

诚然，当公共管理者在私人或非营利部门中吸纳了合作缔约人、合伙企业、网络、独立公共服务提供商的时候，他们就放弃了部分控制权。因此，公共管理者的关注点一定是放在所希望达到的结果上，而很少放在如何实现结果的过程上。通过以结构为导向，管理者对最重要的内容进行治理。通过放弃一些控制权，他们认识到其他的组织和行动者或许有更为创新和出众的方法来获取想要的结果。然而，有些过程，例如确保平等雇用的机会，可能仍然是必要的。因此，基于过程和法规的控制与基于所获取的结果的控制的混合可能更为重要，并与公共利益相一致。在过程相对于公平或其他合法理由更为重要的情况中，那些要素本身可以被作为可测量的一个结果来处理。

对公共管理者来说，这是一个富有挑战性的领域。危险来自于合作的匆忙，管理者可能会被私人或非营利部门的利益所俘获，或者可能在保护公共利益的时候，不具备平衡合作者竞争性需求所必需的管理技能。此外，有效合作的形成需要花费时间成本，公共管理者经常在是处理目前问题的需求——这也许对其政治委托人来说显得更负责任，还是花费时间和努力以建立长期更为有效的协作性组织方面难以抉择。

中空的政府

公共管理者与政府之外的组织一起工作所面临的挑战之一便是政府内部专门知识中空的危险（米尔沃德，普罗文，2000）。也就是说，政府之外的组织所实现的政府职能越多，公共管理者在项目领域减少其自身内部知识的可能性就越大。公共管理者在选择是自己处理还是协作解决时必定要思考的是在保持政府职员的专门知识方面，这一决策随着时间的变化而带来的潜在影响。

美国宇航局（NASA）描述了治理系统对跨部门合作的重要性。美国宇航局是伟大的公共部门成功故事中的一个，尽管是悲剧性的。美国是第一个使人类登上月球的国家，而那种努力以及许多技术分拆的成功是美国创业精神和内驱力的例证。然而，在现实中，美国宇航局是通过一系列合约与合伙关系来运作的。美国宇航局中联邦工作人员的数量与合同雇员相比显得微不足道。1966年，在项目顶峰的时候，有36 000名联邦工作人员与近300 000名私人合同雇员经常并肩工作（亚当斯，巴尔弗，2004）。私人部门合约者与合作伙伴生产了火箭、卫星甚至航天飞机。否则，要取得成功，单靠美国宇航局是不可能的。

我们也知道两起航天飞机的事故，或许较早的阿波罗一号发射悲剧的发生，部分原因在于组织文化和领导风格的杂乱而忽视了重要的安全信息，而这些信息本来应能阻止那些宇航员的死亡。亚当斯和巴尔弗问道："大多数专业小组都会把自己看作是具备职业道德的——但也被卷入导致第一次无法接受的风险的行动或无为之中，并最终酿成了14人不必要死亡的惨剧，这样的专业小组有多少个呢？"（2004，116-17）。

新波士顿 I -90隧道（被称作大隧道）汽车乘客的死亡也是由于在面对明显的设计缺陷时，没有采取相应措施而造成的（美国宇航局，2008）。这两个案例中的关键问题是，政府是否缺乏正确理解和处理潜在风险所需要的专业知识。

结论：处理跨部门合作中的治理挑战

尽管跨部门合作中有着固有的挑战和风险，但是也有许多管理技能可以对此加以解决。公共管理者必须识别"规范的、合法的和管理的要素"来为组织合法性设置规范（迪马乔，鲍威尔，1983）。从更宽泛的机构环境来理解，这有助于管理者识别结构和过程的价值以及个体的领导力，以在合作中让事情得以顺利进展（赫哈姆，范根，2005）。在公共服务中（其中许多会在后续章节中详述），要对私人和非营利合作伙伴进行适当且有道德的利用，把关键项目进行简短列表是有必要的：

● 为了实现关键公共职能而采取跨部门合作的公共组织，领导者应该由那些公共活动组织者和协作方来担任，他们能够在整个组织中激励管理工作（凯，纽克默，2008；卡斯，1990）。这种管理工作需要对公共利益以及道德价值的保护作出承诺（库珀，1990；特里，1995）。

● 加强对关键公共价值进行保护的一种方式就是要形成公共服务的伦理和氛围，以对从事政府工作的所有人进行监管，而不只是公务员（古特曼，2011）。

● 公共组织需要保留充分的自身专业知识，以对私人合作者和缔约者进行适当的监管，包括采购人员和特殊的专业人员。亚当斯和巴尔弗（2004）为美国宇航局指出了这一问题：他们不再拥有"充分的科学与工程能力，以对缔约人无数的技术决策和选择做出正确的判断"（114）。

● 公共组织需要在决策制定过程中使相关各方都加入进来。问题越复杂、主体（公共的、私人的和非营利的）数量越多，公共领导者参与并对公众发声就越重要（艾伦，2010）。

● 形成一个清晰的责任结构是必要的（福莱尔等，2010）。

首先，在传统的公共管理中，与协作者一起工作似乎要比层级结构的委托代理关系更有难度。然而，不管跨部门合作参与各方的动机和个体目标如何，如果合作各方就特定的目标、产出或成果达成共识，且对合作各方都有益，那么它们就更可能共享信息以获得那种结果，这就解决了委托代理关系中的主要问题。合作降低了一些交易成本——合同或雇用关系的形成与监督——但增加了其他成本，例如，与跨部门合作各方形成合作和持续互动关系的时间成本。

真正的合作可能在解决公共部门问题的时候会提供更多的综合性力量。近一个世纪之前，美国早期管理改革的支持者玛丽·帕克·福利特对"权力共享"或"联合力量"的价值与"控制权"的价值进行了对比（福克斯，厄威克，1973）。委托代理关系基本上是控制权关系，委托人对代理人具有控制权，也许并没有驾驭代理人的全部力量（例如知识、努力和专业技能）。协作是联合性力量；它鼓励协作各方利用它们全部的知识与能力，以获取各方期望的成果。例如，在社会服务交付的网络方法中，协作者无论是非营利部门、私人部门还是政府，都可以利用其自身的力量和能力。对于非营利部门来说，这可能是本地知识或者与特定客户的当下关系。对于私人部门来说，这可能是其创新能力或与私人市场互动的能力。对于政府来说，这可能是其利用服务交付系统和已经签订的协议来确保服务的公平交付。

通过运用权力下放、网络化、层级结构的方法来交付服务，以达到联合另外两类部门的目的，公共管理者必须突破传统公共管理的某些桎梏。这要求从麦迪逊式的权力制衡转变到权力共享，关注能力构建、协作、合伙、信任构建和长期结果。在这一潮流下，公共管理者可以利用私人和非营利部门的力量，来重新思考公共物品和服务的交付问题。

然而，无论处理跨部门合作问题所设计的解决方案有多么好，对于公共部门来说，总是会存在风险。毕竟，公共部门采取这种方式运作的主要原因，是控制公务员的渎职行为，并为公众利益提供更多适当的服务（林恩，2006）。旨在控制政府项目交付的同样的机制——从相互制衡的政府间系统到行政批准的繁文缛节——在我们的政治体系中发挥着重要的作用。

跨部门合作只是获取政府目标的一种方法，而不是公共部门所面临的所有问题的万能药（布莱森等，2006）。正如政府中所有其他的行政决策一样，公共管理者把跨部门合作视为许多战略性选择的一种，这是很关键的。充分评估各种选择，并处理跨部门合作中的潜在危险和问题也同样重要。后续各章将更详细地对这些问题展开论述。

第3章

缔约与协作

　　帝国是政府协作最早出现的形式之一。罗马通过与个体和附属国的各种协作协议维持其权力。罗马帝国在其军队中使用了雇佣军，他们能活着回家就承诺给予战利品和土地。罗马甚至与私人收税员签订合约以为帝国提供资金[1]。类似地，英国借助东印度公司（还有其他方面）来招募军队、征税，并把财富带回英国，从而维持了对广袤帝国超过3个世纪的统治。

　　在本章，我们将缔约作为跨部门协作的一种形式予以讨论。

缔约

　　政府通过缔约与私人和非营利组织达成协议，提供其自身不能或不愿意生产的某些物品或服务。然而，有些合同要比其他的合同更有协作性。我们首先将传统合同或经典合同从具有合作性的缔约形式中区分出来。尽管有些合同同时具有两方面特征，但还是能将其归类到这两个类别之中。

传统合同

　　在备择方案层递排列的一端，少有或没有协作存在，就是我们所称作的经典或传统合同。这种缔约形式有三个典型特征：① 合同是完全的，因为它们规定了未来或有事件下有关各方的权利与义务（基兹曼，1996；蒂罗尔，1999）；② 它们是交易性的，因为关系条款都以书面形式进行了详细说明，或者在交易

---

[1] 最著名的例子是新约中的使徒马太。

中得到了清楚的理解（库珀，2003；萨瓦斯，2000）；③ 它们通常是短期的协议、一次性交易或离散的、可界定项目的合同，例如建造一座大楼。比如政府日常使用的基础物资和商品的合同，包括办公用品、汽车、电脑和建筑物。通常，采购部门为了这种类型的物品会与一个或多个供应商签订重要的州或政府合同。政府部门根据指定供应商的名单进行采购。这其中没有合作。仿佛和个人去史泰博、欧迪办公或百思买购物是一样的。作为对商定的（或协商的）美元金额的回报，我们得到了想要的物品。我们的互动是短暂的。虽然购买本身是"自愿的"，但是并不存在对资源、风险或其他真实协作的属性进行"分享"。这些有时候被称为现货交易。

短期经典或传统合同的另外一个例子可能是建设政府办公大楼的工程。合同各方在建造期间会有持续的互动，但是这种互动大多是由法律合同所界定的。例如，在第 1 章我们所讨论的条款中没有协作，不存在决策的共同制定，风险共担也受到限制。当然，私人缔约者会承担没有在约定预算或时间框架内完成项目的风险，而这种失败可能导致根据合同进行赔偿的后果。

在传统或经典的合同中，重点是正式的法律文件以及合同中详细规定的要求和补救措施，这种合同规定了政府和缔约者将会如何履约。在竞争性的外包合同方面，政府为服务生产与交付的条款和条件做出了指示。政府机构（购买者）界定其需求，明确所期望的产品或服务，然后发布征求建议书（RFP）允许私人或非营利部门就这些产品或服务进行投标。潜在的供应商受邀进行投标，在政府征求建议书所规定的限制与具体要求下，以最具性价比和最有效的方式来提供这些产品和服务。

∧ 协作合同 ∨

代表真正合作的备案方案层递排列另一端的合同，要求在政府与合同另一方组织之间保持持续的互动。这些缔约的复杂模式一般符合下述的一个或几个特点：① 它们包括了对期望的不完全描述，因为各方将在履行合同的过程中不断地对其要求进行修改（布朗，博托斯齐，范斯莱克，2008，2009，2011）；② 它们是相关的，因为它们涉及超越正式或书面协议条款的治理方面（贝尔特利，史密斯，2009；查希尔，芬卡特拉曼，1995）；③ 本质上说，它们一般是长期的、伴随着重复的互动（约翰斯顿，罗姆泽克，2005；加兹利，2008）。这种合同的例证是，为了处理特定社会问题，一家州社会服务机构与一家地方非营利机构缔约——也许是儿童关爱、受虐妇女庇护或者教授基本的育儿技能。政府可能无须了解解决这些问题的最好的方式，只需与非营利机构缔约，就可以依赖非营利机构的当地知识和使命来成功解决问题。在政府与非营利部门适应变化的环境的时候，非营利机构的方法与合同的流程也逐渐进行演化。这种的合同经常被称为关系型的，因为非营利供应商和政府都需要重要的自由裁量权来调整服务，以满足特定人群的需要（斯科勒，2000；范斯莱克，2009）。

类似地，政府可能想要为了某些还不存在的东西而签约（最终在一个"不完全"的规格中），然而它感觉如果私人部门能够创造出它所想象的那些东西，那么对政府来说就是有益的。例如，美国国防部看到了对隐形轰炸机的需求，但对于它的外形、花费的成本或如何来制造它，并没有好的想法。与国防公司签订合同来生产这种武器，必定需要持续的对话和协作以获取成功的成果。这种合同有时候被称为不完全合同，因为政府不能提前明确最终产品；因此，合同的成功取决于政府与私人缔约者之间良好的协作（范斯莱克，2009）。在这些复杂协议中，由缔约者交付的产品或服务的实质经常是资产专用性。这种关系中存在着相互依赖，因为如果缔约者退出协议，政府将会不知所措，并且缔约者也会如此，因为该产品对于这个购买者的需求来说是专门定制的（朗斯代尔，2005；德姆伯格，延森，1997；布朗，博托斯齐，2003）。

本章从公共管理者的视角提供了对政府缔约——传统的与协作的——分析与管理的框架。我们首先对基本术语进行界定，然后提出缔约的基本原理，并阐述美国缔约的简史。

定义

在外包与外购这两个术语之间经常会有一些困惑。尽管有些作者相互替换地使用这两个术语，但两者之间存在着细微的区别：

● 外购是指将政府的职能或者服务转移到私人部门。政府移交过程的控制权（或所有权），简单地告诉供应商它所想要的产品或服务，并在私人市场中购买。在政府不应该履行那些在本质上是商业性的并容易由私人部门提供的职能的理论指导下，外购一直是政府改革的关键领域。外购的目标包括印刷、草坪和建筑维护、汽车维修、自助餐厅服务等领域。这些活动在商业市场中易于获得，并且无须政府复制那些服务；反之，政府应该从最低资格的投标人那里去购买。许多研究报告表明，这样做为政府节约了大量资金（萨瓦斯，2000）。

● 外包是政府让私人或非营利部门生产某物（或是某物的输入品）的决策，这些产品是政府职能所必要的，因此应该由政府所控制。政府在那种合同的详细说明、过程和结果方面有着非常强烈的利害关系。航空母舰的建设工程可能是一个例证，政府对于轮船的能力感兴趣，或者把数据处理外包出去，此时政府需要那种处理结果以实现关键性使命。

管理性竞争是与缔约和外购相结合使用的另外一个术语，具有特殊的含义。这是一个明确的流程，政府通过它决定是否外购或外包一项给定的职能或服务[1]。在管理性竞争中，当前生产产品或服务的（但是或许不像一些人想要的那样有效

---

❶ 管理型竞争也是健康卫生行业所使用的术语，并与本章所讨论的缔约和外包有着不同的应用。

率）政府职员被给予同私人部门竞标者竞争的机会，来看一看是政府还是私人部门能更有效地提供那种产品或服务。管理性竞争在比尔·克林顿总统任职期间被提出，得到副总统戈尔国家绩效评估的支持（1993），并随着各种国家行政管理而几度兴衰。前任的奥巴马政府并非这一概念的支持者，但这一方法仍然被广泛应用于州和地方政府中，并得到了印第安纳波利斯市市长斯蒂芬戈德·史密斯的大力支持（斯科勒2000）。联邦政府管理和预算局推断，在乔治·W.布什总统任职期间，该方法为国家政府节约了大量美元，包括自2003财年到2007财年的5年中从1375项竞争中节省了超过70亿美元。政府资金的节约甚至发生在公共部门雇员竞标成功的时候，他们在2007财年中竞争的70%多都是如此（美国政府管理和预算局2008）。

缔约的基本原理

通过缔约，公共管理者了解到，私人或非营利组织在生产某些产品或服务时要比政府更有效率和效果。这可能要归功于潜在供应商更加丰富的经验和专业知识；它们可能已在设备和技术方面进行了投资，从而比政府所使用的有更高的生产率；它们可能运用更有效的管理方法；或者它们的总成本（包括健康保险和退休津贴）要比政府的低。

通常在私人部门中商业活动会得到更好的执行，因为竞争和所有权会驱使持续的创新和成本的缩减。在大多数现货交易以及出现大宗商业交易的活动中，当然都是这种情况，例如办公室维护、汽车维修或其他普通的商业活动。

在某些关键职能方面，政府可能也缺乏内部能力，即便政策允许，在政府内部构建那些能力也可能在成本上是无效的。特定类型的专业知识，例如计算机安全，对大多数政府机构来说，通过政府职员来发展这项技能是很困难的。政府没有像私人部门那样提供同样薪水的能力，或是不能提供可能存在于较大的私人计算机安全公司中相同范围的专业性挑战。

缔约也可能在某种情况下减少委托代理问题，即竞争迫使缔约方显示出成本最有效的方式来获取一定的成果。这种结果的关键是请求建议书（RFP）的良好设计、缔约方选择的标准以及政府和缔约方持续的关系。

在美国缔约

缔约在美国喜忧参半，并可以追溯到独立战争时期。当时，乔治·华盛顿抱怨大陆军收到的武器、食品和衣物质量低劣，并谴责那些为军队提供补给者的"唯利是图的习气"（迈耶，1999）。大陆会议组成了委员会来调查供给问题，包括军队承包商的浪费、欺诈与滥用，以及在国家历史上尤其是战争期间会困扰缔约实践的问题。赝品这个词来源于国内战争时期的承包合同，并且是指那些看起来像布匹但是由紧压的碎布料组成的物资（库珀，2003，30）。

创建邮政系统的大陆会议合同揭示了缔约的另外一个普遍的问题：价格与可靠性的衡量。合同并没有选择最低价格竞标者的要求，那么在关于如何防止乱要价并同时确保能够由低价竞标者有效提供的问题就很快显现出来（库珀，2003）。价格超支也为缔约带来困扰。盛名远扬的宪法号护卫舰（以老铁甲而闻名）是1976年在美国新政府之下所承包的6艘军舰之一，但是只有三艘以协商的价格完成了。它们都是很好的舰船，但困扰军队和防御合同的问题在于，承包商和他们的军队监督者是否过于频繁地选择"卡迪拉克"式的方法而不是关注于价格有效性。

国家政府运用合同不仅保证公共物品与服务的安全，而且还支持新产业的发展，包括铁路和航空业，这些行业通过合同的方式来运输国家邮件。艾森豪威尔执政期间建立的美国州际公路系统导致了基础设施投资的大幅度增加，而投资的大部分是由私人部门通过与政府间的合同来提供的。

缔约改革是在整个国家历史中受到不断关注的问题，尤其是在19世纪末的改革运动期间。改革努力主要是以要求开放、过程透明、避免腐败为目标，并通过权力制衡、利益冲突法规和阻止成本超支来实现。许多改革的努力都起始于地方政府层面，并由国家城市联盟和国际城市/郡管理协会这类组织领导。

通过合同来对公共生产与私人生产进行平衡一直以来都是一个问题。第二次世界大战期间出于必要，美国把政府生产的大部分军备都转移到利用私人部门来对战争机器进行研究、开发和生产。诸如曼哈顿计划这种项目的成功——通过该计划美国成为第一个利用原子能的国家——是在广泛的联邦领导下利用私人承包商一起工作的结果。在战争结束时，经过深思熟虑，在联邦活动方面继续利用私人或非营利的（例如大学）承包商。缔约的日益成功使得各方的负责人都宣称，"商业性活动"以及任何不是"在本质上具有政府性"的活动都应该与私人或非营利部门签约完成。

当外部承包商的力量兴盛起来的时候，有些人敦促要谨慎，因为公共部门和私人部门之间界限的模糊，为政府宪政基础提出了难题（贝尔，1962；普赖斯，1965；古特曼，2000，2002）。在1961年艾森豪威尔总统警示军队产业复杂性增强之后，1962年提交给肯尼迪总统的内阁报告识别了各种关注点。贝尔的报告中警告说，如果没有正确的行动，就会导致人才从政府流失到承包商那里❶。然而，政府领导把合同看作是奖励没有建立其联邦官僚机构的盟友的一种方式。

从里根总统开始一直持续到乔治·W.布什总统当政时期，对外部承包商的依赖日益增加。在2000～2010年间，联邦契约从大约2000亿美元增长到超过5500亿美元，而联邦缔约与职员数量却没有实质性上升。缔约方面的增长一直

---

❶ 贝尔报告以预算局局长大卫·贝尔的名字命名。

被政治伪装起来了，从而给人以联邦政府依然很"小"但联邦活动却持续扩张的印象。尽管缔约最初局限于购买商业活动或者主要的武器系统，但是许多承包商现在与联邦政府办公职员坐在一起，履行政府最为核心和重要的职能，且其数量也常常超过政府职员。军方甚至依赖私人承包商——军事专业资源股份有限公司（MPRI）准备工作手册来对战场上承包商的雇佣情况进行管理（莫顿，2010）。

朝着协作前进

签订合同已经与其他政府活动紧密相连，合同金额占到了所有联邦支出（不包括支付给个人的支出和利息支出）的近一半，并且通常占到所有州和地方政府支出的1/3。这些合同越来越牵涉到政府与私人或非营利部门之间的复杂关系，并要求进行协作。在转向承包商（无论是传统的还是协作的）代替公共生产的过程中，政府放弃了严格的层级制和垂直责任。合同是政府机构（委托人）和承包商（代理人）之间的横向协议。所有委托代理关系的问题，都集中于委托人如何能确保代理人有效行动以满足合同条款。与政府供应时公共职员是代理人不同，在签订合同时，公共职员（作为委托人）与其他代理人——承包商进行协商。传统缔约与协作型缔约以及其他跨部门协作的形式（例如合伙与网络）不同，其各项原因列示于表3.1中。

表 3.1　传统缔约与协作型缔约

传统缔约	协作型缔约
所需产品或服务的详细规定	期望输出的描述、过程灵活性
正常交易、征求意见书与投标过程	与多个可能的伙伴进行协商的过程
最优价格之上的投标选择（传统的），尽管现在包括了更多的因素	基于最优货币价值决策
政府角色：监控合同遵守情况	政府是合作伙伴，监控结果
大部分是政府方面的风险；承包商承担按时并在约定预算内完成项目的风险	私人部门和政府共担风险

缔约涉及许多权衡问题：价格与质量、价格与时间性、价格与风险、过程与结果。在质量与生存速度方面的要求越高，承包商所承担的风险越多，政府对生产过程的控制越多，政府合同的成本越高。因此，公共管理者必须在合同中决定何为最重要的内容。

除了最简单的购买之外，公共管理者还需要理解，其角色并非被动地接受出价最低者的简单选择过程。更确切地说，公共管理者日益需要理解其在市场上提供公共产品与服务时的角色是与私人或非营利部门的潜在合作者。这需要清醒地认识到其他部门不同的动机，以及这样的现实，即任何成功的协作都必定需要强大的公共部门以及强大的协作者存在。

协作型缔约与公共管理者

协作程度最高的合同类型已经被标记为复杂的或关系型契约。该类型的合同不是基于一套详细的标准、过程与规定，而是基于各方之间信任与协作的关系。合同的明示条款只是协作的大纲或框架，且是建立在持续的互动之上，并不仅是个一次性交易。许多隐式条款和理解决定了各方的行为以及约定的物品和服务的实际生产。根据范斯莱克（2009）的研究，关系型缔约并不是由于疏忽而产生的；确切地说，"这是有关合同设计与管理的慎重的决定"（第148页）。

公共管理者是在难以（如果不是不可能）描绘所期望服务的特定产出或质量的时候，或是他们已经形成了对承包商的信任的时候，从事这种类型的缔约的。包含较少细节的合同的优点是各方在有关服务或问题的最佳解决方法方面可以有持续的对话，缺点是只有合同中的细节才有法律效力。关系契约给予公共管理者更多的责任，要就如何提供服务以及在结果方面正在出现的内容与承包商进行定期的讨论。

当合同各方在持续关系方面具有共同利益的时候，常常会采用关系型契约。例如，州人文服务机构和地方非营利组织之间的合同，其使命是为所需要的人群提供某种社会服务。对于合同双方来说，形成信任的协作相比试图在合同中详细说明每一个可能的细节或意外事件更有利。在这些类型的安排中，"声誉、信任和习惯可以在'竞争性'合同中扮演重要的角色"，尤其是在长期和重复性合同方面，各方有动力获得公平交易的声誉（皮特里，2002，120）。

协作型合同在某些方面类似于表3.1所描述的合伙关系的一些方面。这种合同趋向于结果导向，较少描述过程与细节。在履行细节方面经常会有持续性的协商。公共管理者更关心合同的产出，包括承包商是否满足了被服务群体的需求，以及公众是否认为他们正在为了约定的资金获得良好的价值。

然而，在协作合同与合伙关系之间存在一些重要的差异。例如，在大多数情况下，承包商不承担任何重大的风险（除了没有续签的合同）。承包商也不为项目提供资金，而在开发公共基础设施的合伙关系中，承包商需要为项目提供资金。此外，大部分的政府缔约关系都会把重大的决策制定交付给公共机构。这有充足的理由作为支撑。正式公共机构对确保合同的成功以及与公共利益相一致负有责任。相比之下，合伙关系的成功是双方合伙人的责任。

无论公德心怎样，承包商对于公共利益的关注度是不可能超过公共管理者的。同时，与公共管理者试图在微观层面管理项目相比，允许承包商独立进行决策可能会产生更好的结果。当私人或非营利承包商承担更多风险和决策制定任务的时候，合同开始更加偏向于合伙关系而不是简单的委托代理关系。合伙问题将在第4章中进行详细讨论。

公共管理和成功缔约

认识到公共服务交付方面缔约的扩张，凯特尔（1993）发现了"精明的买方问题"。他认为，政府为了扩张的公共服务，已经拥有了从事商业和非营利活动的路径，但同时，政府却没有形成进行最为基础的缔约分析与评估的能力：买什么，从谁那里买，以及真正买到了什么。

成功的缔约包含许多不连续的阶段，这些阶段旨在决定合同的需求、选择与奖励的过程和标准，以及合同产出的监控和评估。克尔曼（2002）认为，成功的合同必须具有三个目标：得到对政府来说的"好交易"，预防腐败并促进政府运营的一体化，"公平对待"进入缔约系统的潜在的供应商。

图3.1描绘了缔约的基本阶段，既有传统的内容也有协作的内容，来处理凯特尔所关注的问题并实现克尔曼的三个目标。

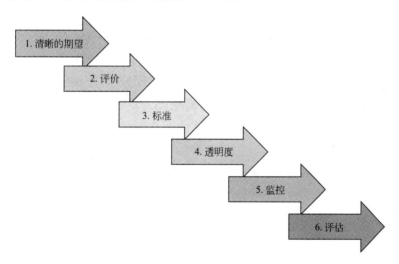

图 3.1　缔约的基本阶段

清晰的期望

当政府机构决定外购或外包某项职能时，合同往往在最开始就会失败。如果公共管理者不能清晰地阐述他们想要的东西，他们就不能有效地对备选方案进行选择评估或者不能为合同制定良好的标准——这是政府获得"好交易"所必需的。这对于在书写征求建议书（RFP）以界定政府期望通过合同所获得的内容方面是很重要的。当存在不确定性时，预先进行计划来清晰界定政府的需求是值得的。在这种不稳定性中，一种方法是发布信息征询书（RFI），并允许潜在供应商对选择方案以及特定问题或需求的可能的解决办法进行解释。这是在犹他州政府新电信系统开发期间，我们所使用的方法。尽管州政府对其需求有一些想法，但是在可用的选择以及为当前和未来州政府利益提供最优服务的内容方面，仍然是不清晰的。信息征询书（RFI）形成了各种潜在的解决方案，具有不同的特征和选项。根据这些信息，州政府可以精心制作具有更多具体特征的征求建议书（RFP），包括指令性的和选择性的，将州政府需求方面的明确期望提供给供应商。

这也是决定合同是否要"完全"，或者是否有必要与成功的竞标者保持持续对话以形成更加协作性合同的时候。在这个阶段考虑合适的协作过程和性质是很关键的。当政府机构从事战略性规划时，缔约应该是有关合同角色以及机构使命的人力资源这种更大战略的一部分（沃克，2002；布莱森，2011）。

评价

一旦公共管理者对所期望的产品或产出有了清晰的感知，他们就需要一些方法来评价政府是否应该自己来做（制造）还是在市场上签约来获取（购买）。不存在完美的评价方法：我们所看到的方法是政府外包一项功能之前，基于许多作者的分析所作出的COMPARE评价方法（表3.2中清楚地说明了该方法的首字母含义）。表中对描述性问题的罗列提供了评价自己生产还是外包的正反两个方面。当然，在某些情况下，外包的需求是清楚的，就像犹他州新电信系统的案例那样。然而，即使在这种情况下，通过评价工具也可能揭示出在购买期间必须处理的问题。

因为效率往往是缔约的首要原因，所以对缔约和自己生产两者的成本与收益进行评价是必要的，尽管这样做并不总是容易的事。由于下述这些原因，政府职能的真实成本并不是一直清晰的（斯科勒，2000）：

● 有些雇员履行多项职能或者可以为另外的职能提供支持。例如，紧急医疗人员也可以支持消防队员，或者部队厨师也可以被训练成士兵。

● 间接费用不容易被分配。着眼于边际成本和作业成本会计的使用，会有助于适当地估算职能的费用。

● 政治干预与合同修改会导致比最初期望的更高的承包商成本。

缔约是基于竞争会降低成本的期望才发生的；然而，在许多领域，尤其是军事系统和硬件方面，对合同进行竞标的潜在供应商中具备必要技能的数量是有限的。

所有这些说明性问题都可以轻易地耗费几页纸来进行讨论和分析，这超出了本章的范围。然而，除了成本问题之外，还有一个关键性的门槛问题：不考虑效率，有没有一些内生于政府而不应该被外包出去的职能呢？联邦管理与预算办公室（2011）把"政府固有的职能"界定为"与公共利益紧密相关的需要联邦政府职员履行的职能"。

在美国，最高法院规定，政府具有缔约的权利，但是不能外包某种基本的政府权力或职能。各种联邦行政机构试图说明这种授权，并体现在联邦法规和公函中，但是条款的界定一直都有问题。联邦管理与预算办公室当前"政府固有的"权利以及"关键职能"权利相当狭窄，并被总结在下面的方框图中。

这是一个竞争性领域。在全国范围内，我们外包了监狱、大使安全，甚至国外部队的安全。我们有这样的承包商，他们在国会之前为公共官员起草证词，也会与联邦雇员并肩坐在一起起草影响生意和个人的法规。正如之前注意到的，军队甚至依靠私人承包商来准备手册以对在战场上运作的承包商用工问题进行监管。所有这些方面在最新的美国政府管理预算局政策信函中（2011），在政府固有职能的情况下都会减弱，由于联邦机构没有被赋予雇佣必要的联邦雇员以实现其使命的权力，联邦机构仍然把这些职能外包出去。尽管联邦官员可能名义上负责确保"规则性"，但是事实可能完全不同（古特曼，2000）。

表3.2 评估方法：COMPARE

C 成本效率与竞争动力	1.签约会更便宜吗？ 2.在显示最优价值方法的私人部门中存在竞争性市场吗？ 3.私人部门中存在规模经济吗？
O 组织影响	1.职能是政府固有的因而不应当被外包吗？ 2.缔约应该与机构使命相一致吗？ 3.服务/职能是相互融合的（例如，消防和紧急医疗技术员）还是离散的？
M 管理问题	1.政府机构有充分的合同管理技能吗？ 2.你是为政府不具备的专门知识而签约吗？如果是，自身形成那些技能会更好吗？ 3.外包会令公共职员感到受挫吗？
P 政治考虑	1.存在缔约的强大的法律环境吗？ 2.在选择过程中你能把政治干预最小化吗？ 3.有没有综合考虑？
A 责任问题	1.你能控制承包商对测量结果负责吗？ 2.你能避免缔约体系中的浪费、欺诈和滥用吗？
R 风险评估	1.你能以合适的方式鉴别并配置风险吗？ 2.承包商失败的结果是什么？
E 平等与有效性关注	1.你会考虑平等问题和其他社会经济因素吗？ 2.承包商在实现公共目标方面是有效的吗？

资料来源：由凯（2005）根据多种来源编辑整理，包括：商业活动小组（沃克，2002）；库珀（2003）；萨瓦斯（2000）；德霍格，霍格，萨拉蒙（2002）；美国审计总署（2004）；克尔曼（2002）。

正是在这一阶段，必须在关于合同是竞争性的还是排他性的这一方面做出决定。因为缔约的一个主要原因是利用竞争性的市场力量，所以大多数的缔约似乎应该包括多个竞标者。但是，可能会有一些重要的原因而只接洽了一个或少数几个供应商。所期望的专业知识可能非常独特，很少有公司有能力提供。在美国国防部的缔约活动中，我们现在是由几个供应商对大部分的防御系统进行寡头垄断。在州或地方层面，缔约可能需要与地方非营利组织或宗教组织共同工作，这些组织具有接近政府想支持的客户人群的特定通道。

政府固有的和关键的职能

● 迫使美国采取或不采取某种行动

● 通过军事或外交行动、民事或刑事司法程序、合同管理或其他方面，决定、保护、推进美国经济、政治、领土、产权或其他利益

● 显著影响个人的生活、自由或财产

● 委任、任命、指挥或控制美国的官员或雇员

● 运用最终控制权对美国的财产进行购买、利用或处置

● 对机构能够有效履行和保持对其使命和运作进行控制所必需的任何"关键性职能"

资料来源：美国管理与预算办公室（2011）

标准

一个良好的合同设计，关键在于政府形成的标准能够对合同进行选择并评估合同的成败与否。选择标准使得公共管理者可以在竞争性承包商中做出最优选择。在传统缔约方式下，政府确切地陈述它所想要的东西，然后对低价格做出唯一的选择——这是政府决定在竞争性市场采购的主要原因。然而，缔约已经超出价格考量转移到更为宽泛的标准，包括成本和各种价值衡量，例如过去的绩效、可信度、灵活性以及承担风险的能力，而这些风险通常可能是由政府承担的。

对公共管理者来说，详细说明成功的内容也是很关键的。必须要对交付的物品或服务以及所期望的绩效标准有清晰的说明，为责任划分做好准备。简言之，何为合同中所期望的可测量的结果、产出或成果？政府将如何测量这些要求是否得到满足？如果产品或服务的某种质量，或者公共满意度会决定合同成功与否，那么那些测量措施将被构建到选择标准中去。在选择特定的承包商与如何决定承包商是否成功之间，必定有一种关系。

标准可能包括设计或其他详细说明（合同如何实现）或可能主要基于绩效（合同要实现的内容）的内容。传统的政府严重依赖于设计规格，而那些详细说明即便是最简单的项目也有好几页的内容，这也受到了批评者的嘲讽。总体的感觉是，绩效标准提供了选择的最好方法，就是政府所要试图实现的最终结果。有

时候，公共机构可能包括了两种测量类型，此时，某种设计方法可能被认为是必需的或是符合公共利益的。

甚至承包商在某些方面被视为协作者的情况下，关系的核心也是合同本身，即一份阐述合同双方责任的可强制实施的文件。正如库珀（2003）所提到的，"毕竟，合同关系是一种法律关系"（第95页）。因此，公共管理者必须认识到，无论合同如何具有协作性，管理者能够控制承包商负起责任的唯一措施就是合同自身的那些规定。为了确保公正，应该选择由一组分析师来进行而不是只由一个人来判断。

其中，一个重要的方面是预期的承包商如何得到补偿。现在有两种普遍的方法，即固定价格或成本补偿。在固定价格合同中，承包商基于所述的产品或服务出价。这可能被应用于竞争性合同或单一供应来源合同中，并受到订单变化或合同中其他特定因素的调节（例如，总体通胀率）。在成本补偿合同中，向供应商支付所有的直接和间接成本以获取合同中的产品或服务。此外，除了为公司提供利润空间的成本之外，供应商还总体上获得了固定的奖励费用。由于承包商增加基础支出的明显激励，成本补偿以往加上成本百分比的做法都不再使用了。

合同协商的关键领域是公共管理者如何确保良好的合约成功——也就是说，何种类型的激励（业绩优良）或惩罚（业绩缺乏）被构建到合同中，何种业绩基准被应用于做那些决定。所谓的绩效合同是这一问题的最新表现。当然，在某种意义上，所有的合同都应该是绩效合同。但是，合同设计很可能会由订约人导致一个双赢的优良业绩。一个经常引用的例子是，加州在一场大地震后重建基础设施的合同，该合同包括了提早成功重建的主要绩效奖金以及重建延误的惩罚。高速公路提前了72h通车，承包商的净奖金超过了1400万美元——几乎等同于初始的合同金额（库珀，2003）。尽管有人抱怨奖金额度较大，但是对于州内居民和商业公司来说，减少延误所带来的节约很可能超过了额外的成本。

透明度

避免合同欺诈与滥用、促进政府一体化的最清晰的方法是缔约过程的透明度。联邦政府和大多数州已经形成了改善缔约过程的法定程序，包括公开竞标要求和选择标准、保证所有竞标者在整个过程中信息通畅、基于标准的公开选择过程、提高受害方向独立仲裁者如联邦政府问责总局上诉的能力，例如对联邦政府进行仲裁的审计总署。在还没有支持公平公正缔约的法律体系的国家，透明度经常是一个问题。方框图提供了合同透明度中更为重要的因素清单，这将有助于公共管理者避免腐败行为。

缔约过程中避免腐败的方法

1.清晰、透明的过程

● RFP 的形成

● 多个竞标者

● 预设清晰的选择过程与标准

● 一组受到监督分析者的选择

● 败诉方的上诉条款

2.确保过程实现的法律体系，包括第三方（检举人）识别和报告合同欺诈与滥用的能力

3.不容忍腐败的公共或政治体系

从列表中可以看到，显然不是所有国家都能满足上述条件。有效跨部门合作具有讽刺意味的是，政府经常由于政府失灵而牵涉到私人或非营利部门，然而有效缔约要求政府具有强大的法律保护和法定诉讼程序——这是许多国家存在问题的领域。

监控

合同不是自我执行的。公共管理者经常在选择承包商而不是合同的运作或执行方面花费更多的时间。缺乏对政府合同的有效遵从，至少在联邦政府层面上，已经导致美国政府审计局一直以来都把合同管理列为高风险项目（2011）。即便合同被精心设计，仍有必要对合同条款和具体规则的服从情况进行监控。监控主要包括订约人成本合法性的审查（在成本补偿合同中），以及获取合同所期望结果方面的绩效。

良好的合同管理是在与定约者形成良好的工作关系及有效监督以满足政府期望之间进行平衡。有些机构在联合性撤退的情况下开始主要项目的合同运营，旨在建立合同管理者与承包商之间有效的关系。这种关系不必是（也不应该是）对抗性的，但也不应该热衷于由私人部门增选管理者所带来的风险。然而，形成信任、协作的关系会促进合同管理，因为这会减少反复实地视察或审计的交易成本。在哈丁（2002）和萨科（波斯顿，1994）的工作基础上，我们识别出信任的三个层面：

1.合同信任——坚持法律协议。在这种信任水平上没有协作。公共管理者相信，承包者会根据合同完成任务。哈丁把这个称作"密封的利益"——承包商的利益与政府的利益相匹配，因为根据条款完成合同符合承包商的利益。在许多情

况下，非营利机构依赖于政府合同所提供的资源，并且资源的相互依赖给予公共管理者信心即承包商会实现其交易的部分任务。

2. 能力信任——相信承包商的能力。在这种信任水平上，公共管理者认识到承包商的特殊专业知识或本地知识，并允许能力范围内的自由裁量权。这种信任来自于过去与承包商之间的互动，并可能随着反复协作而逐渐增长。尽管这还不是一种合伙关系，但是对每一方的知识和判断来说有着真正的协作与尊重。

3. 善意信任——相信承包商为了实现共同目标会超出合同的最低限度。作为反复互动与协作的结果，公共管理者现在把承包商视为交付公共物品或服务的真正协作者。承包商在如何开展活动以及日常决策方面具有相当大的自由权。公共管理者关注于关系的结果，而不是持续的审计或详细的报告和监控。

公共管理者必须认识到与承包商形成信任和追究承包商责任之间的紧张局面。无论信任度有多高，它都保留了公共管理者确保在执行合同中满足公共利益的责任，而这需要对合同进行监控。监控的频率和水平经常依赖于公共机构与承包商之间的信任水平。

有时候承包商会部分或完全失败。失误可能是也可能不是承包商这方的。情况会发生改变。政府自身会发现其最初的需求评估不再准确。因此，合同协议必须包括双方合同修改机制，如果必要的话，也要包括合同终止机制。在某种类型的合同中（例如，设施建设），合同修改几乎总是产生额外成本；然而，可能存在一些情况，新技术将会给政府提供更为有效的成本解决方案。合同不应当如此不灵活以至于会阻止这种调整。

有些合同不是简单的采购，而是涉及政府机构与承包商之间相互依赖的关系。许多防务合同都属于这一界定。在这种情况下，政府经常会让一位项目经理与对应的承包商从事常规基础性工作。防务合同的主要问题一直是成本超支，这不是缺乏监控的结果，而是不对承包商追究成本超支责任的结果（克尔曼，2002）。

争议解决也是合同关系的必要部分。合同中理想的机制允许低层次的讨论以及所关注领域的一致意见的存在。在最终的分析中，合同是一个法律文件，所以争端可以诉诸法庭。但是，在合同中建立仲裁途径总是更好一些，这样可以避免冗长和昂贵的法律诉讼。

评估

在合同进行中和收尾时进行评估应该成为合同管理的一项规范。良好评估的关键是形成好的标准、可以被监控的业绩基准，以及在协议中哪方面做得好、哪方面做得不好的合同后评估，以便于公共管理者可以从成败中学习，并改善未来缔约的作用。我们会在第10章对评估进行更多地讨论。

传统的缔约说明

⌃ 美国环境保护局，网络安全软件 ⌄

2012年7月，美国环境保护局（EPA）决定对其网络安全软件进行维护与更新。它在美国总务管理局电子采购的公共论坛上以报价邀请函（RFQ）的方式发布了一个通知。最低报价者将会胜出。在这个案例中，政府运用了为购买商业产品而保留的竞争形式：得到三个报价的购买方可以选择最优的价格或者如果有充分理由的话可以判断使用次低的报价——也许品牌更适合既有的系统、信息技术人员使用起来更舒适。采购是作为公司固定价格交易发起的，并不存在通知竞标人预先提供最优和最终价格的采购协议。

⌃ 服务提供与授权 ⌄

报价邀请函（RFQ）列出了以下详细规定：特定网络安全软件品牌和版本或类似产品的一年期维护更新，为25 000 ~ 49 000位终端用户提供服务。要求竞标者为每一位终端用户提供维护和支持，包括升级补丁和安全补丁，而无须再向政府支付费用，还要求其在位于美国的信息源提供电话和邮件支持。引领软件公司得到了一年期授权，时间期限从2012年8月到2013年8月。

⌃ 选择外包 ⌄

美国环境保护局（EPA）清楚地知道它需要什么，也知道它自身不具有该项技术能力；因此，它选择持续外包其活动——在本案例中，就是网络安全维护。由于该职能的敏感性，有人会说EPA应该培养自身维护软件的能力。然而，雇佣、培训和保留软件工程师对政府来说是困难和昂贵的。私人部门能够支付更多薪水，并有不同的客户群体来为其劳动力提供新的挑战，而EPA不具备这种能力。

凯尔特对于"精明买家"的关注仍然是采购方面的问题。如果EPA没有保留自身的分析能力，它怎么知道自己正在通过合同得到一笔好交易，或是承包商能以有效的方式交付成果？良好的合同管理与合同业绩测量方法的建立成为这种选择的关键组成部分。

协作的缔约说明

堪萨斯家庭寄养与收养

　　美国州政府已经运用协作型或关系型契约好多年了，主要是在社会和人类服务领域。这种合同包括医疗补助健康管理的健康维护组织（为了低收入人群的联邦 - 州联合的健康关爱项目）；1996年福利改革下作为州项目一部分的就业服务（个人责任与工作机会调和法案）；以及许多个人社会服务例如儿童关爱和学前项目。堪萨斯家庭寄养与收养项目（FCA）是这种项目的一个例证，使得州政府处在家庭寄养改革的最前沿，但是也带来一些争议（弗罗因德利克，格斯滕藏2002）。

　　在1996～1997年间，堪萨斯成为美国第一个在收养、家庭寄养、家庭保全服务方面私有化的州。该州的社会与康复服务部（SRS），原先该州最大的收养与家庭寄养服务提供者，现在完全是一个服务购买者和儿童福利服务方面的合同监控者（堪萨斯州家庭寄养，2013）。堪萨斯儿童联盟在与州政府签约的过程中扮演着关键性角色，并作为与寄养和收养家长接触的切入点进行服务。儿童联盟以其领域内的机构帮助匹配家庭需求。

评估

　　约翰斯顿和罗姆瑞克（2005）按照三个维度审视了一些包括FCA在内的堪萨斯协作缔约案例的研究内容：合同规范、合同设计以及责任设计。这三个维度有点类似于本章的三个要素：清晰的期望、标准以及评估（尽管责任更宽泛一些；我们在第10章讨论这一问题）。他们依据关系清晰度、绩效测量适宜性、责任与可交付成果把堪萨斯家庭寄养与收养项目（FCA）列入相当高的级别，而这些都是考虑政府期望从合同中得到什么这一问题时的关键因素。然而，他们在合同设计方面却给予FCA较低的评级，因为它在寄养服务方面利用了五个主要的承包商，那些承包商反过来又将大量的服务分包给分包商，因此模糊了责任的界限。他们也把这种方法视为对政府来说是具有高风险的，因为FCA提供的某些服务具有成本波动性，例如心理健康服务。此外，州政府依靠技术来监控私人承包商的数据，但是承包商的生产能力有很大差异。然而，FCA在责任设计方面评级较高，包括法律责任、专业责任和政治责任。

评价缔约的优劣

对于公共管理者来说，缔约现在是一项必备的管理职能。在某些情况下，外包或外购一项职能的决定是显而易见的。私人部门中可能具备重大的商业能力，对于政府生产方面却没有内在的动机。因此，作为对政府生产的低成本的替代，缔约审查就是公共管理者所需要考虑清楚的问题。传统的缔约在政府清晰界定其想要交付的产品或服务时能够发挥最好的作用，在那个领域有着充分的商务活动以便私人部门的生产成为比政府生产更有成本效益的选择。

也可能存在其他一些情况，公共部门缺乏专业知识，并且由于成本或者不可获得的原因，无法雇佣到具有那种专业知识的雇员。例如，州政府可能正在考虑基础设施项目的债券销售问题。这是一项专门化的服务，大部分州政府自身都不具有这项能力，因为政府并不经常需要那种专业知识。对州政府来说，缔约就成为雇佣个人或公司获取特定项目专业知识的方式，而不需要承担长期雇佣的承诺。

在其他案例中，非营利或宗教组织可能能够接触到具有特殊需求的人群，而政府无法接触到，或者只能通过重大的和昂贵的新进人员才能实现。考虑到他们对贫困客户的接近以及服务于那些客户的利益，这些非营利组织很可能在交付许多类型的社会服务方面要比政府更有效益。

缔约的反对者会在这些论点的许多方面进行争辩。他们注意到往往不存在竞争性市场，尤其是在州以下的地理区域内，因此缔约也没有竞争优势。他们还认为，低成本和高质量的证据被过分夸大了，在某种程度上并没有实现支持者所建议的具体物化（斯科勒，2000）。

在缔约方面一直都有一些惊人的失败。联邦调查局（FBI）不得不取消1.7亿美元的数据管理项目，包括价值1.05亿美元的不能使用的代码。各种政府报告与独立报告都表明，缺乏IT管理和技术知识的FBI与承包商一起承担了项目失败的责任。2014年，由于在州检查中反复暴露出问题，爱达荷州必须接管州监狱，而之前该监狱的管理权被承包给了一家私人改造公司。

在任何缔约中，不管是传统的还是协作的，公共管理者都放弃了对产品或服务生产过程直接、垂直和层级式的控制，并换成了他/她只是以合同中所提供的控制权来施加影响的水平关系，或是通过与承包商持续作用形成的水平关系。缔约的支持者们认为，合适的绩效目标实际上要比有自己日程安排的公共职员的监管能产生出更为真实的控制权，但是我们已经注意到的失败表明，仅仅只有有效的业绩目标还是不够的。

与私人部门的合同也产生了腐败的可能性。那些在资金上支持当选官员的人操纵合同总会面对风险。甚至最优的进程都会被公共管理者的自身安排所破坏，这可能包括以公职身份取得被有发展前景的承包商雇佣的机会。一个众所周知的例子是美国空军空中加油机将波音公司作为承包商的选择，而选择的过程充满了政治干预和对主管谈判的空军采购官员的刑事指控；她最终承认在做出决策的同时与波音公司密谋协商一份管理职务工作的罪行。这些决策中涉及大量资金，提高了公司与公共管理者的风险。合同中涉及的美元金额越大，缔约过程中就越需要透明度和权力制衡。

全球影响

从国际上来看，外包已经成为政府改革运动的常规项目，这项运动起始于20世纪80年代，并支持在公共物品和服务交付中利用私人部门的效率。皮特里（2002）注意到，经济合作与发展组织（OECD）在20世纪90年代利用合同安排的兴趣逐渐增长，并作为改善公共部门绩效的工具。许多国家都追求在公共部门中形成一种更加以绩效为导向的文化。公共部门改革在OECD各成员国中的方法并不相同。不同的机构设置、历史和政治环境，使得各国的改革也具有差异。然而，外包尤其是绩效缔约已经作为公共部门改革的一种工具应运而生（皮特里，2002）。发展中国家对于绩效缔约的重视也得到了加强。

自2000年以来，东欧、高加索和中亚地区（EECCA）的国家已经欣然将私人部门合同与合伙关系作为其水供应与卫生部门改善运营状况并吸引资金的一种手段。绩效缔约已经成为这些地区某些公共事业部门所采用的改革媒介之一。这些合同包括特定时间范围内的绩效目标，针对这一目标对运营者的绩效进行测量。设计合理的话，基于绩效的合同会匹配各种动机、增加运营效率、消减期望绩效与实际绩效的差距、吸引投资。所以，绩效缔约就有助于促进公共事业单位的长期持续性。

经济合作与发展组织（OECD）的环境行动方案（EAP）特别小组制定了东欧、高加索和中亚地区（EECCA）内直辖市与水利公司之间基于绩效的准则（OECD 2010），将其作为支持EECCA当局的工具，并帮助其采取最优的绩效合同设计要素。主要元素通常包括绩效指标、关税问题、合同管理、矛盾解决机制、冲突执行、风险缓解。这些关键性元素应该与准备、执行以及基于绩效的成功合同的周期性调整联系在一起考虑，而准则是对这些元素进行处理。

这些国家中绩效合同类型的例子包括亚美尼亚水与废水公司同法国公司SAUR的管理合同；耶烈万水供给公司与法国威立雅水务公司（也在亚美尼亚）

的租赁合同；在乌克兰别尔江斯克和库普扬斯克镇的国内私人经营者的特许合同；哈萨克斯坦（几乎完全）撤销了投资，奇姆肯特市的水利公司由国内私人经营者所拥有。

经济合作与发展组织的报告（2010）指出，像绩效合同这样执行和构建改革要花费很多时间、努力并得到政治支持。成功还需要其他条件：正确的法律权威、适当的监管体制、合适的有着充分资源的管理结构。例如，通过合同规定的报告义务监控绩效标准是合同的重要元素。经济合作与发展组织发现，来自东欧、高加索和中亚地区（EECCA）的案例里的合同全部具有报告要求的条款，但是专一性程度不相同。比如说，在亚美尼亚的合同中，为监督合同执行负责的报告要求和正文部分有着详细的说明。相比之下，乌克兰合同的要求则是模糊和不清晰的。

结论

公共资金量的增加正以合同的形式约定下来，因此，在公共物品和服务交付方面，公共管理者的角色也从项目运营者转换到了合同管理者（福莱尔，凯，2004）。尽管美国政府自从建国时就利用私人和非营利部门提供公共服务，但是外购或外包合同的使用已经拓展到这样一种程度，即各种基本服务现在不是由政府职员提供，而是由在各种合同安排下工作的私人与非营利机构来提供。并非所有人都对这种趋势感到满意；公共部门联盟一直是强烈的反对者，认为外包经常导致更高的成本、更差的服务、腐败机会的增加、政府灵活性、控制力与责任的削弱（美国州、郡及市政雇员联盟，2014）。即便事实如此或有时候是这样，我们也不可能会在不久的将来看到缔约行为有明显的减少，其原因在第1章已经有了阐述。

私人部门组织或非营利部门能够以合算的方式实现角色的清晰界定；然而，这仍然是由政府来界定其合适的需求、有效地吸引那些组织，并监管这些任务是否按照期望得以实现。如果政府要发挥更大的作用而减少其作为公共提供者的责任，那么公务员就不得不成为更好的公共合同管理者（福莱尔，凯，2004）。公共管理者也要认识到，他们的职责可能是在不太理想的市场条件下缔约，并平衡各种竞争性的目标。这在协作型缔约中尤其可能发生，此时合同会存在有限的竞争，因此，公共管理者会有更多责任在整个协作过程中进行领导。这将需要在与谁签约、如何分析那些合同、需要什么样的持续互动、运用什么标准来确保合同满足公共利益等方面，进行深入的分析与决策。

 案例研讨

社会服务外包（来自第1章）

你是社会服务部（DSS）执行官的助理。你正在考虑将没有达到预期的工作培训职能外包出去。

考虑的初始问题

1. 职业培训是"政府固有的"职能吗？

2. 将此职能外包的基本原理是什么？

3. 你如何着手外包职业服务的过程？

4. 在形成RFP和选择过程中你应该运用什么标准？

在分析之后，你发起了一个竞争性的采购RFP，并带来了以下四份出价：

1. 职业培训部建议重构自身为"最有效率的组织"，即在雇佣、解聘、薪酬和采购方面具有更大灵活性的部门，每年成本缩减到1500万美元，具有激励性的组织结构，从而为5万多名失业者中每一次成功的新职介绍提供奖金——奖金将被这些部门职员所分享。

2. 洛克希德马丁公共服务部，在其他州已有成功展示，提出了纯绩效薪酬合同并为每次成功的新职介绍支付300美元，第一年的最低保证金为900万美元以弥补初始成本。

3. 联合社会服务（USS），一个目前为止在州内没有办公室的国家非营利组织，提出了2000万美元的合同，建议每年成功进行新职介绍的绩效目标是10万名。USS在全国范围内享有良好声誉，但最近在高管薪酬与花费方面受到丑闻困扰。

4. 城市人类服务，一个地方非营利组织，在城市合同下每年为大约1万名高中辍学者提供培训，并打算将其运作拓展至福利救济接受者。它虽在成就良好客户服务方面有较好的声誉，但必须将其业务拓展十倍才能应对预期的数量。它也提出了金额1500万美元的合同来每年为10万名福利接受者提供培训。

你如何评价这些公共的、私人的和非营利的选择？

第4章

跨部门合作与公私合伙关系

从最初的政府开始，伙伴关系就已经以某种表现形式存在了。罗马帝国以收费公路的形式发展合伙关系以拓展道路。美国政府授权武装民船在革命战争时期侵扰英国海军。大部分的美国西部领土都通过公私合伙的混合关系得以发展，包括跨州道路（贝恩，1999）。当今世界各地的政府都与私人部门签订了复杂的协议来发展基础设施建设。诸如世界银行、美国国际发展局等国际性组织与私人和非营利部门合作，运作发展项目。美国州和地方政府与非营利组织协作，以解决像灾后重建和人类服务等不同的问题。

本章的目的是帮助公共管理者和非营利管理者把跨部门合伙关系作为协作的形式来理解，以识别和区分呈现在公共管理中的多种合伙关系形式。商业联盟的基本原理与绩效影响已经得到详细的研究（古拉蒂，拉维，辛格，2009）。接下来的章节总结了有关跨部门合伙关系的核心问题，包括其特征、形成原理以及管理技能。讨论的关键是彻底理解公共部门与非政府组织之间形成的一对一关系的不同形式，此时不同的组织围绕共同的利益而走到了一起。

我们用跨部门合伙这一术语来描绘公私合伙（PPPs）以及政府与非营利部门之间的协作。跨部门合伙至少包括一个政府合伙人和一个来自非营利部门或私人部门的合伙人。尽管在一些情况下，一方合伙人可能充当主承包商、特定目的的媒介物或更宽泛网络中的关键性角色，但重点仍然是一对一的组织合伙关系。像本书所讨论的跨部门协作（CSC）的其他形式一样，所有跨部门合伙关系都涉及一些治理的相关元素，并且对于政府协作来说，更大的权力分享比更多的交易处理方式如传统合同显得更有必要。

在许多方面，公共部门与私人和非营利组织的合伙关系使得有必要以不同的方法来考虑政府应该如何与其他部门的实体进行互动。公私约定的传统方法一直是缔约的方式，并期待市场的约束作用在公共服务交付方面产生运作效率。公共部门描绘了它所想要的交付的服务，并在供应商市场上寻求最低成本的选项。跨部门合伙关系往往是通过选择具有独特能力的合伙人来建立的，而不是通过竞争性过程进行选择。这种方法被认为是在这些关系中从优先考虑可竞争性（或潜在缔约方的竞争）向优先考虑协作（或合伙人之间的合作）的转变（恩特威斯尔，马丁，2005）。

考虑一下2001年9月11日恐怖袭击之后纽约市联合劝募基金会（UWNYC）的作用。纽约市与纽约社区信托同UWNYC一起合作建立和管理911基金（卡普初，2006）。UWNYC被置于独特的位置，提供职员、志愿者及资金募集网络。UWNYC不是通过竞争性过程被挑选出来的，而是由于其能为城市提供的独特资源和能力而被慎重选择的。合伙的决定也反映出公务员之间更广泛的利益，即他们以对公共部门活动提供的期望价值为基础来选择非政府合作伙伴，而不是基于他们服务的期望成本（波伊尔，金斯利，威博，2013）。此外，这种合伙关系包括了政府的做法，即用相互影响代替战略控制（波弗艾尔德，2004）。这些合伙关系的目标是花费更多的时间尝试培养其相互关系，而不是支配或决定关系条款（坎特，1994）。

跨部门合伙关系的类型

跨部门合伙关系以多种形式出现，其形成出于各种目的。虽然对于合伙关系目的与形式的充分讨论超出了本书的范围，但是我们把最主要的形式进行了归类：

1. 短期、为了特定目的或目标而形成的一对一合伙关系。这些关系可能包括私人与公共部门的共同努力，以形成市商务中心或者商务部门（亚历山大，2012），或者政府与当地社团组织之间合伙投资和建设一个本地公园。有时候会牵涉特定的协议（也许是一份谅解备忘录），但这些合伙关系经常是临时性的，任何一方当事人都可以自由地选择参加或退出协作。

2. 中期合伙关系，包括政府与非营利供应商对特定公共物品和服务的交付，就像州公共事业部和地方无家可归者避难所之间可能会发生的关系。这些协议的类型（通过合同或授权）是按年来签订的，但是只要非营利供应商服务于由合伙关系所确定的人群，通常合同就会续签。

3. 长期合伙关系，包括主要基础设施项目的建设与更新。这些公私合伙（PPPs）在北美经常被叫作P3s（博德曼，波什曼，瓦伊宁，2005），涉及在公共基础设施服务融资与交付中的私人部门，并以商定款项（基于使用或可获得性）为回报将大量风险转移给私人部门。这些协议在性质上是长期的，经常有

30 ～ 40年甚至更长的时间，通过复杂的合同予以结构化（格里姆塞，路易斯，2007）。

表4.1描述了这三种合伙关系的例子与特征。

表4.1　不同合伙类型的特征

合伙类型	政策领域	关系结构	其他角色	灵活程度
短期：特定目的下政府机构与私人或非营利机构之间一对一的关系	自然灾害救济，特定地点发展，社区发展	正式、资助的关系和不太正式的关系	政府作为合伙者可能发挥其他作用，但却是主要角色和决策者	有限的私人或非营利机构通常在狭窄的明确议程中发挥作用
中期：管理公共服务交付项目的非营利机构与政府机构之间一对一的关系	公共服务、健康、教育、艺术与文化、环境、经济发展、灾后重建	由政府资助的高度规范化和结构化正式与非正式影响的混合	政府可能扮演了更大的供应商网络管理者的角色，或可能利用非营利组织发挥作用	多样性；关系期越长，非政府合伙者所提供的自由度可能越大
长期：为建立或运作公共基础设施，公共与私人组织间形成的一对一关系	运输、水利、能源、电信，或其他基础设施	高度规范化：长期合同，大量私人部门处理权	私人合伙人，经常来自于私人联盟，包括投资者和承包商	合同一般会清楚说明处理权范围，这可能是广泛的

资料来源：安德鲁斯，恩特威斯尔（2010）；苏亚雷斯（2010）；惠特克，奥特曼-萨奥尔，亨德森（2004）；卡普初（2006）；张（2005）；福莱尔，凯，张（2002）；格里姆塞，路易斯（2007）；耶斯考比（2007）。

短期合伙关系包括跨部门合伙的多种范围，涉及政府与非政府组织之间一对一的关系。例子包括仁爱之家与地方政府机构合伙以支持社区的住房需求，或者地方能源公司与地方官员为改善能源利用效率而一起工作。这种关系可以呈现出不同的期限或者部门间一体化的不同水平，但是它们总体上是短期性质的或是在有限期限内来完成一个界定的项目。在以处理某一特定行为为目的时或在关系涉及当事一方有限的承诺时，短期合伙关系应该是适用的。

中期合伙关系描述了各种政府与非营利组织之间的关系，大量存在于公共服务领域。政府经常利用预先存在的一些非营利组织，这些组织已经服务于特定的客户并且在交付公共服务方面具有业务关系和专业知识。有时候这是一种一对一的关系；另外一些时候，政府可能会与网络中的一些组织合伙，或者利用一个组织作为主要联系对象，而其他组织作为主要非营利组织的分包商。这种合伙形式有时候适用于联邦对州和地方政府的援助，或者州对地方政府的援助。当服务的一贯性和制度的记录有价值时，在保持开放的机会与新伙伴在新思想和新方法方面进行平衡，中期合伙关系就应该是适用的。

长期合伙关系一般是为了基础设施服务的交付并且是高度规范化的。就私人方面，单独法律实体的成立往往代表了其他许多合伙人，他们在技术设计、融资、建设或者运营与维护方面发挥作用。这种合伙关系建立于政府机构（例如州层面的运输部门）与合法代表（或特定目的运载工具）之间，已经有许多私人部门组织起到了作用。当参与者在成功产出方面严重依赖于互动时，以及当投资成本可以在长期被弥补时，长期合伙应该得到运用。

跨部门合作关系的共同点

三种合伙关系也具有许多共同特征。其一，合伙关系保留了第1章和第2章跨部门合作的核心特征：权力分享与风险共担。决策制定与项目风险共担的越多，合伙人相互之间的依赖就越多。科林奇和特斯曼（2003）提出，公共参与者与非政府参与者之间的关系更加公正了。然而，合伙关系中的权力分配实际上增加了合伙人的风险，因为合伙关系会形成更大的相互依赖，并使得合伙者比在通常缔约的正常交易中更容易受到伤害（陈，格雷迪，2010）。

合伙关系是动态的，这种关系会由于其发展和运作的不同阶段而产生差异（维洛蒂，博蒂，维斯齐，2012）。加州SR-91公路的合伙关系便是一个很好的例子。1995年，91号公路的快速车道开放使用，并根据一天中的不同时段运用变化的价格体系。公路的运营责任一开始被赋予一家私人财团。之后，奥兰治县交通局从该财团手中"重新买下"这条公路（奈，2012）。

跨部门合伙关系会包括一套复杂的利益相关者关系，这些关系超越了政府与私人或非营利部门之间主要的合伙关系；在某些公私合伙（PPPs）中，第三方非营利群体可以充当中间人以形成更多的信任与合法性（孟德尔，布鲁德尼，2012）。比如，由克利夫兰发展基金会牵头，将克利夫兰市与一家钢铁公司（共和钢铁公司）联合在一起共同建设办公室、住房、商务零售区（孟德尔，布鲁德尼，2012）。在基础设施公私合伙中，利益相关者的关系特别复杂：牵涉到包括主管公共机构、私人交易顾问、审计方、监管方以及国际建筑与投资公司（乔斯特，斯科特，2012）。

跨部门合伙关系基本原理

政府出于各种原因来寻求与私人部门和非营利组织之间的合伙关系，包括依靠外部资源开展其工作、以持续和一体化的合伙关系减少交易成本以及合伙关系中内在的社会交换预期的互惠主义。

资源依赖论者认为，一个组织只有通过另外一个组织的贡献才能完成既定的任务（普费弗，萨兰西克，1978；汤普森，1967）。一家企业可能要依靠政府合伙人来保证其在某个社区营运的合法性，或者一个非营利组织可以以在某个选区工作而为政府提供类似的声誉价值（普罗文，肯尼斯，2008）。在其他情况下，某个组织寻求合伙关系是因为其他实体具有他们想要的某些技能（加兹利，布鲁德尼，2007）。当政府机构力图解决超出一个单独组织能力范围的复杂问题时，从其他组织中获取资源的需求就尤为普遍了（里特尔，韦伯，1973）。

组织间的资源依赖得到了支持，即任何组织的部门特性都包含了其他部门组织所缺乏的品质。因为组织的法律分类（公共的、私人的、非营利的）促进了某种操作的限制与优势（雷尼，2003），所以跨部门联盟的本质意味着一个组织具有贡献出另一个组织所不具备的资源的潜能。例如，政府可以带来公共责任、本地知识以及平等的关注（庞塞里，2002）；私人部门为效率、创新以及金融资本提供了独特的路径（萨瓦斯，2000）；非营利部门具有接近志愿者、基层社区或者社区中边缘化群体声音的渠道（特埃尼，杨，2003）。

政府与其他组织合作的交易成本包括对非政府供应商成果的监控。降低这些成本的可能性促进政府从合同关系转向合伙关系。随着两个组织之间长时间的合作，相互之间便会建立起信任。这种信任可以导致在治理互动行为时对共享规范的依赖增加。经过一段时间，正式的合同关系就会发展成关系型合伙（约翰斯顿，罗玛埃克，2005）。长期关系也可以降低监管成本，使得沟通更便利，并为集体决策中更多的一致性打下基础（陈，格雷迪，2010）。鉴于这些原因，对需要长期合约与相互依赖的公私协作来说，公私合伙（PPPs）往往是一个不错的选择。

社会交易理论为公共管理者通过合伙关系进行协作提供了第三个理由。当大多数人认为其付出能够得到一定程度的互惠或者回报的时候，都会对为一个共同的事业而奋斗很感兴趣（布劳，1964）。通过合伙关系，每一方都有望对物质和非物质产品的组合如批准标志进行交易。在结构性协议中，许多交易条款都是模糊的，并在相互作用的过程中演化，由于合作往往是通过非正式手段进行治理的，所以社会交易被期望扮演更为重要的角色（加兹利，2008）。

合伙关系中存在的问题

合伙关系两个重要的特性是高度相互依赖与权力分享程度，前者是由合伙关系独特的性质所要求的，后者可以形成公共部门组织的脆弱性。这种脆弱性将会产生一系列危害公共利益的问题（福莱尔等，2010）。驱使组织进行合作的同样的动机也会导致矛盾（孟德尔，布鲁德尼，2012）。潜在的问题包括使命偏离、公共责任丧失、合作方笼络、财务失稳、正确评估结果困难，以及互补性交易所需要的交易成本管理的总体挑战（孟德尔，布鲁德尼，2012）。

通过跨部门合伙关系形成的一系列挑战起源于两个潜在的威胁：管理这些关系的政府胜任能力的需求，以及协商合作关系中不同利益的需求。尽管这些威胁在不同类型的合伙关系中严重程度不同，但是某种程度上在任何跨部门合伙中它们都显而易见。

政府能力

作为公共部门与私人部门之间任一协议的基本组成部分，政府能力的重要性都有充分的证明（凯特尔，2002；布朗，博托斯齐，范斯莱克，2006）。尽管政府通过各种正式或非正式关系把各种职能委托给私人或非营利部门，但是它仍需要为人民服务负责。通过与私人或非营利部门的协议确保提供适当的服务，需要在一些领域运用公共管理技能，例如形成项目建议书、与合作者议价协商，以及一旦形成合伙关系或签订协议之后就对私人供应商进行监督和审计（范斯莱克，2003）。

可以结合设计（吸引私人或非营利部门的准备）和实现（一旦合同判授或协议达成后的持续监督）情况来考虑政府对与私人或非营利部门合作项目进行监督的总体能力。吸引私人部门所做的准备在选择供应商的许多活动中都需要一些技能。正如在第3章所指出的，基本工具要求决定政府是否应该直接交付产品或服务（自制或采购决策）、明确期望产品或服务的规模和范围、决定正在考虑中的项目的非政府供应商市场，以及形成识别合适的合伙人的竞价过程（布朗等，2006）。这种能力将在第7章和第11章中进行更为详细的探究。

一旦选定合伙者，在合伙中管理这种关系就往往需要政府对一套一致的服务标准进行监督。总体上，将会涉及与非政府组织共同开发某个产品或服务的绩效标准并监督其成果方面的技能。所有的设计与实现合伙关系所需要的工具，像任何其他的跨部门协作形式那样，代表了公共部门与私人部门之间的交易总成本，并在由非政府机构交付产品与服务确保公众利益实现方面构成一些重要的因素（范斯莱克，2003）。

对公共管理者的挑战是，设计和实现合伙关系的技能与传统的政府缔约及官办供给模式是不同的（福莱尔等，2010）。就下述引自对基础设施公私合伙进行研究的内容进行思考：

为运输项目寻求公私合伙（PPPs）的公共机构通常缺乏生产、财务或管理方面的知识和能力，并且很可能在管理PPP项目方面没有经验。相比之下，参与公共合同竞标并中标的私人实体一般都长期从事该业务并在评估风险、协商利益和制定合同方面积累了专业知识。它们也在开发设备的各个方面显示出相当多的经验（奈，2012，259）。

更进一步的证据来自于2008年所做的一项调查，该调查发现许多运输部门都认识到与公私合伙（PPPs）相联系的知识差距。该调查在所有五十个州的运输部门中实施，并根据与项目经验、项目概念化、竞标过程及PPPs整体管理相关的许多维度，评价了PPP技能方面的情况（巴克斯鲍姆，奥尔蒂斯，2009）。几乎所有的报告机构都表达了对PPP概念与交易、必要的技能、利用私人资本、形成合同条款以及有效测量与监控方面更多知识的需求。

管理不同的利益

同一问题在使得合伙关系对公共部门具有吸引力的同时，也使得这些合伙项目变得难以管理。这个问题的主要原因在于，不同的利益将两个组织简单地结合在一个合伙关系之中。例如，与政府合作的非营利组织可能以帮助社区中的小部分群体而进入合伙关系中，公共部门却关心确保整个社区都得到良好的服务。或者在收费公路项目中，进入合伙关系的私人部门可能首要关心的是其长期利益，公共部门却想为旅游群体实现较好的财务价值（格里姆塞，路易斯，2007）。现实是，尽管来自不同部门的组织的利益具有与合伙关系的利益相一致的部分，但是制度性激励驱使其各自的组织对每一个部门施加压力以服务于其自身的利益，甚至不惜以牺牲合伙关系为代价。

合伙关系中的不同利益之所以需要被特别关注，是因为它们对非合作行为形成了激励（奈，2012）。用经济学术语来说，合伙组织的个人利益会引发非政府组织的道德风险，或是引发为了其个人利益而让合伙关系处于风险之中的行为。此外，非政府合伙人为了保护商业机密或者增加其在关系中影响力的专业知识，而倾向于隐藏信息（信息不对称）。这些不同的利益经常在风险识别与分摊的过程中就消耗殆尽了。在有关合伙更宽泛的目标方面，各方承受的风险越多，就越倾向于考虑共享利益的行为，因为取得所期望的结果符合双方的利益。挑战在于新项目中固有的许多风险很难提前界定，合伙关系开放与随意的特征经常掩饰了各方所承担的项目责任的程度。

表4.2总结了在同意进行跨部门合作之前应考虑的主要问题。

表4.2　合伙之前考虑的主要问题

项目	主要问题
政府能力	1.正在发展的合伙关系类型需要什么知识能力？ 2.机构已经拥有了什么知识能力，哪些是被需要的？ 3.为了使公共部门为这项工作做好准备，如何处理知识差距？
处理不同利益	1.在被提议的项目中，什么是内在的总体政策目标？ 2.合伙关系中私人或非营利方所期望的利益是什么？这些利益可能会怎样危害项目背后总体政策目标的利益？

公共管理者与成功的合伙关系

这一部分所呈现的技术为合伙关系的构建与治理提供了宽泛的框架，并可以使用于任何跨部门合伙关系的特定框架。图4.1为成功处理跨部门合伙关系介绍了基本的做法。

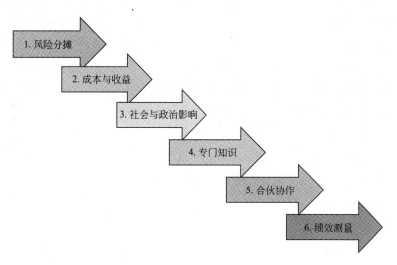

图4.1　跨部门合伙要素

风险分摊

在评估跨部门合作关系中，首要的维度是理解并分摊合伙者的风险。严格的风险分析有助于识别合伙者为了个人利益而倾向于危害共享利益的领域，而那些风险的合理分摊可以促进合伙者目标的一致性。合伙者之间的协商应该以风险的明确识别与界定为起点，并就谁能在合伙关系中最有效地承担责任达成共识。对公共部门来说，这一过程经常意味着识别没有被用于货币化的项目风险，例如与基础设施建设相关的长期运作与维护成本。

风险识别、分摊与协商的目标是"把风险分配给可以最好地理解并控制风险和最大化公众利益的组织"（艾格斯，戈德史密斯，2004，141）。这里的目标不是要把与合伙相联系的所有风险都转移给非营利的或私人的部门。如果风险没有得到很好地处理，合伙人可能会被诱导而避免任何关系型互动，以使得在所规定的合同条款之外采取行动的风险降到最低。发现风险分摊的适当平衡，以确保在服务交付以及符合公众期望方面有责可循。

成本与收益

成本收益分析在决定哪些项目适宜跨部门合作方面至关重要。尽管控制合伙关系的成本很重要，并且也是政府进入合伙关系的首要考量，但是为了充分理解项目的总体价值而权衡利益也是重要的。财务成本与收益既包括货币性支出，也包括源自合伙关系的其他收益与损失。

机会成本，或者与那些不进入合伙关系的选择相联系的成本，也应该被识别出来。萨维德拉和博兹曼（2004）发现，成本收益分析使得合作者能够决定跨部门合伙是否存在比较优势。第7章会提出检查协作价值的替代性方法。

在大多数跨部门合伙关系中，经常会产生意料之外的成本与收益。例如，州与私人公司（和当地非营利性儿童中心）的一项早期儿童合伙关系研究表明，中心主管对于其教育项目的关注度下降，并且父母的参与度减少。研究中访谈的46位中心主管有许多都说，主动性的形成使得他们从其公司合伙人与父母那里征求捐款花费更多的时间，这减少了他们在中心治理与政策方面的参与度。然而，合伙的利益也很清楚。企业界的其他成员认为，董事会成员可以通过其敏锐的思维技能、创新方向的确定以及改善中心管理与决策的强大的效率估价，来增加价值（帕特森，2004）。

社会与政治影响

跨部门合伙的社会与政治影响应当被认为是有助于预测约束合伙目标的政治或公众的抵制。在评价影响时，社会公平问题，例如对于项目在不同社区的差异性效果应当得到考虑。市民的最终利益是项目是否获得成功的首要标准，政府的任何工作都应该关注到这一点。对关键利益相关者包括特定市民群体的利益进行评估，对于这一过程至关重要。如果服务无法达到公众期望，可能会引发包括市民脱离以及合伙支持者重新选举机会削弱的政治后果。

计算社会与政治参与度过程的一部分包括市民参与和公众投入战略。市民参与战略包括的活动范围从市政厅会议和公众听证会（纳巴齐，2012b）到以网络为基础的论坛，社区成员可以在这里表达其观点并对服务交付选择进行等级分类（布拉布汉姆，2009，2010）。然而，任何利益相关者参与活动的关键，不仅是就通过合伙关系实现预期项目目标进行沟通，而且是允许外部群体来权衡并影响项目条款的价值（纳巴齐，2012a；惠特克，1980）。

专门知识

政府在跨部门合伙关系中服务公众的能力，最多只能达到其开发与监控这些关系的内部能力。对那些不习惯同非营利组织和以盈利为目的的组织在更多协作合同方面打交道的政府机关来说，这是一个很大的挑战。因此，评价公共部门管理有效合伙关系潜能的一个关键问题是，他们是否已经决定让一些管理人员致力于跨部门合伙工作中。美国国家部门的全球伙伴关系计划包括一间独立的办公室，从私人部门那里得到支持以培育有关美国海外外交努力方面的合伙关系。很多州的交通部为了发展与监控组织合伙而设立了独立的办公室❶。

公共部门职员为合伙关系所做的奉献也帮助了公共部门学习如何在这些项目方面更有效地工作。公共部门为跨部门合伙工作所形成的知识与技能，大多数源于直接经验，所以持续学习系统的发展，例如最佳实践文档，对于提升公共部门的能力是很重要的（波伊尔，2012）。第11章将讨论政府能力的构建问题。

合伙协作

跨部门合伙的关系性质依赖于合伙关系的有效治理，包括致力于公-私或公共-非营利关系的人际维度（加兹利，2008；查希尔，芬卡特拉曼，1995）。在跨部门合伙关系中，合作者之间的信任极为重要。信任的建立需要时间；当参与合作的组织相互之间更加了解时，信任就会兴盛起来。与内外部利益相关者之间保持公开与公正的沟通以及透明度，对于信任的生成很有必要。"两个组织相互看待对方的方式至关重要，相互之间必须信任是高于一切的，否则关系就会失败"（政府商务办公室，2003，4）。然而，正如一位PPP经理所说的，这种合伙类型"不是婚姻，而是商务关系"（凯，纽克默，2008，88）。某种水平的信任是需要的，但是也需要一些机制来证明各自所做出的贡献。

绩效测量

项目评估是指"解决有关项目运作和结果问题的系统方法的运用"以及监控，绩效测量是指对有关的项目数据例如工作量或交付服务进行持续的搜集（霍里，哈特里，纽科默，2010，5）。在评估期间搜集的信息可以表明跨部门合伙在获取期望结果方面的状况，并告知可以改善其绩效的决策。

通过帮助参与合作的组织理解共享目标（利益）被实现的程度，绩效测量可以对风险评价与风险分摊的过程进行补充。由于跨部门合伙的随意性特征，绩效测量系统经常评估更为抽象和更高水平的合伙成果，例如运输领域的交通拥堵或安全标准。对公共管理者提出的挑战是在将要被评估的成果性质上达成一致，并构建合适的措施来评价其成就。

---

❶ 34个州已经立法授权了改善公共基础设施的特定合伙形式（称作P3s）。

基础设施的公私合伙

本部分回顾跨部门合伙的特定类型：基础设施的公私合伙（PPP）。PPPs正日益在世界范围内成为政府工作的现状，因为政府领导者寻求更多的创新性项目解决方案，并为公共部门项目获得私人融资创造渠道（罗宾逊等，2010；格里姆塞，路易斯，2007）。PPPs的日益普及一直被描述为基础设施采购方面的"大幅"增加（德尔蒙，2010）。基础设施专家强调了世界范围内基础设施领域私人投资数量的增加，从2000年的不到100亿美元上升到2008年的超过550亿美元，涉及的领域如电信、能源、运输和水供给（阿巴迪，2008）。

联邦、州及地方政府获得的财政资源的减少，致使许多公共部门官员寻求可替换性资源，为大规模基础设施项目筹措资金（拉尔，里德，拉尔比尔，2010）。凭借诸如PPPs等安排，私人融资选择方面的兴趣很可能变得更加具有吸引力，因为自二战以来（美国州政府预算协会，2011），州政府都在应对最具挑战性的财政年度，并且联邦机构持续经历着受约束的预算环境。

美国土木工程师协会四年一次的《美国基础设施报告》已经成为在美国基础设施投资方面对投资缺口定量化的公认权威机构。它调查了11家不同的公共基础设施部门，并声称除非采取行动，否则美国投资缺口到2020年将会达到16亿美元（基于其2013年的研究）。投资缺口的规模已经引发了在PPPs方面的兴趣，并且对私人投资者如何被吸引进行深入了解，在美国公路、桥梁、机场、水系统与水处理、防洪堤、再生能源等方面进行投资（美国土木工程师协会，2014）。

公私合伙（PPPs）因为私人部门比政府直接供应可以更有效率地运作这些项目，或者通过向个体私人承包商外购设计与建设职责而创造的潜在激励受到广泛关注（耶斯考比，2007）。PPPs涉及长期的协作合伙关系（往往拓展至30年或40年或者更久），包括公共与私人融资、要求政府服务供应中私人部门的介入、将风险从公共部门转移到私人组织、通过复杂的合同列出组织的角色与责任（福莱尔等，2010）。

美国长期协议安排的例子包括芝加哥高架收费公路与印第安纳州收费公路，两个项目都于2005年结束了。芝加哥市把高架公路99年的运营权以18.3亿美元的价格卖给了一家私人财团。市政府预先收取全部费用，以解决其在运输及其他领域长期预算的不足。印第安纳收费公路以PPP方式为州政府预先获得了38亿美元，在州范围内为项目提供资金。

尽管对政府来说这起初是意外之财，但是这些极其长期的安排限制了政治领导人未来的灵活性。他们有可能会陷入一种难以退出或者退出代价高昂的关系，即便未来的环境亟须改变。此外，如果不对消费者收费进行充分的控制（或是限制私人部门的利润），这些安排就会授权私人利用已经公开支付过的基础设施向市民"课税"，这种情况会导致所服务人群的政治抵制。

迈阿密港口隧道工程

2013年3月，当奥巴马总统谈及美国基础设施投资需求的时候，他选择了一个有意思的场所来发表其声明。他的背景是美国较大的公私合伙（PPPs）项目之一——迈阿密港口隧道工程（戈德法布，2013）。迈阿密港口隧道（POMT）旨在建设一条直接连接南佛罗里达州际公路网与迈阿密港口的新公路。POMT工程将把许多与港口有关的货运量引导至附近的州际公路和市中心周围。项目总成本估计为14亿美元。私人部门合伙人负责在5年期内对整体设施进行设计、建设和融资，然后对设施的各部分进行为期30年的运营和维护。通过佛罗里达运输部，佛罗里达州将通过可用性报酬偿还特许权受让人建造这些设施的费用，即与项目绩效标准挂钩并依赖于政府审批的持续性资金转移。

许多因素使得迈阿密港口隧道成为基础设施PPP项目的一个有趣案例。其中一个原因是，大量风险从公共部门转移到了私人部门，随之特许权私人受让人（迈阿密隧道通道，法国布依格公司领导的财团）承担了与项目设计、建造、运营与维护相联系的大量风险。直到2014年年中隧道通车，这家私人财团才得到支付的款项。可用性报酬按月分发，以确保坚持政府设定的项目绩效标准。与通行费或使用费相比，可用性报酬为该设施提供了独特的偿还形式。

公私合伙（PPPs）的国际经验

与世界范围内国际公私合伙活动的水平相比，美国的规模还是很小的。1985年到2011年间，美国投资了377个公私合伙（PPP）的基础设施项目，只占到世界所有基础设施PPP项目的9%。欧洲领导了基础设施PPP市场，在所有PPPs项目中占到46%（见表4.3）。

表4.3　世界范围的公私合伙（PPPs）

区域/国家	占世界PPP项目的比重
欧洲	46%
亚洲和澳大利亚	24%
墨西哥、拉丁美洲和加勒比海	11%
美国	9%
加拿大	6%
非洲和中东	4%

资料来源：艾斯垂特，普恩斯特（2011）

当然，在美国与其他地区和国家之间存在许多社会、经济和政治上的差别，这有助于解释公私合伙（PPPs）在其他国家更为普及的现象。特别是，许多都会引证美国州和地方政府所拥有的市政债券市场的进入权，这是基础设施公共融资的主要来源，但在世界其他许多地方不常使用甚至是不存在的。当资金可以通过政府（免税）债券以较低利率借到时，美国的州和地方政府几乎没有动力利用私人部门来为基础设施进行融资。

然而，利用公共融资并不能解释利用PPPs进行基础设施建设的所有差异。尽管自从2008年以来，财政问题就困扰着美国联邦、州及地方政府，但是在世界范围内对基础设施项目如铁路、机场、公路的PPPs的兴趣与利用在美国黯淡无光。印度等国家以及地方性政府一直在PPPs的推进、形成与管理方面发展制度结构。多达31个国家目前在国家或地方层面上设有PPP机构（艾斯垂特，普恩斯特，2011）。

世界银行的国际金融公司（2013）积极推进PPP模式以吸引私人为发展中经济体的基础设施融资。它识别了2013年的40个PPP项目。表4.4所显示的是这些项目的一部分，展示了一些合适的PPP项目，每一个都表现出较高的创新水平、发展愿景、可复制性和积极的社会影响。

在缺乏重要基础设施的发展中国家，PPPs将继续是为关键的公共基础设施建设吸引私人融资的无价的媒介。

环境中的协作实践

跨部门合伙成功（见图4.1）的元素是公共管理者为实现其协作的总体目标而采取的行动。它们是以促进公共利益的方式影响合伙关系形成的主要过程。所面临的挑战是这些过程受到外部环境的影响，这可能影响合伙的产出，并反过来影响运作结果。理解合伙关系的产出与运作结果之间的联系，对于理解基于合伙关系质量判断合伙成功以及通过协作实现总体目标之间的不同，是至关重要的。

表4.4　优秀的世界银行公私合伙（PPPs）项目

国家	项目
贝宁	科托努港口
不丹	不丹教育城
巴西	圣保罗地铁4号线
埃及	开罗新区废水处理
印度	克里夫社区卫生

续表

国家	项目
印度	旁遮普粮食筒仓
约旦	阿利亚皇后机场
墨西哥	阿塔托尼克废水处理厂
秘鲁	基础设施一体化倡议下的亚马孙北方公路
俄罗斯联邦	普尔科沃机场
卢旺达	基伏瓦特电厂
赞比亚	基安蒂灌溉项目

资料来源：国际金融公司（2013）。

图4.2所呈现的模型通过考虑其他因素的影响把这些合伙过程情景化，即运作环境、组织特征、合伙关系属性以及运作结果。运作环境包括相关机构与合伙关系发生的法律、政治和经济环境。组织特征识别每一个合伙人不同的兴趣、经验和能力。合伙关系属性描绘了促进成功的合伙关系的特征，而运作结果是合伙关系提供的服务的特质。

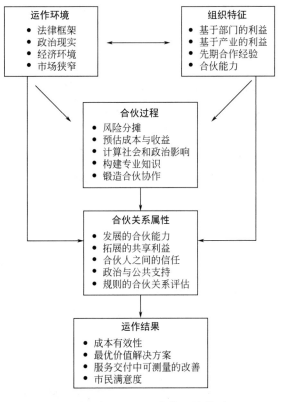

图4.2　合伙关系形成的系统模型

这个系统模型描绘了在合伙过程以及履行承诺而形成合伙关系的结果方面，外部环境与组织文化的重要性。当实施网络方法交付公共服务，并在较小的范围内创建或吸引一个独立的公共服务提供商的时候，也可以考虑在同一模型上进行修改。

运作环境

在运作环境如何影响合伙关系方面，协作期间所出现的解决争端的合法方案就是很好的说明。例如，对第三方解决争端以及执行机制的信心越大，来自不同部门的主体所形成的组织在合作时就越有前景（奥斯特罗姆，2000；诺斯，1990）。运作环境对基础设施的公私合伙关系产生的影响尤为明显，因为州法律建立了项目风险转移给私人部门合伙人的参数（加文，2010；格迪斯，2011）。在发展中国家，法制没有很好地建立起来，私人合伙人在承担某类风险的时候会比较犹豫，或者如果他们要参与到PPPs中的话，可能会要求一大笔风险溢价。

经济环境，例如不景气或财政压力，可能会在形成合伙关系以吸引私人投资方面给政府造成很大压力。可选择的服务供应商比较有限（合伙市场的狭窄），使得找到合伙人尤为困难。当英国开始其公私合伙项目私人主动融资计划（PFI）（融资、建设、运营）时，它必须形成可以确保PFI项目多个竞标者的产业财团（福莱尔，凯，张，2002）。

组织特征

每一个合伙人为合伙关系的形成所带来的技能、资源与总体组织文化都会影响其协作能力。例如，私人部门对知识产权保护的关心可能与公共部门优先考虑披露和透明度相矛盾（霍奇，科格希尔，2007）。不同的产业所具有的各自的操作实践与文化会影响合伙的过程。例如，卫生保健服务组织很可能在帮助人们方面有着共同的关注点，并使它们在解决各种健康问题的项目中成为政府机构优秀而有潜力的跨部门合伙人。

在跨部门合伙关系中，先前的合伙或网络工作经验以及稳健的合伙能力可能是政府创建和管理有效关系能力的重要因素。在合伙中具有较强业绩记录的组织很可能会有效地对关系进行管理（波伊尔，2013）。此外，合伙组织过去一起工作的程度可以为信息共享与信任的建立打下基础，而这些能够改善合作的条款（约翰斯顿，罗姆瑞克，2005；加兹利，2008）。

合伙关系属性

已经被合伙者识别并接受的持久合作与共享利益的能力是重要的合伙关系属性。它们允许合伙承担那些困难而又必要的任务，有效地向在管理风险中处于最优地位的合伙人分摊风险。这不仅包括管理某种风险的能力，而且也包括确保合伙人能从管理风险中获取利益。这种能力在合伙人之间培养信任时也是需要的。有效的合伙关系意味着对其他合伙人的依赖，不仅要实施他们同意为此承担责任的行动，而且还要进行开放和真诚的讨论。这种安排和任务必须以信任为基础。合伙关系应该认识到公共宣教与利益相关者参与的重要性。他们可以从关键的政治和社区群体中获得支持。定期对合伙活动与运作进行的评估，为调整合伙决策与安排提供了重要的基础。当合伙关系习得其行为的相对有效性时，就可能在结果以及达到结果的方法两个方面进行调整。

基于以上描述，合伙关系属性的相互关联性应该清晰了。每一种属性不仅对于其有效合伙的贡献很重要，而且这些属性还可以自我强化。一种属性的增强是其他属性强化的基础。这种相互依赖是合伙关系以及更普遍的跨部门协作的关键特征。

运作结果

运作环境、组织特征以及合伙关系属性方面的合伙过程形成了协作的最终结果。理解这些因素如何对合伙产生机会与限制，有助于在跨部门合伙的外在评价以及所能获得的绩效方面设定合理的预期。对这些影响最为敏感的领域包括项目总体的成本有效性、服务交付方面的改善以及市民满意度。

那些期待形成合伙关系的人会从对自下而上的系统模型的思考中获益。首先，我们想要提供什么类型的公共服务来满足成本有效性、最佳价值、现状改善并应对市民期望的测试？然后再提出问题，我们需要哪种类型的合伙关系来实现那种成果？再者，我们应该实施哪一种过程来建立这样的合伙关系？

随着那种渴望的提出，需要提出的问题是，运作环境中什么样的条件可能会支持我们的合伙过程？那些条件的可靠性如何，并且我们如何适应可能会发生的变化？什么运作环境条件会抑制或打乱良好合伙关系的形成？哪些公司或非营利部门具有支持和促进合伙过程的特征？哪些合伙人可能不太愿意合伙？要改善一些不情愿合作的合伙人的利益和参与度的话，可以做些什么？

自下而上的方法提出了合伙关系得以形成的更为清晰的图景。有些方面是正面的，而其他一些是负面的。然而，以这种方式使用系统模型为预期合伙关系形成时所面临的机会和挑战以及实现所期望的运作结果提供了有用的诊断工具。

评价跨部门合伙关系的优势与劣势

跨部门合伙关系在政策制定部门以及各层级政府的行政管理中都较为流行，并为政府带来了许多好处。与非营利和私人部门组织结盟，可以利用非政府部门交付服务的创新与能力，而这些在政府部门中并不存在。在许多政策领域，非政府组织是唯一有潜力实现关键公共服务的交付的。与市场交易相比，合伙关系也发展了更多的跨部门一体化、促进了思想的交流以及管理方法的创造，而政府并不能仅靠自己来实现这些。

类似地，与政府之外的组织合伙也可以在复杂的项目中为管理风险提供独特的方式。基础设施建设的公私合伙（PPPs）把大量的建筑、设计、融资与经营风险转移给了合伙人，这会为政府节约成本并提升创新。转移风险的过程也对公共部门考虑项目风险的方面提出了挑战，这些风险在传统的基础设施项目中往往是不被考虑的，并使项目交付的成本与影响更加透明。把那些风险转移给政府之外的组织可以降低项目的成本，即把义务转给能更好地对其进行处理的组织。处理合伙关系中的社会成果也会使得私人或非政府合伙人运用其判断力来形成创新，这些创新是公共部门单方面无法提出来的。

在跨部门合伙关系带来潜力的同时，也会在政府层面产生问题。与政府之外的组织一起工作来实现核心公共服务，可以产生一定程度的独立性，减少协作中公共部门影响力。当风险被转移到非营利或私人部门供应者时，公共部门直接控制风险的机制会更少。公共管理者需要特别注意被转移风险的性质与类型，以确保合伙关系有利于公共利益。对于基础设施建设的公私合伙（PPPs）来说，情况尤其如此。长期协议将会钳制住政府，如果没有合适的协商，这就可能会对政府财政产生严重的负面影响。

当私人部门在项目交付物方面被给予更多自由的时候，有时公共部门就缺乏适当监控其贡献的能力或是项目难以好转时再介入监控就来不及了。在充分形成公共部门合伙工作能力方面也存在挑战，特别是因为合伙的技能与传统缔约形式的能力是不同的。在更为复杂的跨部门合伙关系中，这种能力尤其具有挑战性，此时所涉及的技术、法律和财务知识都超出了现有公共部门职员的能力范围。

因此，正如在大多数跨部门合作中那样，公共管理者必须审查并调和许多相冲突的价值观。合作关系可以提供创新、专业知识与额外的资源承诺。然而，通过把传统政府活动转移到私人或非营利部门，公共管理者便放弃了一些控制权，经常放弃与所服务市民的直接联系。并且在长期公私合伙（PPPs）的情况下，减少未来政治决策者可获得的自由裁量权。

结论

对合伙关系日益增长的利用、采纳以及合伙的潜力，要求公共管理者有更多创新性的途径来学习如何创立并支持合伙关系。考虑到合伙关系可能通过损害公共利益的方式分散风险，因此合伙关系各方需要对合伙关系治理有很好的理解。

把风险转移到政府之外的组织很有可能产生创新、长期运作与维护成本的节约。此外，在以基础设施建设为基础的**PPPs**项目的一些典型案例中，引入私人融资可以填补公共部门财政限制的空缺，并有助于促进项目的完成，而如果不采取这种形式，这些项目的完成则是不可能的。跨部门合伙中内在所独有的挑战与机会需要公共管理者具备一些技能，以识别、捕捉、转移与其设计和实施相关的经验知识。

跨部门合伙为公共部门创造了以更为创新的方式提供公共产品与服务的机会。挑战在于要取得控制与灵活性的适当平衡，允许政府之外的合伙人在利用其比较优势方面拥有自由裁量权，而同时确保总体结果满足公共利益的需求。在体系上考虑跨部门合伙关系的结果，明确对合伙关系体制的、组织的与环境的影响以及合伙产生的结果。后续章节将利用其他的跨部门协作模型对该主题进行深入探讨。

 案例研讨 --------------------------------

州职业培训

你是社会服务部（DSS）执行官的助理。州长组织一场增加工作培训的运动，使人们不再通过领取州福利金而是通过工作来维持生活。当前，DSS内部的职业培训部（DET）提供这种服务；然而，州长以及州立法机构都对当前的结果不满意：每年花费2000万美元，DET却只能为领取福利金的一小部分人找到工作。该项目由20个地方机构运作，在面对50万个接受福利金的成年人时，其目前安置工作的成功率低于10%。福利支出每年花费州政府20亿美元（加上项目行政管理费用，每人每年平均花费大约4200美元）。

考虑的问题

1.许多州都有职业培训项目；其他州利用私人或非营利供应商作为其职业训练项目的一部分。在此项目中形成非营利-公共部门合伙关系的优劣势是什么？

2.在为此类工作建立合伙关系之前，公共部门应该考虑什么问题？

3.合伙关系通过此类项目提升所交付服务的基本原理是什么？

4.如果类似的项目以公共-非营利部门合伙的方式所接受，管理者需要注意哪些事项？

第5章

网络治理

涉及公共部门、私人和非营利组织的网络正在逐步成为协作的主要形式，公共管理者可以通过网络更加有效地处理公共政策问题。从协作形式的逻辑性演化方面看，网络要比公私合伙（PPPs）和其他跨部门合伙关系更有包容性和多样性。它们拓展了协作长期存在的方法——由政府与私人和非营利组织非正式的合作，到更为正式的多部门协议安排。网络组织在公共事业交付及灾难应对方面更为普遍，但是它们正日益被应用到其他公共服务领域，例如职业培训、地方经济发展以及全球问题解决等方面（黑尔，赫尔德，2012）。

利用网络组织交付公共服务的政府解决了经常出现在公私合伙（PPPs）中的一个问题，即在PPP中的主要参与者都是政府与私人部门。批评者对公私合伙（PPPs）进行了抨击，认为它过于顺从商业利益，并让私人部门在公共治理方面发挥了太大的作用。尽管公众对PPP持负面评价，但是公共管理者的反应一直是寻求协作，拓展合伙人的数量，并融入囊括更多利益相关者和社区利益代表的网络，包括非营利部门、社区群体、学校和宗教组织。由此，私人部门的利益与价值将会通过其他组织为公共利益谋福祉的文化所平衡。正如我们在其他地方所认为的，企业将会拥有一种社会责任的心态，并做出有利于公众利益的决策，但是普遍的公众理解通常会把企业置为一个极为狭隘、自私自利的角色。

网络作为协作的一种形式对于公共管理者的吸引力，是建立在一种假设和一种推定的基础上的。这种假设是，私人部门或非营利部门（或者两者共同）的其他组织，可以在开发和交付公共服务方面提供给政府一些有价值的东西，这比政府单独提供的要好。一般情况下，网络具有为公共管理者提供接触多样的和复杂的能力、经验、资源、技能的可能，而这些在大多数政府机构中并不存在（李，刘，2012）。网络也可以提供私人与非营利部门行政管理人员的经验和专业知识。最终，网络成员可以有助于或直接对活动进行投资，或者网络自身能够从慈善基金或其他补助资金来源中得到支持。

这种推定是，政府可以有效地协调它与其他组织——私人、非营利部门和其他政府机构——以符合公共利益的方式，更有效率地共同提供公共服务。本章的主题是，公共管理者可以有效地协调与网络关系的推定。在第 2 章，我们简要描述了企业与非营利部门如何在协作方面更有经验，并具有以网络形式建立与政府深度协作的激励。当然，许多政府机构与其他公共组织合作，并与政府之外的其他实体具有非正式的互动，如果这种互动不是定期进行的话。但是，大部分公共管理者在利用网络实现其项目目标方面的实践经验都很有限。在本章中，我们讨论公共管理者如何能审视潜在的网络、识别网络的独特特征、在获取公众目标方面形成能够最好地支持网络的领导力与管理方法。

跨部门合伙超越双边关系的做法以及吸引多方参与者为了共同事业而合作的做法，对于公共管理者来说具有一定的启发。在网络中，每一个成员都为共享的目标贡献努力或资源，或两者兼有。这种安排要求网络成员之间协调努力，他们要在讨论中分享实现什么目标、怎么去实现该目标，以及以什么样的协商过程来进行。这也意味着要有一个信息的公开交换机制，强调透明度，以便所有的网络成员都能够表达其观点，并解决问题以改善协调成员之间的信任。

当然，也有一些公共管理者参与网络却在其设计中几乎没有发言权的案例。在社会服务领域，非营利部门在公共服务方面的成长导致了如果政府想要提升更多的整体服务，就需要吸引许多供应商。例如，为了改善儿童肥胖症的情况，联邦权威机构运用了在政府和已经服务于目标人群的非营利青年服务组织之间建立起网络的方法。在其他情况中，公共管理者必须加入特定的地方政府机构和部门的临时性网络，以提供即时的救助，正如在重大自然灾害的灾后救援那样（卡普初，沃特，2006）。本章我们聚焦于目的性决策，公共管理者以此形成特定的公共服务类型并选择网络参与者。

定义

与几个组织共同形成协作关系是容易理解的，但是要作为协作的正式安排定义什么构成了"网络"就不太容易了。根据米尔沃德和普罗文（2003，2006）的研究，网络是协作的而非官僚的，包括了自治组织的网络结构经常对更宽泛的非政府利益相关者进行积极响应，也要与政府及其他网络参与者一起相互依赖地工作。政府使用的网络是组织的集合体，并为了共同的目的代表公众利益开展活动。它们经常由公共管理者而不是直接由经理所精心安排或进行协调。网络治理的关键特征是认识到这些成员以协作与独立的方式进行运作。我们关注于包括政府的网络，并引导协作网络朝着公共目的的方向发展，而不是关注商业联盟、政策网络或是非营利到非营利网络。

网络是一种松散的同盟；成员加入到一起采取共同行动，并分享共同的利益，但对于保护和促进其自身利益的行为，他们也将保持其首要性。某成员愿意与其他成员一起采取的行动充分反映了其对于自身利益结果以及通过协作所能获得的内容的计算。既协作又独立地工作对构成网络的成员来说完全说得通，但是这也致使网络治理面临巨大挑战，因为单个成员会在集体利益面前不断地权衡其自身利益。

对公共管理者来说，有效的网络治理意味着制定并实施具有成本效益的或者为所服务的选民带来更大价值的政府政策的协作。当成员的角色和对工作的贡献需要谈判时，网络的明显特征是，它们就会依据网络活动的有效性以及成员可获得的选择方案而进行改变。网络治理需要公共管理者具备良好的管理技能，创建协调网络成员间的机制，这与在政府部门里有效管理项目的机制非常不同（麦圭尔，2002，2006；西尔维娅，麦圭尔，2010）。

对于公共管理者来说，网络可能是一把双刃剑：网络成员的利益越多样化，公共管理者能获得的资产就越丰富。同时，多样的网络成员关系使得找到行动的共同基础变得更加具有挑战性。然而，尽管存在这些多样性，为把网络成员联合起来的共享目标仍需要很多工作。关键在于识别协作的所有成员共享的基本价值或期盼的结果，并通过协作过程形成相互证实的方法。过去经常由成员围绕网络应该做的事情而构建协议的协作过程（网络治理），其自身在建立强大而坚固的网络方面是一个关键性因素。在某些情况下，通过网络的资金条款，共享目标得到促进并达成一致，例如联邦授权项目支持州和地方行动者着手解决社区的危险问题。在另外诸如应急管理的情况下，社区在面对主要自然灾害时，需要对重建复原的目标进行沟通。

一个关键性因素是所处理问题的性质。当形成的网络用以实现简单的目标（即使是重要的目标）时，实现这一目标的方法是明确的，网络成员在贡献方面的共同约定是清晰的，因此，它们可以顺畅地运作。当然，其反面也是事实：治理网络呈现出复杂的问题，最佳做法没有得到确认、成员角色定位不清晰，都很容易导致问题的出现。与本书之前讨论过的协作的其他形式类似，网络治理面临着许多挑战，包括理解不同网络各成员的个体利益，以及如何对有关更广泛协作目标的那些利益进行协商。经常出现的挑战是，与网络成员就如何通过合作来更好地服务于其个体利益进行沟通，例如，通过与政府合作以帮助灾后社区重建而为地方企业带来的利益。

网络如何促进协作

网络解决了政府不同的目的，并出于设计或需要以不同类型的结构组织起来。为了理解公共管理者和网络治理的作用，首先必须认识到管理者所参与的网络类型。如果采用网络的形式进行合作，那么网络的功能或目的将会影响个体成员带给合作的利益的类型、所需要的合作类型以及决策的总体方法。以下部分回顾了组织网络形式的不同目的。

网络类型

网络根据不同的方式形成并履行多种职能。四种类别的划分抓住了驱动不同类型网络产生的主要角色。尽管一些网络可能是运用不止一种职能进行运作的，但是这四种类别的每一种都代表了网络的主要方法（阿格拉诺夫，2007）：

1.信息网络。为了交换有关机构政策和项目的信息、技术以及潜在的解决方法，合作者走到了一起。任何变化或行动都是由个体组织自身所自愿采取的。

2.发展网络。合作者信息及技术的交换与教育和成员服务结合在一起，以此提升成员在其自身机构和组织中实施解决方案的能力。

3.延伸网络。除了发展网络的活动外，网络合作者为项目和政策变化形成蓝图策略，引发资源的交换和协作。决策制定与实施最终被交由机构和项目自身进行。

4.行动网络。合作者聚在一起进行组织间调整、正式采用行动的协作过程、交付服务，并交换信息、提升技术能力。

州和地方政府几十年来已经有效地运用网络合作完成了各种社会服务项目。例证包括工作培训网络、健康卫生与社区关爱网络、社区发展网络、家庭与儿童服务网络、地方经济发展网络（图瑞尼等，2010）。政府机构为了协调某人或某个家庭多种社会服务交付的需要，使得网络在这一领域成为自然的治理形式。为了描述网络得以组织起来交付社会事业服务的不同方式，可以用上述四种类型对向无家可归者（摩尔，2005）提供社会服务的情况进行概括：

● 信息网络——加州格兰岱尔市儿童与无家可归者领域的协作。格兰岱尔无家可归者联盟旨在使城市内不同机构进行合作，帮助无家可归的个人与家庭。以此为基础，这种协作不仅要提升对无家可归的学生需求的关注，而且要通过学习不同的文化与实践，更好地理解不同来源的无家可归者，从而形成更紧密的机构关系，改善为学生和家庭的服务。通过增加对无家可归者需求的理解，信息交换改善了服务的交付，但是并没有采取联合的行动。每一个机构都是基于其对网络产生的信息的理解而各自行动。

● 发展网络——佛罗里达州帕斯科郡的无家可归者联盟。几年前，帕斯科无家可归者联盟认识到经济适用的过渡性和应急性住房的缺乏，以及无家可归者对于可获得的服务方面的信息进行散布的需求。意识到单个机构不能提供需要的所有服务，该联盟形成了住房与都市发展关爱统一体，目前包括公共、私人和宗教机构。该统一体形成了由各机构共享基金的谅解备忘录。这种协作支持了持续服务与特定项目，例如任意时间点对无家可归者的计数。根据基金会，每一家机构都有自己的分工。网络增加了成员的信息和资源能力，但是在联合项目中并没有合用的资源库。

● 延伸网络——明尼苏达州圣路易斯帕克的远景公司。远景公司是一家非营利机构，自1991年开始就为处于危险中的和无家可归的儿童提供服务。它提供了一个课外项目，包括学术、社会和营养方面的内容，以及一个支持性的住房项目。远景公司的员工与圣路易斯帕克学区进行接洽，并提议进行协作努力。这两家实体协调其战略，共同申请并在联邦《麦克基尼-文托无家可归者援助法案》之下获得授权，然后邀请公共的、私人的、非营利的和宗教的社会服务机构与其合作。那些在健康、住房、运输、社区教育、公园与娱乐领域里的组织，以及警察都被请来加入到协作中。塔吉特公司提供财务支持，通用磨坊公司提供财务与志愿者支持。在学区范围内，美国教育部 I 类协调员与无家可归者联络员，连同校长、教师和兼职人员都是关键的参与者。在该案例中，远景公司向圣路易斯帕克学区伸出了橄榄枝，并为帮助处于危险中的和无家可归的孩子制定了总体战略，但是其实施是由每一个网络成员单独进行的。

● 行动网络——华盛顿斯波坎市的 HEART（无家可归者教育与资源团队）项目。斯波坎学区的代表们为无家可归的学生提供有质量的学术氛围，并解决其他的必需品，例如住房、医疗卫生、衣着。他们召集了一个工作组，对该项目的未来进行规划。该工作组包括学区代表、YWCA（基督教女青年会）、三所大学、收容所、学校董事会、斯波坎社会服务机构，以及来自该学校的三名教师。根据工作组所设定的目标，HEART 项目被建设成为重新调整教育重点的一体化支持模型。在该案例中，建立了完全一体化的联合项目。

这四种模式阐明了网络在其努力范围以及协作范围与强度方面存在的差异。有些网络更加倾向于合作（信息型），而其他更加倾向于深度一体化（行动型）。公共管理者在理解不同网络类型及其功能方面的一个优势在于为参与者所应该分担的工作内容与试图获得的目标方面设定合理的期望。当然，这应该是预料之中的——尤其是当资金不确定的时候——网络随着时间的流逝而改变其活动以及协作的水平，以对其服务和对其资助的资源方面的需求做出反应。例如，如果环境条件需要那种转变类型的话，始于信息型的网络可能会进化到行动网络的结构类型。

网络结构

另一种理解网络推动协作的方式是，比较组织网络的不同结构以及成员之间关系结构的影响。在大多数去中心化的结构形式中，参与者是平等的合作者，并在网络活动中具有平等的话语权。即便是在扁平化的结构中，也可以清楚地看到，有些网络成员要比其他成员更有影响力，参与者之间的关系及其确切的作用也会不同。例如，为地方非营利机构兼职工作的网络成员，可能会对会议中大公司参与方所采取的企业式方法感到害怕甚至受到冒犯。网络治理意味着识别并调整成员的不同风格，并形成支持网络整体目标的方法。

网络结构也对网络总体效力具有直接影响（图瑞尼等，2010；普罗文，米尔沃德，1995）。连同对网络中共享目标和信任的影响，结构会影响网络的稳定性以及正式关系对周围环境变化的适应程度（普罗文，米尔沃德，1995）。可以通过理解正式关系得出结构的三个维度：互联性、凝聚力、集中化。

普罗文和米尔沃德（2008）识别了网络治理中应用的三个明显结构（或模式）（见图5.1）。理解这三种形式有助于公共管理者认识他们所处的网络类型，以及基于结构特征的政府的关联影响。这三种结构也可以为了公众目的影响网络设计，从而提出不同模式。

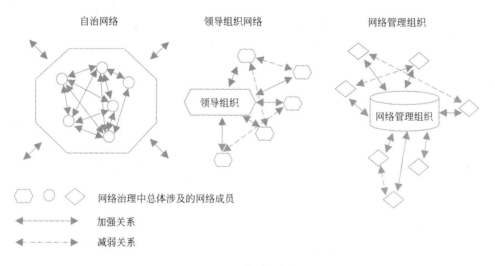

图5.1　网络治理模式
资料来源：普罗文，肯尼斯（2008）

在某些情况下，公共管理者能够提出最适合政府机构需求的网络治理结构。例如，有时候对于政府机构来说，为建立网络职能而提供领导和指导是最好的方式，正如在卡特里娜飓风之后的数周和数月之后国家事故指挥中心所做的那样。其他时候，公共管理者想要扮演更加有限的召集人的角色，并让网络成员的精力与兴趣来设定网络的氛围与志向。无论它沿着哪一种方式进行演化，网络结构都将对公共管理者在其治理中所具有的影响力产生深远的影响。

随后的部分将描述网络的三种范例，每一种都反映了网络结构的不同类型。

共享或自治网络　1990年，小型社区环境基础设施群体（SCEIG）作为联邦和州机构、地方政府与群体、服务组织以及教育机构组成的联合体，在俄亥俄州成立，以帮助小型社区满足其环境基础设施的需求，例如安全饮水和废水处理系统。其成员包括俄亥俄州水利开发局、俄亥俄环境保护局、俄亥俄自然资源部、俄亥俄州立大学美国联邦-州服务推广中心、美国农业/农村发展部、美国经济发展管理局、民间借贷代理、大学农村中心、非政府组织以及区域发展区。

专家团召开季度会议来讨论小型社区的需求以及什么样的反应和补救措施是适当与可行的。此外，小型社区环境基础设施群体（SCEIG）在考虑环境基础设施的融资、安装、修理或者扩张时，为方便小型社区的使用，编撰了一系列的文件、出版物和网络资源。网络的目标是帮助小型社区鉴别最为合适的资源，这些资源有助于其形成、改善和维护其水利和废水系统。最终，该网络建立了三个委员会来解决小型社区的最为紧迫的需求：财务委员会、课程委员会和技术委员会。

该网络是由俄亥俄州水利开发局召集的，并在早期作为网络的发起领导组织发挥作用。随着时间的推移，它已经演变成共享的治理模式，旨在信息网络和延伸网络。

领导组织网络　圣地亚哥郡教育办公室（SDCOE）与学校和社区合作者组成了一个网络，以对山火灾害做出反应并做好重建工作。强烈的圣安娜风通过该区域的山脉通道形成飓风般的大风。风、热、干燥结合在一起，把遍及这一区域的丛林变成了爆炸性的燃料。由于这些大风，山火非常难以预料，并且比国内其他地区发生的山火更甚。

2007年10月份的大火是圣地亚哥郡历史上最大的；据估计515000名居民被疏散。大火致使10位居民丧生，23名居民受伤，93名消防员受伤。6200多名消防队员投入到控制大火的战斗中。同年9月，圣地亚哥郡教育办公室（SDCOE）通过整合资源建立了应急运作中心（EOC）。2007年10月22日，大火开始的第二天，SDCOE的职员赶到了应急运作中心。该中心在紧急状态期间作为聚集地提供服务，协调信息资源，跨越学区采取反馈和重建行动，并作为与全郡其他代理应急运作中心进行互动与协作的联系点而发挥作用。圣地亚哥郡教育办公室（SDCOE）的负责人保持每天与42家区级负责人两次电话沟通，以生成SDCOE的任务清单。一位SDCOE的职员作为联络员与操作区域紧急行动中心、红十字会、县治安工作部门保持联系，以通过电话搜集信息，并使用实时的、基于网络的紧急管理系统。

网络的创建是为了对紧急响应提供更好的路径支持。对网络成员和其他人的信息收集和分配，改善了可靠性和时效性。与信息的接近便利了快速决策，以及基于可获取信息的决策协调。该网络是由若干职员支撑的，反映了利用资源以确保在网络自身范围内有效运作的需求。很明显，EOC是更大的区域网络的一部分：网络内的网络（美国教育部，2008）。

网络管理组织　费尔法克斯郡的社会事业系统管理部（DSMHS）肩负着促进弗吉尼亚费尔法克斯郡社会服务交付协调的责任。在人口快速增长、人口统计变化和扩张的人力资源需求时期，郡领导层确定了合理化其社会服务的需求，这也包括从其他国家迁入的难民。

郡领导起初的愿景是建立一个完全一体化的客户引入系统，DSMHS作为广泛网络的领导组织发挥作用，该网络包括联邦、州和郡援助项目，以及在郡中通过各种非营利部门可获得的帮助。由于无法从州和联邦官员那里获得签字同意，以及出于对隐私和主要涉及保护机构活动范围的其他问题的担忧，DSMHS无法实现那一目标。

DSMHS实施了一个协调的服务计划系统，该系统利用郡中可由公共的、私人的和非营利的机构获取的服务匹配了居民的需求，创建了社会服务提供者的网络。它更多地扮演了网络管理者的角色，提供了协调与信息服务，而不是完全对网络中各种机构的行动进行整合。

由于涉及的主体数量大，包括郡社会服务机构、州和联邦机构、郡内社会服务的私人和非营利提供者，所以这种努力比较复杂。在计划和实施这种努力时，把所有关键的利益相关者都考虑在内是很重要的。在这种情况下，DSMHS能够实现对这一概念的广泛理解，并提高对急需人群社会服务的整体交付。

费尔法克斯郡案例表明了政府在网络领导组织中的两个可能的角色：领导组织者与网络协调者。政府可以根据网络的组织方式来扮演许多不同的角色，而不是指导活动、决定其他各方所发挥的作用或者通过合同来确保这些作用与责任。最初，费尔法克斯郡的社会事业系统管理部（DSMHS）力图在网络中扮演领导者组织的角色，但是实践上和法律上的反对使其成为有效工作的网络协调者的角色。

正像费尔法克斯郡网络那样，网络可能会随时间而从一种类别演化到另一种类别，注意到这一点是很重要的。由联邦应急管理局（FEMA）所建立的网络就是这样一个例子，该网络旨在解决卡特里娜飓风导致的紧急需求，其成员的角色和影响随时间而变化。当暴风雨袭击的时候，国家安全部（DHS）只成立了三年，并且FEMA之前从来没有应对过5级飓风，这引来很多争论，认为该系统的基础设施与其专业知识根本不足以应对风暴。由于这种灾难的不可预见性，DHS与FEMA几乎不能从应对危机中得到系统知识，并在危机中把它们置于不利的处境（肯尼迪政府学院2006）。由此产生的政府间网络在开始时相当去中心化，由于联邦当局对这种情况施加了更多影响，从而逐渐呈现出更为领导性的组织的模式。

公共管理者与成功的网络

我们已经从公共管理者的视角把成功网络治理的因素分组为图5.2中所描绘的六个宽泛的类别。接下来各部分将对这些要素进行分别描述。

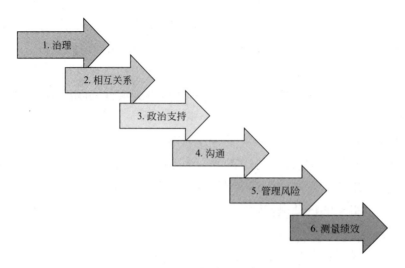

图 5.2 网络治理要素

治理

　　网络可以由许多种方式进行设计。普罗文和肯尼斯（2008）识别了图 5.2 中所展示的三种可能性。无论为网络选择哪一种设计，它必须要适应网络参与者的期望，并促进网络要行使的职能。通常，政府都是扮演领导组织或网络管理者的角色，如费尔法克斯郡社会服务案例中的那种情形。有时候政府比较低调，如在自治网络中，它只是许多主体之一，但仍然可以在网络范围与活动方面施加影响。

　　不管结构如何，网络管理者需要形成一个共同的目的，以激励参与者为了所有协作者的利益而采取行动。公共管理者可能需要直接参与到设计网络中，以确保实现这种状态。无论发生何种情况，公共管理者都必须推动与外部群组的工作关系，识别其需求和利益。然而，这种关系不会是简单的非正式或便利性关系。该过程不只需要监控、磋商和对建议做出反应。它要求认识到网络将需要共同的成长与学习。这意味着，公共管理者需要由优秀的"官僚响应者"转变为创新的"合作创建者"（阿格拉诺夫，2012）。

相互关系

　　考虑创建网络的公共管理者必须思考可能涉及的众多联系：非营利组织、小企业与跨国公司、地方志愿者团体、州级以下规划机构、公私合资企业、国际组织以及其他组织。问题在于如何找到这些组织之间恰当的平衡点，它们为网络带来价值，然而在其努力和成果方面有着共享利益。参与者必须相信，他们花费在创建和发展网络上的时间与精力是值得的；他们必定会得到回报。然而，所遇到的困境是，有时候在潜在收益清晰之前，可能有必要投入时间构建网络。

当处于协作模式的时候，公共管理者应该对其自身组织和潜在协作者组织的关注点进行解释。网络共享的目标以这种方式达成，即所有的参与者都可以为自己的组织要求业绩。这些业绩可能是参与者想要公布于众的类型，例如接受其服务的人数的增加。那种公开宣传的业绩类型可以提高组织的声誉，并有助于未来的资金募集。这些业绩也可能是组织不想公开的类型，例如与有影响力的人会晤，这些人是该组织将，并且对于该参与者来说会是其他重要事务的资源。成功的网络会找到一种方式，既能实现共享的目标，也能实现参与者的个体志向。

政治支持

如果参与者心存怀疑，即网络努力可能受到公共官员的指责或者政治支持退出，那么网络治理就会以带来更多的麻烦而告终。当选官员期望网络中政府具有强势地位是可以理解，这符合公共管理者传统的观点。然而，网络的优势在于其灵活性、创新性和政府机构单边行动时可以提供的扩展能力。公共管理者最终需要通过阐述网络中政府参与者如何推动公共服务交付的期望，向当选官员表示对网络成功的预期。网络成员自身为了网络和其事业，可能成为有效的游说者。在缓解政治问题和构建网络政治支持方面，支持共同体中有名望的组织和人物的努力是很有用的。

网络的创建也可以由公务员或政府行政官员最初发起。高级管理人员对于网络的热情可能并没有反映其对于使命复杂性的完全理解。行政官员可能并不会认识到有效网络治理所需的技能或技术知识方面的差距。由此，可能是一种加重公共管理者负担的倡议，即听起来很好的想法却很难甚至不可能得到执行。在这种情况下，网络参与者对公共管理者来说可能是获得支持的直接来源。他们带来其利益相关者以及（有时候）资金，由此获得公务员的支持。

一事成功，万事亨通。为初创网络获取政治支持，或者为新加入者管理新的职责与期望是一种挑战。当在解决问题中利益比较清晰时，网络就会被建立起来，并随着运作而成熟。其他网络要花费时间来形成、建立新的工作关系，使人们确信协作的优点，并发现参与者之间的共享目标。交付更好的公共服务并从参与者那里获得支持，是创建政治支持的最好方式。

沟通

当各方之间存在开放的信息流时，网络可以最好地发挥其效果（查希尔，麦克埃维利，佩龙，1998）。当所有各方都参与其中并信息灵通时，对问题的判断会更加准确。公共管理者需要形成各种技能与程序，以促进信息交换。所建立的沟通协议有助于在网络参与者之间构建起信任。有效的网络治理建立在良好的关系之上，这又反过来建立在信任之上，而信任是基于开放和可信赖的沟通而建立起来的。

在网络中通过专业人员与实践工作者来建立高质量的网络关系，包括在政府内部与外部，公共管理者都面临着实际的挑战。学习在网络中公开地沟通，对通过非正式交换与相互交往创建和利用知识的能力提出了要求。信息与沟通技术是基本的工具，因为合作者经常位于不同的地方。然而，它们并不是面对面交流的替代方法，而是与协作工作平行存在，不仅允许分散的参与者的联系，而且也允许同许多潜在的和实际的协作者相互作用。

管理风险

公共管理者善于管理与其机构活动相联系的风险。由公共管理者所同意的特定程序或预防措施，对于那些在政府之外工作的人来说似乎是不必要的，因为他们并不总是理解与政府机构相联系的行动可能会被当选官员或公共媒体如何看待。网络成员可能不会总是以公务员所采取的同样的敏感度和注意事项来行事，从而把公共管理者置于其所不能直接控制的网络责难的风险之中。

正如任何其他的协作那样，公共管理者分担了网络中其他成员失败的风险。对于管理者来说，理解网络参与者的能力、维持其自身运作时所面临的挑战、对向网络提供资源做出长期承诺，这些都是有用的。政府有意愿或能力做到这些吗？其他网络合伙者可用来替代一直不能在网络中实现其角色的主体吗？

公共管理者也必须处理其自身机构不能兑现网络承诺的风险。政府预算可能不被批准通过，或者在批准以后被缩减。每个人都知道官僚作风行动迟缓，公共管理者难以让其他政府机构快速行动以满足网络要求。形成并维持那些组织良好且得到足够资助的参与者活动网络，相比之下更为容易些。

测量绩效

网络绩效的测量依赖于网络形成所要达到的目的。为应对自然灾害而形成的网络，其绩效标准可能是建立在更快地满足目标并具有更大可靠性的前提之上的。例如，圣地亚哥郡教育办公室（SDCOE）在传播山火的消息上是成功的，比那些之后把消息传给其他人以及基于那种信息来做决策的组织来说要更快。当网络要扮演一个受限制的清晰角色时，根据产出来测量改善情况就是最优的。

具有更加复杂的、一体化运作的网络，例如费尔法克斯郡的DSMHS，将会选择那些反映其更加广泛目标的因素。DSMHS选择是否达到需求满足百分比作为绩效测量的措施之一。绩效测量与网络要实现的职能相匹配也是重要的。阿格拉诺夫的网络四种类别——信息网络、发展网络、延伸网络、行动网络——为参与者旨在通过网络实现的内容设定了期望，并且绩效测量应该反映出那种职能。公共管理者将会阻止其他参与者把绩效测量的标准（因而期望）交给未经其他参与者认同的网络。

图瑞尼等（2010）提出了以下测量网络有效性方法：客户有效性、网络完成规定目标的能力、网络稳定性与可行性、共同体有效性、网络创新与变化。因此，网络绩效并不是简单地建立在如何分享信息或如何改善行动的基础上的；它也依赖网络自身整体的运作与职能。网络管理者必须处理特定客户的需求和网络规定的目标，但同时也需要关注网络的生存能力。网络是否很容易在政治优先性、研究约束或其他变量的变化方面表现得不稳定？或者是不是通过调整某些方面来适应这些变化？环境所提供的支持和为网络提供帮助的程度，也会影响其有效性。最终，网络创新和适应变化的能力将既影响网络的寿命，也会影响它向公众交付服务的质量。

以网络有效性为背景，网络的整体绩效应该结合职能和体制结构来考虑。以这种方式测量网络绩效包括评价其短期运作成就，以及融入社区并向所服务的客户提供持久支持的结构性能力。

网络的优势与劣势

网络只是公共管理者进行跨部门协作（CSCs）选择中的一个选项，并且与协作的其他形式相比，网络具有独特的优势与劣势。正如我们所讨论的，网络在组织方式、处理的问题类型、问题的复杂性以及政府机构参与服务提交的程度方面是多样化的。因此，我们所描述的优势与劣势并不是不加区别地适用于所有的网络。

优势

网络作为一种跨部门协作方式可以向公共管理者提供的优势，将贯穿本章的讨论。我们已经合并了一些主要的优势，并在此总结。当然，只有当网络治理有效的时候，这些优势才会被发现。

跨越孤岛　某些类别的公共服务利用那些需要通过一体化的多种项目或服务来进行交付，例如费尔法克斯郡的社会事业系统管理部（DSMHS）。其他的公共服务则显现出了复杂的问题，需要同时分析并理解多种因素，例如俄亥俄州的小型社区环境基础设施群体（SCEIG）。还有另外一些要求快速的反应时间和精确的协调，例如圣地亚哥郡教育办公室（SDCOE）。在每一个例子中，提升公共服务的交付水平都需要不仅仅是一间办公室、一个团体、一个部门来付出努力。

孤立的官僚协议经常把公共管理者限定在狭小的筒仓内运作，并将其机构的努力与资源引导至有限的行动中。网络跨越了这些筒仓，并促进了协作，帮助参与者更加清晰地看到他们自身的努力在哪些方面产生了更大的影响。在这方面，对于公共管理者和其他网络参与者来说，为了更好地提供公共服务而调整其活动方式相对来说比较容易实现。

利用资源　正如政府发现自己支出有限一样，任何机构都不可能具有综合提供公共服务所必需的全部技能、资源和能力，也不可能达到最佳的质量水平。企业与非营利部门分享了政府的经验，即并不总是具有足够的资金或恰当的技能来满足其自身组织的目标。同时，企业、非营利部门和政府机构看待问题的方式是不同的；具有技能、经验和可获得资源的不同组合；在各自领域形成了解决问题的不同方法。

在网络中协作把各组织带到一起，可以利用它们自身的资源与其他网络成员的资源，并提高其采取行动的整体能力。通过把这些不同的技能联合在一起，网络给予所有参与者拓宽其自己组织活动范围与规模的机会，尤其是在对待不同文化的时候。

更高的透明度与市民参与　网络在参与者之间的信息交换中成长，这有助于协调网络成员之间的关系。反过来，这样的合作与沟通意味着让公众能够更多地获取有关机构运作、政策、实践与绩效的信息。对于公众来说，政府运作的许多方面仍然是很神秘的。甚至连复制政府合同这种简单的要求，如果不付出大量的努力也几乎是不可能的。在网络内分享有关过去和未来活动、绩效成败、预算和支出的信息，为公众获取信息提供了更多机会。

与PPPs相比，网络通过吸引并整合不同的观点、利用多样性来提供更好的公共服务。利益相关者的多样性以及网络中的利益也可以转化为来自公务员和市民的更大的政治支持。市民参与度通过网络的两种方式得以提高。第一种是通过市民在非营利部门扮演志愿者。网络中包括的非营利部门为其成员提供了一个接触点，他们可以通过其自己的组织来了解网络活动。第二，如同在与之相关的组织优先性方面市民所表达的观点与偏爱，那些同样的偏爱也在网络的细化考虑中表达出来。

创新　通过把不同的资源与观点结合在一起，网络成为创新的中心，提出并考虑新的观点。很多大型组织，无论是公共的、私人的还是非营利的，都趋向于赞同常规和惯例。网络为参与者提供了重新审视公共服务如何被交付以及想象它们如何被改进的机会，而没有展开被视作对习惯做法进行直接挑战的讨论。

因此，对于人们来说，参与到网络的吸引力之一便是可以得到的观点与经验的多样性。网络在对待新事物或者不同事物时，可以产生一种兴奋激动的感觉。这为参与者了解与其本地组织共享的新想法提供了一种容易的方式。

知识转移　网络传播信息要比其他治理安排更快更容易，并可以为参与者之间的信息转移提供许多方法。借鉴网络中其他成员的经验，也可以在该组织范围内产生行为上的变化。

网络是与项目相关联的知识以及实践工作中的其他管理者经验的宝贵源泉。对于过去成功与失败的经验总结性知识也会在网络商议过程中浮现出来。在公共服务交付中对于失败的坦诚讨论是一个有价值的学习经历，在网络中对于所有参与者和网络本身来说更是如此。

劣势

将网络作为协作的一种方式，正如其他任何一种治理方法一样，也具有劣势。

更少的责任　网络的一个主要特征是去中心化运作，这使得它们可以迅速响应并且灵活。但是在追究责任的时候，网络并不总是擅长提供信息，或是利用整合的命令链。当一切顺利的时候，网络可能不必面临责任难题，但是谁来为网络的失败或表现不佳负责呢？谁来决定应有的绩效标准呢？当网络在其成员中有志愿组织的时候——有时候是排外的——他们应该如何应对来自公务员或媒体的批评呢？设定绩效标准并搜集所需要的数据以进行正确的评价是有挑战性的。

更低的稳定性　网络力量的多样性正是稳定性缺乏的可能来源。网络必须要同时平衡来自利益集团外部的压力与来自其组织内部的压力。对形成网络富有激情的参与者可能会失去热情并决定退出，这就会扰乱协作的利益平衡。此时会有其他参与者加入吗？他们对成果是否具有相同的利益？变化怎样影响网络的群体动力？进入或退出网络的参与者——尤其是当一方参与者为了退出而一直被网络所调节的时候——干扰了网络的运作。这种潜在的不稳定对于一些正在考虑加入网络的组织来说，可能是一种妨碍。

形成的成本　在网络形成过程中可能存在问题，即在该过程中需要大量的时间与努力。许多涉及网络的改革努力可能需要几年的时间去营造，且在最初几年不会产生重大成果。在跨部门合作管理中所花费的每一小时，都是从内部管理时间中抽出来的。对于政府机构来说，不太可能会有闲置的工作人员或者时间投入于网络的创建。尽管更好的服务交付承诺使得网络很有吸引力，但是必须先期投入时间和努力，且没有任何成功的保障。回顾起来，在最终失败的网络上所花费的时间可以被视为浪费的成本和努力。

更加复杂的治理　网络治理要远比公私合伙（PPPs）或跨部门合伙复杂得多。多种组织及其多种目标、领导的多样化个性、参与者所具有的各种进入权以及共享资源的愿望，这些因素都只是公共管理者必须试图匹配并导向共享目标与成就的一小部分。当然，在这些条件与环境下完成这些因素是动态的和易于变化的，既有渐变的也有突变的。从那种多样利益的集合中把利益融合到协作的整体，会使公共管理者在试图创立良好的网络治理时不知所措。关键是理解网络成员所要求的在协调网络活动中其参与和干预的水平，尤其是公共管理者。由于网络是去中心化的，并往往是不太正式的，所以在网络成员的目标方面会有更多潜在的意见分歧。网络关系越不正式，公共管理者就会越多地去协调并匹配网络活动。

网络采集　网络在传统的政府边界之外运作。如果不能正确地治理网络，不同的利益集团就会为了自身利益而操纵网络的目标与活动，并对那些没有形成网络或被网络排除在外的人不利。网络可以利用其与政府机构的接触而为那些有害的或欺骗性的运作活动主张合法性。为了交付公共服务而形成的网络，并不意味着它将以公众利益的名义来行事。而公共管理者的责任是确保网络成为相关利益群体的合法代表并为了更广泛的公众利益行事。

克服挑战以达成良好的网络治理

在解释网络并沟通其潜在功效的努力中，对于它们是如何被构建并运作的描述可能是过于乐观的。我们已经描述了利用网络进行协作的优势与劣势。在现实世界中，利用网络而成功的数量很可能接近于陷入困境与失败的数量。我们建议公共管理者在创建网络时可以采用一些常用的方法，这会有助于他们克服网络形成中的障碍。

⌃ 用目标作为引导 ⌄

发起一个具有清晰的目标和政府角色规划的网络，能够更容易吸引潜在的合作伙伴、把他们以共同的事业和目标聚集在一起。以清晰的目标作为引导不仅可以激发人们做得更好，而且还传递出即将产生的变化得到高层领导支持等信息。这对那些想要看到变化以及将会得到组织内部支持的人们来说，将会产生激励作用。

⌃ 从合伙者那里安全买进 ⌄

网络参与者必须相信，其利益与关注点将会得到平等的对待。网络内部权力关系不均等是不可避免的，但是对所有参与者来说，谁在网络内部拥有设定日程和做出决策的权力则是至关重要的。玛丽·帕克·福列特"共享权力"的概念（本书之前所讨论的）为协作活动中的权力利用提供了最佳可能。如果公共管理者把其作用视为将其自身的权力基础与协作者的权力相融合，网络就将会更加强大并更有效率。

最好不要过早地确定网络的解决方案，或者过快地迫使网络成员达成一致。

参与者对于网络所处理的问题的性质以及何种行动比较有效持有自己的观点。在网络充分酝酿之前就赞同由一个参与者进行支持的做法，会对网络成功产生破坏效果。建立一个开放式讨论和协商的流程对确保参与者表达自己的观点，并相信他们可以为其组织和自身收获特定的利益是至关重要的。这种流程并不意味着网络必须缓慢发展，而是它们必须有意地开放，进行多元化思考。

保持机会主义

在如何最好地组织与治理方面，网络提出了无数挑战。针对人们一致认为必须给予及时关注的问题来建立网络，会使得建立合作关系更为容易。这也是网络能够围绕自然灾害而快速形成的一大原因。一旦网络形成并证明对参与者有用，并有追踪记录，那么促成参与网络的长期承诺就会更加容易，并会开启拓宽协作处理问题的大门。

选择好领导参加

并非所有在组织中领导或工作的行政官员都是网络参与者的合格候选人。成功的协作意味着帮助推进共同目标以及网络利益的意愿，有时候还要以牺牲更多参与者自身组织的特定利益为代价。网络领导者必须说服其他人，支持共同的网络目标最终会促进单个参与者各自目标的实现，而且这要比他们自己单独运作要好得多。采取那种方法的领导者倾向于承认其他各方的优点，并且认为与那些"诚实的调解人"和"可信的合作伙伴"一起工作是很舒适的。网络需要愿意协作行动的参与者，他们不会在网络中利用其角色保持现状或不公平地促进其自身利益来阻碍网络进步。

公共管理者参与跨部门合作的决策应该包括他们是否对机构资源进行了系统性的思考（例如，职员时间与预算），这些资源很可能会被需要，并被合理地分配给熟练的工作人员以代表其机构和自身的利益。利用谅解备忘录或许会有帮助，这会阐明与参加跨部门合作相联系的期望和承诺。

跨部门合作参与者谅解备忘录要阐明的问题

1. 跨部门合作的使命
2. 可量化条款的期望成果
3. 跨部门治理（例如领导力与决策流程）
4. 参与者（加上参与承诺书）
5. 参与者角色的期望
6. 承诺期限，包括终止程序

> 7.财务承诺（如果有的话）
>
> 8.其他资源承诺例如管理或技术支持
>
> 9.报告或监管形式与时间框架（如果有的话）
>
> 10.跨部门合作年度预算（如果有的话）

走向全球

作为处理最为困难的全球政策挑战的一种方法，网络已经获得了快速的普及。随着全球化的扩张和各国相互依赖的加强，以缔约或国际协议的形式在各国政府间达成共识变得更加困难。国际组织，例如世界银行与联合国，在它们对处理发展问题的项目或政策进行设计和执行的时候就面临着这些挑战，例如联合国千年发展目标所描绘的问题。

随着多国公司与全球非政府组织作用的扩大，全球化治理的图景变得更为拥挤不堪，这些组织正直接涉足于全球化问题的解决。全球化网络已经兴起，并跨越一系列政策领域填补了全球治理的空缺。具有充分权力来调整和实施政策的全球化政府的缺失，意味着全球化网络倾向于以更大的独立性来运作，而政府扮演着更加弱化的指导角色。全球化网络的一个例子是全球基金（哈利，赫尔德，2011）。

全球基金致力于吸引和支出资源以对抗艾滋病、肺结核与疟疾，支持政府、民间团体与私人部门之间的协作。全球基金作为2002年联合国大会特别会议的结果而被建立起来，强调增加资金以对抗艾滋病病毒/艾滋病。自创立以来，它已经成为对抗艾滋病、肺结核与疟疾的项目资金的主要来源。其领导委员会由来自所有部门的代表组成——企业、捐赠与接收政府、相关群体、民间团体。当某组织在对抗全球性流行疾病时，全球基金会把国际社会的许多方面聚集在一起，而它也面临许多挑战，例如提供资金并同参与各国进行合作。

结论

网络呈现出与公私合伙（PPPs）、合伙与契约相比非常不同的协作备选方式。从基本的双边关系到多方协作的变化，拓展了聚集私人与非营利部门利益的可能性，以设计并实施更好的方式来交付公共服务。同时，它也提高了网络治理的复杂程度。

对于许多公共服务类型来说，PPPs与合伙提供了协作的正确形式。当所需要的公共服务类型已经得到清晰的识别，但是交付服务的最佳方式尚不清楚的时候，双边协作可以获得所期望的创新，同时形成对公共管理者来说更低交易成本的治理模型。然而，预先存在的条件或问题复杂的特性可能使得在既定的跨部门协作中大量组织的存在成为必要。例如，许多非营利部门已经在公共服务交付领域进行运作，并且网络可能比合伙更令人倾心，因为现实是许多组织早就已经存在于所关注的政策领域的运作环境中。此外，正在处理的社会问题的复杂本性使得网络可能成为必须，例如儿童肥胖、应急管理或者心理卫生保健。

正如我们在本章所描述的，网络具有不同的结构特征和不同的目标，这对政府来说形成了不同的优先性。它们可以解决简单的问题——快速散布信息以促进对自然灾害如圣地亚哥大火做出及时的反应——或是高度复杂的全球问题，处理艾滋病、肺结核和疟疾的全球威胁。它们的发起可以是高水平的国际组织——像世界水坝委员会（联合国环境项目，2001）——或是提升帕斯科郡的无家可归者公共服务的现实努力，或是弗吉尼亚州费尔法克斯郡的社会服务。所解决的问题的复杂性对于网络结构和与管理各成员关系相关的交易成本具有直接的影响。理解网络结构与目标的宽泛分类，有助于公共管理者促进其治理方法适应网络协作范围内的协调行为、信任、总体有效性和绩效。

管理网络所需要的管理能力，超出了政府工作所要求的一套典型的管理技能。与政府直接服务、缔约或PPPs相比，网络以更加创新和积极响应的方式提供公共服务的潜力，要求对形成和协调这些网络类型的管理能力的种类进行关注。在任何政策领域，网络所展现的成功都是维持政治支持网络交付服务的一些重要的手段。识别网络结构与作用、调节网络治理中的成功要素、测量结果，这些都将交流成功经验，并会导致网络治理更好地与公共管理工作进行一体化。

 案例研讨

州职业培训

你是社会服务部（DSS）执行官的助理。州长正在从事一场运动，在州内增加就业培训，把人们从领取州福利金转变到就业状态。当前，DSS内部的职业培训部（DET）提供这种服务；然而，州长以及州立法机构都对当前的结果不满意：每年花费2000万美元，DET却只能为领取福利金的一小部分人找到工作。该项目由20个地方机构运作，在面对50万个接受福利金的成年人时，其目前安置工作的成功率低于10%。福利支出每年花费州政府20亿美元（加上项目行政管理费用，每人每年平均花费大约4200美元）。

考虑的问题

1.如果DET考虑创建一个网络来提升其影响力，会运用哪种类型的组织？对选择做出解释。

2.你会选择三种网络类型中的哪一种，为什么？你会给该网络分配四种网络职能中的哪一种，为什么？

3.哪一类网络合伙者有控制的潜力，采取什么措施缓和网络中的负面情绪并利用该有力的参与者的资源与利益？并做出解释。

第6章

独立的公共服务提供者：
一个新的潜在协作者

独立的公共服务提供者（IPSPs）为公共管理者呈现了一种新型协作选择。这些新的实体乍看起来与网络或合伙比较相像。然而，IPSPs具有一种治理方法，使其与众不同并为公共管理者提供了独特的协作机会。所有其他的跨部门协作都包括了那些提出政府项目或政策特定目标的活动和关系，但IPSPs协作是独特的，因为所提供的公共服务是由IPSPs决定的，而不是政府。

这里所考虑的所有跨部门协作中，IPSPs对公共管理者提出了两个协作的极端条件。IPSPs可以提供交付公共服务的最为创新性的方法，因为它们能够独立于无数的控制公共管理的约束条件而追求自己的优先权。它们也可以在设计和实施公共服务中得以成长，这比政府可能参与的其他协作所运用的常规方法更加有效。然而，IPSPs也在政府控制范围之外运作。对于习惯于在合作中设定日程、方向和交付物的公共管理者来说，IPSPs的独立性使其成为特殊的合作者。

公共管理者需要学会如何以不同于职员和承包商所使用的传统层级、自上而下的方式与独立的公共服务提供者（IPSPs）打交道。在与政府的协作中，IPSPs具有特殊的地位。它们是开拓型的实体，是正在兴起的新政府理念的一部分，是正日益补充传统政府概念的一种理念，即治理不仅包括政府，而且包括提供公共产品与服务的其他组织（彼得斯，皮埃尔，1998）。

作为潜在的协作者，IPSPs对政府具有明显的请求。当独立的公共服务提供者（IPSPs）在提供与公共政策目标相一致的服务时，公共管理者可以通过协作来支持这些运作，这有可能使得政府以最低成本履行公共机构的义务。然而，当IPSPs所提供的公共服务内容及其提供方式缺乏政府直接的控制时，便会加重对于问责以及如何向政府官员汇报协作情况的忧虑。

何为公共企业组织

在第1章，我们把独立的公共服务提供者（IPSPs）界定为由企业、非营利组织（往往指非政府组织）和政府单位组成的自我管理的实体，这些单位在公共产品或服务的生产与交付方面进行协作。

独立的公共服务提供者（IPSPs）具有独特的特征，并使其不同于到目前为止所讨论的PPPs、合伙及网络方面的协作。IPSP特征的界定以图6.1来展示。

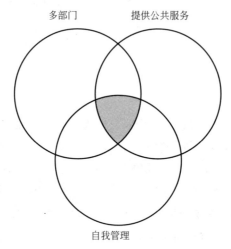

图6.1 独立的公共服务提供者简况

尽管IPSP的单个特征并没有什么特别的，但是所有三个特征混合在一起就使得IPSPs成为与众不同的协作伙伴与治理方面的独特主体：

● 多部门圈也代表了不提供公共服务并且不自我管理的组织，例如非营利部门与企业之间的联盟。

● 公共服务圈包括诸如国家、州和地方政府这样的组织，以及各种准政府组织，这些都在传统的政府层级范围内并向公众提供服务，但不是多部门。

● 自我管理圈既包括营利性组织也包括非营利组织，它们提供产品和服务，并仅存在于一个部门中。一个例子是，有决策自由（自我管理）的一家公司为赚取利润而销售产品和服务，并仅在私人部门中工作。

独立的公共服务提供者（IPSPs）在图的正中心三个圆的阴影部分内运作，把三个特征结合在一起。也就是说，IPSPs具有以下三个特征：

1. IPSPs主要是自我管理的。它们不是在传统的政府层级范围内运作，往往独立于政府行动。因此，它们可以自由地思考问题，并以不必遵循惯例的方式或政府机构认可的观点来交付公共产品和服务。它们也在联邦制衡系统固有的约束之外运作。因为不存在公务员的直接监督，它们可以更高的效率、创造性和目的性来行动。因此，IPSPs可以提供新的、创新性的方法，这些方法可以对公众关注的问题进行更加有效的回应，并能更有效地处理具有挑战性的公共政策问题。

2. IPSPs由多种利益相关者组成。它们具有各种观点，并调整不同的视角与利益。这样，IPSPs可以主张其合法性（当它们正确地代表了适当的利益相关者利益的时候）。具有多样化的参与者使得合作能够将完成既定目标所需的技能与经验结合起来并以创新的方式适应特定的当地环境。

3. IPSPs提供了公共产品与服务。它们代替政府服务并直接与公众互动。它们往往提供市民期望本应由政府来提供的服务，并能提供更好的选择或是唯一的选择。政府经常没有充足的资金来提供某一群体所需要的所有服务。

与协作、合伙及网络相比，独立的公共服务提供者（IPSPs）在决定所提供服务的类型与方式方面具有更大的自由裁量权和自主权，这是将其置于政府框架之外的一个特征，甚至当政府可能涉足的时候也是如此。IPSPs有时候是临时形成的；而其他时候更多是永久性的，通过正式的组织结构或通过合同、谅解备忘录（MOUs）或非正式协议来建立起来；它们往往是在根本没有任何政府参与的情况下得以构建的。它们提供了诸多机会来补充传统的政府机构，以应对当今世界所面临的关键性问题。

准政府与混合组织的成长

在通常的政府行政边界之外运作，作为提升政府认为重要的某些功能的一种策略，这种想法并不新鲜。纵观美国历史，联邦政府以及最近的州政府，都创建了在政府传统行政管理结构之外运作的实体，来实现特定的公共职能。这些实体代表了一套不同的协议与责任；然而，它们具有为了政府的利益共享而开展活动的特征，但没有处于政府机构的直接权力之下。国家层面的例子包括：

- 联邦国家抵押协会（房利美）和联邦住宅贷款抵押公司（房地美）。
- 国家铁路客运公司（美国铁路公司）。
- 国家乳制品销售与研究委员会。
- 国家公园基金会。
- 公众公司会计监督委员会。

这些实体及成绩更多地代表了以准政府实体而著称的机构。它们被称为准政府是由于它们由政府所创建，并与行政机构具有联系，但是并不按照美国法典所界定的机构那样行事。它们被认为是将实现公共目的作为其使命，但大多数时候它们不必在政府采购或人员政策之下来运作。尽管没有对准政府的清晰界定，它们也从事了多样化的职能，但是这些实体都表现出重要的政府运作行为。国会研究服务部的一项分析确认了在联邦层面上这种组织的七种类型。一些组织类型的总结回顾表明了其多样性（科萨，2011）：

● 准官方机构，例如法律服务公司、史密森学会以及美国和平研究所，都不是行政机构，但是需要公布其项目的某些信息，并从联邦预算中获得直接拨款。

● 政府资助的企业，如房利美、房地美、联邦住宅贷款银行系统，是由联邦法律建立的公司实体；它们被私人所拥有，并在主要由私人所有者组成的管理委员会之下运作。

● 联邦资助的研发公司，例如位于橡树岭和洛斯阿拉莫斯的国家实验室，旨在通过运用私人科学和工程技能来解决集中于特定主题的联邦需求。它们豁免于联邦公务员法，并在政府机构如能源部发起的长期（经常是专有采购）契约下运作。

● 与代理相关的非营利组织同联邦政府的部门或代理机构存在以下三种方式之一的法律关系：① 部门或机构控制下的附属组织（例如农业方面的农业商品促进委员会）；② 由依靠或服务于联邦部门或代理机构的联邦法规所创建的独立组织（例如非营利的退伍军人管理局医疗研究与教育中心）；③ 自愿隶属于部门或代理机构的非营利组织（在联邦法律或州法规之下所创立），例如非营利的州立公园组织。

● 科萨所识别的其他三个准政府类型是联邦风险投资资金；国会特许的非营利组织，例如红十字会和国家公共管理学院；以及不适合划分到任何一类中的其他实体。

州政府也创建了许多准政府单位。这些单位包括机场港务局、建设与住宅管理局、彩票委员会。政府向这些准政府组织分配使命，该使命包含了不被传统的政府层级制度和繁文缛节阻碍其运作的公共目的。

独立的公共服务提供者与准政府实体的区别

尽管准政府实体具有特殊地位并豁免于政府采购与人力资源政策，但它们不应当与独立的公共服务提供者（IPSPs）混为一谈。准政府实体由国会法案或州立法机关创建；它们之所以存在，是由政府出于特定公共目的考虑而做出的一项决策。它们行动的权力是在这种立法中被赋予的。IPSPs不是由政府所创建的（尽管可能具有批准其存在和运作的总体立法）；它们是自愿形成的协议安排。有时候，IPSPs可能会通过合同或协议来与政府协作，但这并不是因为政府创建了它们。IPSPs"创造了它们自己"，并且能召集、变更成员，或是由于成员的决定而解散。

此外，让与准政府实体的权力是特定的，允许施行某种法律权力并限制其他类型的行动。例如，地区机场管理局（有时候是多州实体）具有不经政府批准而发售债券的权力，但是对这些债券所得资金的使用是受到限制的。美国能源秘书处不能指挥具体的研究日程或国家再生能源实验室所从事的项目，但是该实验室受到研究总论题的限制。

相比之下，独立的公共服务提供者（IPSPs）可以选择其使命，且该使命在成员之间经过了协商。当然，一些IPSPs实现了与政府政策保持一致的使命，但是这类政策的选择来自于其自己的推动。因此，IPSPs并没有受到与准政府组织同等程度的政府监管。总之，由于IPSPs不是政府权力所创建的，所以政府在没有参与有效协作的情况下对它们的影响也十分有限。

独立的公共服务提供者与其他跨部门协作的区别

界定了独立的公共服务提供者（IPSPs），就很容易明白为什么它们看起来与其他跨部门协作方式是相似的。例如，几乎所有的IPSPs都是以非营利的方式形成的。此外，许多是作为网络或加入与其他组织形成的合伙关系组织起来的。因此，是什么将IPSPs从之前所讨论的合伙关系和网络中区别开来的？ IPSPs可能与这些其他组织看起来相似，但是它们以重要的方式采取不同的行动。

尽管IPSPs可以和其他跨部门协作形式如合伙与网络共享某些特征，但正是这三种特定特征的结合才使得它们作为潜在的合作者变得不同一般。首先，IPSPs是在与利益相关者协作的意愿之下形成的。它们形成的最初原因是为交付基于多部门协作的公共服务而提供了不同途径。有些非营利部门也是协作的，但是与它们的使命和身份相一致是偶然的。也就是说，不管非营利部门是否与其他组织合作，它都仍然是非营利性的，但是对独立的公共服务提供者（IPSP）来说，协作却是其核心使命的重要方面。任何一个把多部门协作作为其交付公共服务首要途径的非营利部门，都可以被认为是一个独立的公共服务提供者（IPSP）。

其次，IPSPs是自我管理的，并脱离于政府指挥来运作。通过这种方式，它们区别于第5章所讨论的网络。网络提升并拓展对政府可用的资源与能力，并与政府组织相联系。IPSPs创建了其自身的使命，并出于想改善当前实践的原因来决定其自己的运作。既然IPSPs与其他组织（包括政府）协作行动，那么它们的努力可以把一些政府项目并入更加一体化和综合性的方法之中。此外，IPSPs并不排斥政府的资助，但是它们不让政府的资金或政策操纵其活动。这是IPSP最初被创建的原因：成为自我管理的运作，提供新的愿景与途径进行治理，以及运用新的方式进行协作。

第三，IPSPs提供公共服务。当然，我们本书所讨论的所有其他协作方式也都提供公共服务。然而，在其他跨部门协作中，所提供的服务是由政府政策所界定的。大部分公共服务在满足接受服务的资格和其他条件方面都有一些要求。政府机构有预算，且必须对它们所做事情的范围与规模进行限制。由IPSPs提供的公共服务是它们想要提供（在法律范围内）的类型，并且以这种方式，IPSPs可以向群体提供独特的或新颖可行的公共服务。尽管在非营利（第三方）部门处理政府管理之外的社会问题的作用方面已有大量描述，但是我们也发现私人部门首创精神（经常是与非营利部门一起）根源于为公众提供产品与服务的社会创业精神以及公司社会责任。

独立的公共服务提供者（IPSPs）的独特不是由于非营利——尽管它们通常如此，或者也不是由于其作为网络来组织运营——尽管它们也经常这样做，而是由于它们存在于政府管理范围之外，经常受到政府资助，却仍旧提供被认为是公共服务的内容。它们作为供应公共服务潜在的新合作者而出现，但同时，它们也挣脱政府能力的束缚，去控制甚至管理那些公共服务的交付。因此，对公共管理者来说，这是最具挑战性的协作。

独立的公共服务提供者与富有挑战的治理环境

全球气候变化与相关环境挑战、恶化的国家基础设施、永久性卫生保健危机，只是许多社会挑战中的三个，这些挑战要求公共管理者进行新的思考与创新性的解决方法。独立的公共服务提供者（IPSPs）怎样应对这些挑战呢？

保护环境：气候变化与持续性

气候变化一直是激烈争论的问题，对这个星球来说它具有潜在的灾难性的长期后果，但至今没有综合性的解决方案。尽管前奥巴马政府出台了气候行动法案（白宫，2013）以减少美国温室气体（GHG）排放，但是所需的有效的GHG缩减量太大了，而那些排放源又非常多样化，修复的成本如此巨大，以至于任何有效应对气候变化的解决方案的范围都将必定超越部门和政治的边界——国内的和国际的。提高空气质量已经是联邦政府的首要任务——与州政府合作——自1970年的清洁空气法案起这项任务便开始了。然而，甚至调整GHGs的联邦政府当局在政治上也是有争议的。从里约、京都、哥本哈根到迪拜，试图控制GHGs的国际协议已经令人失望了20多年，因为政府不能保证将协议绑定到减少GHG的要求和标准上。

全球变暖多样地和严重地影响跨越了部门、区域、收入阶层与州的界限。政府对于环境变化和持续性反应方面的无能，激发了私人公司和非营利机构开始采取行动。由关心社会的公民、非营利机构、企业、社团所从事的活动，当前已经超出了公共部门在减少碳排放量和形成可选择的持续性政策方面的努力。

雨林联盟　雨林联盟成立于1987年，旨在保护生物多样性，通过改变土地使用状况、企业实践和消费者行为来推动持续发展。该联盟利用市场力量来阻止森林砍伐和环境破坏的主要驱动力：木材伐取、农业扩张、牧场经营和旅游观光。它与企业、非营利机构、政府实体和个人建立联盟，以支持和形成气候友好型农业的指导方针，并且联合将其产品与服务作为雨林联盟认证的企业，向购买其认证产品的谨慎的消费者提供证明。

雨林联盟已经同超过200多家组织共同工作，以推动全球的可持续旅游业发展；它成立了全球可持续旅游委员会，为了保护和维持世界自然及文化资源，该委员会建立了任何旅游企业都应当达到的最低标准，并确保旅游业满足作为脱贫致富工具的预期效果（雨林联盟，2012）。尽管雨林联盟与政府和政府组织一起工作，但是其成员大部分是非政府性质的，并对推动组织议程负有责任；因此，它们的行业标准不是政府性质的。它们的非政府认证是私人公司所追求的目标。

硅谷合资企业协会　硅谷合资企业协会（硅谷合资）作为从公共部门与私人部门中合并出一个多部门协作群体的实验而被创建，以为领导者形成讨论影响区域问题的中立性论坛。该团体吸引了企业、政府、学术界、劳动部门及非营利部门的领导参加，把最好的战略汇聚在一起，以达成解决方案上的一致。正如董事长兼CEO拉塞尔·汉考克所说的，"我们都在一起工作，但是自行决定优先要做的事"。它形成的部分灵感是在创新与创业精神方面保留硅谷地区作为领导者的形象。

硅谷合资企业协会合作处理经济发展、基础设施、运输、沟通、教育、卫生保健、灾难规划以及气候变化等问题。它的新SEEDZ（智慧能源企业发展圈）项目试图创建"未来智慧能源网络"。其目标是，到2020年建成国家最高绩效的双向电力网络，以可持续的经济规模支持并奖励积极的能源管理和清洁分布式发电。能源需求的减少与较低的温室气体排放相符合（硅谷合资企业协会，2013）。为了实现这些能源效率的宏大梦想，合资企业协会利用了有影响的代表企业、非营利部门和政府的董事网络。该团体的协作文化促进了各种利益相关者的统一，并提供了更快捷、更便宜、更有效率的能源来源，同时为其成员企业发现了新的营利领域。

俄勒冈环境委员会　俄勒冈环境委员会（OEC）反映了许多IPSPs的使命，它们致力于提升持续性并应对气候变化。OEC于1968年由一群市民组建而成，其总体目标是保护俄勒冈的环境。当今，作为非营利的会员制组织，OEC专注于解决全球变暖、保护市民免受有毒物质侵害、清洁河流、建造可持续经济体、确保卫生食品与地方农场、认可强有力的环境政策。其合作伙伴包括俄勒冈州立大学、波特兰热布卡公司、MKG金融集团、复兴基金、俄勒冈酒业委员会、俄勒冈美国肺脏协会中的个体组织或其中的一些项目。

俄勒冈环境委员会（OEC）依赖多样化的会员身份及其与其他组织的接触来创建一个独特的实体，致力于改善俄勒冈的环境（俄勒冈环境委员会，2011）。其主要目的之一是保护俄勒冈居民免于遭受污染，例如让人们暴露于有毒化学物质环境中的程度。一个例子是绿色化学倡议，它专注于减少有毒化学物质的危害，并过渡到低毒的可再生原料。该倡议2009年开始于俄勒冈绿色化学顾问集团，把学术的、产业的和机构的领导聚在一起，识别并审查绿色化学的选择与机会。根据这些发现，OEC直接与个体组织一起工作，分享研究发现并帮助它们发展更加绿色和健康的利用化学物质的方式。

这些独立的公共服务提供者（IPSPs）的每个组织都形成了一个联盟来以不同的方法应对气候变化和持续性问题。雨林联盟为森林保护设定了标准，并建立了行业应用的机制。硅谷合资企业协会利用企业案例法来劝说其成员采用可持续的做法来减少碳排放。俄勒冈环境委员会在其州内提出了环境共享管理工作愿景，并促进了包括温室气体排放的可持续发展的实践。当然，这些IPSPs的努力无法彻底解决气候变化问题，其他诸多IPSPs的努力也不会解决所有的环境问题。然而，这三个例子描绘了在应对气候变化问题时，IPSPs可以采取的行动类型，并且为公共管理者在当前政府政策范围之外处理气候变化方面提供了许多选择。

⌃ 运输基础设施：减少交通拥堵并提升安全性 ⌄

美国交通部门受到面临联邦、州和地方政府财务挑战的严重束缚。在处理对国家交通系统的现实要求方面，政府和交通协会的报告已经对联邦、州、地方各层政府当局的无能发出了警告。在未来几十年里需要对美国的道路大幅增加投资，以应对维护与扩张的需求（美国审计总署，2008）。政府在建造与维护充足的交通基础设施方面表现出来的失灵，已经导致了主要城市区域的拥堵，成为全国商业运输的瓶颈。尽管有这些警示，但是联邦政府公路方面的投入在过去十年间仍保持了大而稳定的态势，并计划在未来十年仍然维持不变（国会预算办公室，2011）。

用更少的资源去应对基础设施容量问题以及有关安全与恐怖主义预防的问题，给政府带来了很大的压力，这也为政府之外的组织致力于运输的融资、供给、安全和维护带来了巨大的潜在空间。私人部门依靠运输系统来移动其产品；这一需求已经激发了通过IPSPs来改善运输基础设施并消除交通拥堵问题的努力。

航道产业互助组织与休斯敦航道　休斯敦航道被认为是德克萨斯重要的商业航道之一。围绕着依赖于这条商业航线的航道和企业基础设施经营者，已经开展了长期的合作以降低自然灾害的风险以及最近对于设备的恐怖袭击。1960年，航道产业互助组织（CIMA）作为非营利组织得以创建，并共同协作参与休斯敦航道产业及市政在消防、营救、急救人员与设施方面的互助，以应对自然或人为的紧急情况。

航道产业互助组织（CIMA）目前的成员大约有100个，来自产业、市政和政府机构，包括德州的哈里斯、钱伯斯和布拉佐里亚县。它有许多项目作为其能力的展现，可以在危急时刻做出有组织的反应：集中调度系统、预定报警列表数据库、多伤亡事故计划、路障委员会以及技术建议小组。CIMA通过在每一起事故之后管理详细的行动计划、培训和正式评价来为应对做好准备。

尽管CIMA是为休斯敦航道区域而建立的，但是它一直与德州路易斯安那海岸若干其他互助组织保持着合作关系，从而在重要事件中提供或获取援助。CIMA被认为是世界上最大的互助组织，并能够与其他互助组织及国家分享其经验和运作程序，包括国际红十字协会、德国、瑞士和澳大利亚（航道产业互助组织，2014）。使CIMA成为独立的公共服务提供者（IPSP）的有趣说法是，该网络如何在依赖休斯敦航道安全性的行业群体利益之外得以发展。它们识别集体行动的需求来处理安全性问题，并逐渐从公共部门中吸收更多地参与和贡献。公共管理者利用私人发起的组织来弥补政府能力的不足。

美国第一反应小组　美国第一反应小组（FRTA）作为非营利组织被建立起来，并对受灾地区提供紧急援助。自2007年成立以来，FRTA已经帮助美国社区进行龙卷风的灾后恢复，主要是在佐治亚北部和阿拉巴马地区。它也在受灾地区利用卡特彼勒装备的电力来提供医院、疗养院、避难所、指挥所服务。这一独立的公共服务提供者已经在美国四十个灾难现场促成了应急时间的缩减，为数以千计的受害者提供了紧急救援（企业公民领导中心，2012）。

美国第一反应小组（FRTA）重要的合作者之一是卡特彼勒公司。它们一起形成了美国灾后道路清障的创新性方法，以缩减急救人员和执法人员进入受灾地区的时间，并抵达受害者。与卡特彼勒公司和其他重型装备制造商共同工作，使得FRTA一直能够得以集聚复杂的营救设备和道路清障车辆，从而对灾难做出反应（卡特彼勒，2012）。

面对政府在灾后公路与航道等基础设施方面投资的不足，行业、非营利部门和地方社团的利益促使独立的公共服务提供者（IPSPs）介入其中并采取行动。CIMA成员协调行业力量来确保灾后休斯敦水路的安全。类似地，FRTA期望可以进入受到自然灾害影响的道路并进行清障，以使急救队员可以快速抵达受灾群众。两个例子都描绘了投资于应急计划和预备状态的价值，这是许多政府都不会采取的方法。围绕这一问题，私人和非营利机构利益的结合为IPSPs在灾害反应方面创造了独特的机会。独立的公共服务提供者（IPSPs）提供了地方政府应承担责任的公共服务。这对于灾后许多其他运营要素来说都有一定的影响。

卫生保健危机：改善可得性并降低成本

正如2012年总统竞选中对于医疗保险、医疗补助、平价医疗法案（众所周知的奥巴马医改计划）和卫生保健成本的论辩，美国卫生保健政策正处于紧要关头。尽管卫生保健在美国处于最先进的水平，但是许多居民缺乏必要的卫生保健服务，卫生保健成本定期增长并超过了通胀的标准水平，将这一成本置于不可持续的发展道路上。在许多其他国家中，尤其是在欠发达国家，卫生保健对于人口的大多数来说是无法获得的，基础疾病、艾滋病、伤寒和其他疾病是所需的主要的卫生保健内容。

公共健康总体上是政府的责任，尽管政府在卫生健康设计与提供方面所介入的程度经常是有争议的。政府已经运用了私人与非营利部门两者来提供卫生保健的基本内容。那种方法在美国是主要的，在其他国家却是次要的。因此，至少在美国，任何部门介入到解决方案的形成和实施之中似乎都是顺理成章的。私人与非营利的卫生保健提供商都具有抑制成本的动力：变得更具竞争性或者为更大的市场或尚未服务的人群提供服务。由于健康支出占到美国经济的1/5以上，所以私人部门具有提高效率的强烈的利润动机。发展中国家的政府可能只是缺乏资源来应对其最为重要的健康问题。因此，对于私人和非营利部门来说，无论是否与政府形成联盟来处理这些问题都似乎合乎逻辑的。

责任医疗组织　在美国，改善关爱和控制成本较有前景的举措之一是责任医疗组织（ACO）的建立。责任医疗组织ACO这个术语是由艾略特·费希尔博士和其他人在2006年创造的，用来描述医院和医师（私人及非营利机构）之间合伙关系的形成，以协调和提供有效的关照（费希尔，2006）。责任医疗组织（ACO）的概念追求去除既存障碍，促进医疗健康，包括从对提供服务的数量和强度进行奖励的支付系统转变到致力于质量与成本绩效的系统（费希尔，2009）。ACO的两种描述是北卡罗来纳州健康与社区护理的发展道路。

2006年，密歇根蓝十字蓝盾公司（BCBSM）形成了一体化健康合伙人的概念，之后被重组为健康之路这样的包括几个健康保健利益相关者在内的架构，例如保险公司、消费者以及对该地区缩减住院治疗和长期护理感兴趣的单位。健康之路以关键的ACO概念为重点，例如以病人为中心的医疗之家（初级保健和病例管理）、基于价值的采购和社区买进。这种协作目前正在形成一个新的支付结构，并改善其病人资料搜集工作。BCBSM报告说，通过更好的流动性照料所阻止的住院治疗在该计划的前三年下降了40%（西蒙斯，2010）。尽管政府从减少的项目运作成本中获得了好处（尤其是医疗保险和医疗补助节余），但是成本缩减是由完全非政府的独立的公共服务提供者（IPSPs）所驱动的。

自1998年开始，北卡罗来纳州就运营了北卡罗来纳社区医疗这样的由州医疗补助计划支持的全州范围的医疗项目。社区医疗是由于1983年地方基金会的努力演变而来的，用来检测改善初级护理医师参与医疗补助的方法。北卡罗来纳促进健康计划基金会，与州和郡组织合作，对私人基金提出建议来试行北卡罗来纳在为医疗补助接受者建设医疗之家方面的首次努力。该项目已经逐步扩展到全州，现在由社区健康网络组成，该网络由医院、医师、健康部门、社会服务组织协作组织起来进行管理。每一个参与者都被指派给一个特定的初级健康提供商，网络病例管理者与医师和医院合作来识别并管理高成本的病人。2006年，该项目为州政府节约了1.5亿～1.7亿美元（凯泽委员会，2009）。尽管政府已经涉足社区医疗，但驱动力仍然来自非营利部门和私人基金。在这种情况下，IPSP在没有政府直接帮助的情况下进入，但目前又被整合到政府对低收入人群提供帮助的方式中来，所以开始看起来更像是一个政府网络。这个例子表明了IPSPs是如何变形为有更多直接政府联系状态的。

责任医疗组织（ACO）模式在培育卓越临床中心以及持续改进并有效管理成本方面的成功，取决于其激励医院、医师、急症后期护理设施以及其他相关供应者形成联结的能力，这种联结可以促进护理的提供、成本与产出数据的搜集和分析（纳尔逊，2009）。责任医疗组织（ACO）的协作体必须具有组织能力，以建立一个管理主体来处理病患护理、确保高质量的护理（包括测量结果）、收取和分配款项并应对财务危机（美国医院协会，2010）。

责任医疗组织（ACO）模式发起于私人和非营利部门，有可能导致联邦政府在其国家健康保健改革立法中将此理念作为几个示范项目之一，并由医疗保险与医疗补助服务中心进行管理。参与到该项目中的责任医疗组织（ACOs）将为确定的医疗保险受益人承担改进护理质量与成本的责任。按照计划，只要护理质量的基准能得到维持，ACOs就将会得到产生于护理协作方面的部分节余。ACO先行者以及试点项目的初始分析已经指出这种节余已有3.8亿美元（美国健康与人类服务部2014）。目前，ACOs正在全国范围内创建，并有可能拓展到医疗保险与医疗补助之外的人群。

被忽视的热带疾病全球网络　被忽视的热带疾病全球网络（GNNTD）发起于2006年比尔·克林顿总统的全球倡议年会。全球网络的工作是与全球范围内的合作伙伴一起努力，帮助最需要的社区提供重要的医疗解决方案。萨宾疫苗研究所董事会监管其活动。其董事会由企业、行政部门、学术界、慈善事业的国际领导者组成。合作伙伴包括学术机构、基金会、各种致力于应对被忽视的热带疾病的非营利组织。GNNTD力图通过三管齐下的方法来实现解决方案：

- 倡导和政策变化。
- 资源动员。
- 全球协作。

制药公司正通过捐献药品来与被忽视的疾病如血吸虫病做斗争；每年治疗并防护一个人的费用大概是50美分，但是在发展中国家就连这些资金也难以获得。被忽视的热带疾病全球网络（GNNTD）阐述了私人与非营利部门在处理全球健康问题中的重要性。政府可以在促进治疗与出资方面提供帮助，但是其发起与指导都在政府官僚体制之外，允许在方法与资助方面具有灵活性（GNNTD 2013）。

被忽视的热带疾病全球网络（GNNTD）是独立的公共服务提供者（IPSP）的一个经典案例：它是由私人与非营利部门联合形成的。尽管它与世界卫生组织具有紧密的协作关系，并追求和获取政府的支持，但是其政策与规划都是由非政府的董事会来驱动的。

独立的公共服务提供者及其路径

这些例子展示了独立的公共服务提供者（IPSPs）所涉及的各种类型的活动。在本章前述部分，我们提出了代表IPSPs独特特征的一个图表。我们把已经讨论过的IPSPs放置在同一个图表中（见图6.2）。IPSPs各类型活动之间的不同反映了其自身治理的独特方法。图中所展示的与各类IPSPs所匹配的点，描绘了公共管理者将会在不同的IPSPs中发现的变化形式。

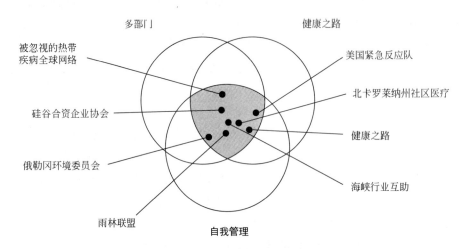

图6.2 独立的公共服务提供者及其途径

当然，并非所有的IPSPs都是一样的。在所反映的IPSPs的三个主要特征方面它们具有程度上的差异。有些只有少数的合作者但是仍然代表了多种部门。有些与政府具有更紧密的合作，尽管它们仍然是自我管理的。例如，俄勒冈环境委员会是自我管理并由多部门组成的，但是它可能被认为受限于其公共服务的直接条款。对于公共管理者来说，为了进行最为有效的合作，识别和理解这些差异是很重要的。

图6.2所描述的IPSPs布置情况展现了IPSPs在特征与途径方面的变化，例如：

● 俄勒冈环境委员会拥有代表所有三个部门的成员，并且它是强烈自我管理的，但是其直接的公共服务受到限制，更多的是提供要做什么的信息而不是自己去做。

● 美国紧急反应队以道路清障的方式提供公共服务，独立于政府政策采取行动，但是其成员是相对较小的社区群体联盟以及产业合作者。

● 被忽视的热带疾病全球网络具有国家和国际部门的各种成员，在药品分配方面提供明显的公共服务。其政策与美国政府和国际卫生组织的政策保持一致，尽管其实现途径是具有创新性和适应性的。

所有独立的公共服务提供者（IPSPs）都有它们自己独特的属性，并且在三个界定的特征的范围与强度方面各不相同。正如我们已经注意到的，它们是动态变化的，并随着时间而演化。我们在图6.2中所展示的IPSPs反映了一段时间，但是如果看到IPSPs会在演变时移动到不同的点也不是奇怪的事情。

公共管理者与IPSPs

尽管公共管理者通常对于独立的公共服务提供者（IPSPs）在创建与运营方面具有有限的影响，但是他们应当理解怎样才能建立与IPSPs之间成功的关系。图6.3提供了对于成功的IPSP合作最为重要的要素。

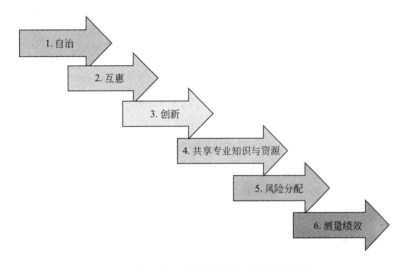

图6.3　参与独立的公共服务提供者的要素

自治

独立的公共服务提供者（IPSPs）从政府自治中获得灵活性。这并不意味着它们不应该与政府一起工作；对于一个独立的公共服务提供者（IPSP）来说，整个前提是其广泛参与的自由度，既包括政府权力范围之外的内容，也隐含地包括了政府。从公共管理者的视角来看，IPSP的自治是有价值的，因为它可以使得该组织能够处理那些政府受限的领域。IPSPs自我管理的特性表明，政府仅有有限的手段来管控IPSPs的运作。IPSPs的性质越独立，对于政府管理者来说，采取与IPSP中非营利和私人部门成员进行协调、合作的领导风格就越重要。

尽管公共管理者由于政府投资和法律权力的原因，可能习惯于从做最终决策的姿态来管理外部关系，但是对公共管理者来说，试图指派一个独立的公共服务提供者（IPSP）并不是维护公共利益的做法。公共管理者可能想要影响IPSP以解决公众特别关注的问题，或是修改一项方案来避免与既存公共政策的冲突。公共管理者应该询问两个问题：① IPSP的目标是否与当前的公共政策一致？② 它们是否正在解决当下政府还未处理的需求？如果有一个问题的回答是肯定的，那么公共管理者的角色可能就只是 IPSP 的推动者或拉拉队长。如果两个问题的回答都是否定的，那么公共管理者就需要审视政府对于 IPSP 所拥有的权力或影响力的来源，并在政府政策导向方面更多地塑造 IPSP。

雨林联盟全球性自治的特征使其在适应环境变化方面具有灵活性，并能适时形成最好的新的解决方法与路径。当参与者相信变化为人所需时，尝试一种方法之后再丢弃它去尝试另外一种方法的能力，并非大多数政府机构的作风。创新性的问题解决方法与适应性使得雨林联盟成为公共管理者有益的合作伙伴。

互惠

正如在网络中那样，独立的公共服务提供者（IPSP）中的各方都必须从参与协作中获取某些好处。协作要比单边行动花费更多的时间和精力。各成员可以因为各种各样的理由参与其中，但除非它们相信会从其付出中得到利益，否则是不会参与太长时间的。这些利益可以是金钱方面的，例如财务支持机会的上升或销售额的增加，但是各成员相信它们从参与 IPSP 中获得的好处是多方面的，而且并不总是很明显。关键是要有一定程度的互惠，协作各方借此能够在为协作作贡献的同时维护其各自的特性与使命。

公共管理者必须清楚他们与独立的公共服务提供者（IPSP）产生联系所能获得的潜在利益。IPSP 可以履行政府的职能，从而为政府在向特定团体提供服务方面节省开支。如果确实如此，公共管理者可以审视，通过诸如授权或契约的方式提供政府资金是否可行，这会为 IPSP 提供额外的资源。前奥巴马政府对医疗问责组织的支持，是政府可以帮助 IPSPs 行动的一种方式，也清晰地解决了健康卫生方面的一个主要问题。

作为 IPSP 中互惠重要性的一个例证，硅谷合资企业协会的董事与多样化领导为其能源效率目标提供了有力支持。如果没有统一的协作方法并对该方法进行指导，其可持续方案的实现就会非常复杂而让这些目标变得遥不可及。

创新

独立的公共服务提供者（IPSP）的力量在于其创新的能力。它可以提出政府机构永远不可能提供的创新性解决方案。当然，并非所有的想法与创新都会起作用，但是 IPSPs 要比政府更能够承担失败的风险，信奉创新的、系统性的思维与创造性的问题解决方式。

IPSPs 带来的成功会产生新的或修正的政府项目，以解决公共问题。公共管理者可以从学习有效的内容方面获取利益，并不像 IPSPs 那样寻求独特的解决方法——而这方面政府做得不够好。公共管理者应该鼓励IPSP通过试点项目补助和其他机制进行创新。从政府间的视角看，州政府经常被看作是"民主的实验室"。IPSPs或许被认为是"创新的实验室"。北卡罗来纳社区保健项目是创新实验室的一个不错的证明，它引导州政府把项目方法整合到如何将保健卫生服务交付给州内的特定人群之中。

共享专业知识与资源

透明和开放是独立的公共服务提供者（IPSP）运作成功的重要因素。在委托代理关系中经常出现的隐藏信息问题，在IPSPs中是适得其反的，此时组织的整体目标是把各种参与者的能力综合在一起。由于IPSP的成功将根据共享目标与产出进行衡量，所以对其成员来说没有理由隐藏那些成功所必需的想法或意图。说服合作伙伴共享信息的IPSPs为每一方都节约了时间和精力，否则这些时间和精力就会被浪费在冗长的磋商与反复的讨论之中。

从公共管理者的角度来看，政府可能拥有对独立的公共服务提供者（IPSP）有用的专业知识和资源，为公共管理者提供一些手段影响IPSP所使用的方法以解决特定的问题。例如，政府提供某种合法性，以便政府的支持对于IPSP赢取特定选区的认可十分有用。政府的确常规性地控制着许多领域，包括健康卫生、环境保护、工作场所安全。公共管理者帮助IPSPs操纵常规官僚机构或向IPSPs提供豁免书的能力可能是一项重要的权力——该项权力不是被用于IPSP之上，而是帮助IPSP实现其与公众利益相一致的目标。被忽视的热带疾病全球网络表明，如何以消息灵通的方式整合并配置资源，会对世界范围内受疾病侵袭的地区提供重要的救济。

风险分配

正如在合伙关系以及网络中那样，IPSP的所有成员都需要承担它们最能够应对的风险。因此，生产成本最好由IPSP中的私人部门成员来负担，反之，交付系统可能会由在与特定客户打交道方面有经验的地方非营利部门得以更好地控制。

从公共管理者的视角来看，除了独立的公共服务提供者（IPSP）实际上让问题更加糟糕的风险以外，政府在IPSPs方面几乎没什么风险。然而，对政府来说，在支持IPSP活动方面承担某些风险还是有意义的。政府或许是某种类型责任的最后担保人，或者它可以运用其法律权力来限制个体能力以采取法律行动，如果这些个体觉得它们受到侵害的话。政府可能想要担当那个角色的唯一原因是，它是否觉得IPSP是在履行重要的公共职能，并相信IPSP将会在其运作中被潜在的责任所牵制。灾后恢复中的道路清扫就是一个例子，其中，通过把面向公众的非营利组织与对营利感兴趣的公司的目标结合在一起，重要的货币和实施风险被分解和再分配，以有效恢复受灾地区的交通运输。

测量绩效

正如其他任何运行良好的组织一样，独立的公共服务提供者（IPSP）应该有一种机制来测量其运作的绩效。测量可以包括产出测量（例如儿童接受医疗的数量）、成果测量（例如社区整体健康状况）、组织测量（例如每人服务交付成本）。及时的基准和测量是有效组织绩效的重要方面。

公共管理者会权衡独立的公共服务提供者（IPSP）的绩效测量与公共政策目标。该管理者可能处于更有利的位置来搜集必要的资料，从而评价IPSP是否正在其活动中满足公众的利益。政府或许是唯一可以由于隐私问题而搜集某类资料的主体，并且政府提供测量的能力可以有助于IPSPs实现其目标，同时为公共管理者提供保障，即IPSP正以公众利益的方式来运作。

公共管理者与独立的公共服务提供者共事的优劣

与独立的公共服务提供者（IPSP）共事给公共管理者提供了以全新的方式解决政策问题和项目实现的机会。它们也为公共管理者带来了挑战，在这些方式是否为协作的最佳形式方面提出了问题。

对公共管理者的优势

由于参与者的多样化、其在政府基本领域之外运作以及其对于有意义的协作的承诺，IPSPs要比其他协作方式能为公共管理者提供更多优势。

● 额外资源。IPSPs一般可以得到基金会的资金支持、私人捐赠及其运作的酬金。公共管理者大都要受到预算的约束。通过学习如何与IPSPs协作，公共管理者能够拓展其可获得的资源基础以解决其机构负责处理的问题。

● 政治敏感性。尝试交付公共服务的新方法证明是有政治敏感性的。公务人员和赞助者可能反对例常项目中的变化，即便其意图是带来改善的也会反对，尤其是如果该变化涉及结果不确定的未经检测的方法时。IPSPs可以作为创新实验室来提供服务，并且会提出新的设想而不会给公共管理者带来被谴责的风险。

● 长期视角。当IPSP协作以长期视角接近问题时，例如维持基础设施或者资本设备更换的充足资金，公共管理者就可以运用这一视角来考虑问题，而不是在一般政府一两年预算周期的时间框架内。

● 社会企业精神。私人组织对发现新的商业机会感兴趣；非营利组织看重拓展其成员基础及其影响。实现这些目标的驱动力激励着IPSP中的参与者寻求创新性的解决方案，并产生不同的东西。变化与紧迫性是许多IPSPs的特征。公共管理者可以在这些企业家精神的努力中进行分享，往往在没有政府资金支持的情况下，参与到可能会得到维护的新方法的创造中。

● 适应与变化。当某方面不能正确发挥作用时，企业必须及时进行变化和修正。市场会迅速变化，公司不得不适应变化以保持竞争力。当IPSPs有企业合作伙伴时，在起初的方法无效或者在资源与要求不匹配的情况下改变计划都被视为力量和能力的象征，而不会像在政府里那样被误解为规划不力与不适合。

● 领导力。IPSPs经常可以得到团体的支持和积极参与。团体领导者为了获取成功，通常自愿付出时间，奉献其专业经验，操纵其管理、组织以及人们的技能。公共管理者可以在IPSPs中利用领导力来构建团体支持，帮助推进其自身的政府计划。

对公共管理者的劣势

独立的公共服务提供者（IPSPs）呈现给公共管理者的挑战相对于其他的协作形式来说可能是一种劣势。这些劣势植根于IPSPs志愿的特性，并使得它们的行动与方法变化无常：

● 沟通困难。一些IPSPs的去中心化组织可以造成公共管理者与参与者进行有效沟通的困难。对IPSPs来说，没有提交报告、举行例会、请求准许或书写备忘录的强制要求。政府围绕预算或者公众听证会有其自身的管理周期，有关IPSP活动信息的需求可能很难及时获取或得到验证。

● 不受欢迎的政治。IPSPs自我驱动的特征意味着它们不必遵守党派或被选举官员的政治立场。IPSPs可以用不受欢迎或者可能吸引反对派注意的方式提供公共服务。在这种情况下，公共管理者必定担心连坐共犯。

● 无常。除了成员的信任及其对事业的承诺以外，没有其他因素可以把IPSP整合在一起了。IPSPs中的参与者可以像它们汇聚在一起那样很容易地分散开。对IPSPs的资助可能是不确定的，如果资助停止，就可能没有其他资金来支持其活动。公共管理者需要谨慎地在未来不确定的情况下接近IPSPs，不要过度利用政府对IPSP的依赖而获取其自身机构的目标。

● 使命偏离。IPSPs可以自由地选择其使命和它们会提供的服务。那种使命可以在参与者觉得有必要的任何时候加以改变。由于其参与者已经改变了优先顺序或者以投资者的优先权为基础，所以IPSPs可以改变其使命。公共管理者不应当总是依靠IPSP来提供同样的服务或以同样的方式提供服务。

走向全球

　　作为受到青睐的解决许多全球性问题的途径，独立的公共服务提供者（IPSPs）已经快速得到接纳。全球性政府的缺乏以及在高度相互依赖和跨国性问题方面多国间达成协议的困难，使得IPSPs成为具有吸引力的全球性治理的备择方法。IPSP处理全球性问题的一个良好例证是全球营养改善联盟（GAIN）。

　　全球营养改善联盟（GAIN）的愿景是世界没有营养不良。创建于2002年的GAIN是由政府、国际组织、私人部门和民间团体组成的联盟。GAIN发起于联合国大会儿童特别会议，并支持协作以进一步关注营养不良人群饮食中的营养流失问题。其董事会由来自政府、行业和非营利部门的领导组成。来自联合国儿童基金会的执行官当然是其成员，但是GAIN的优先权并非由任何政府组织所设定。

　　全球营养改善联盟（GAIN）建立了龙头企业的国家和区域联盟，探索向最需要的人群包括金字塔底层最穷困人群提供高质量又能买得起的强化食物的方式。GAIN已经与一些遴选的公司和组织形成直接的合伙关系，以实施具有清晰和可测量目标的具体项目（福莱尔，卡普尔，格林，2012）。

　　全球营养改善联盟（GAIN）以及许多这样的IPSPs，填补了全球范围内所需的公共服务与许多国家在资助、生产和交付这种服务方面行政管理能力缺乏之间的鸿沟。伴随世界上这么多问题，IPSPs为人们提供了避开政府失灵的严重后果的机会，并组织力量解决一些较大的全球性问题。

结论

　　当自治与创新比控制和清晰界定作用与责任更具有价值的时候，公共管理者经常选择独立的公共服务提供者（IPSPs）。在本章中，我们回顾了IPSPs的核心特征以及它们与准政府组织之间的不同。我们也举了一些例子，说明IPSPs如何在不同的政策领域里运作，以进一步讨论公共管理者怎样利用IPSPs的潜力来服务于公共利益。当公共管理者深入接触IPSPs的时候，他们就不可避免地要在学习如何有效协作方面面临挑战。

　　成功参与到IPSPs中要求公共管理者以不同的方式进行协作，不同于政府与协作者一起工作的时候，甚至也不同于参与合伙或网络的时候。对参与新规则的需要为公共管理者呈现了新的挑战和新的机会。因为IPSPs提供了公共服务，直接与公众互动，对公共管理者来说，直接决定IPSP是否正在提供满足公共政策目标的服务更加困难。例如，IPSP的服务条款在政治上对公民来说是可行的吗？公共管理者如何能搜集到对相关政府机构来说比较重要的资料，而不是由IPSP搜集整理？

独立的公共服务提供者（IPSPs）提供公共服务频率的日益增长，强调了政府管理者对协作感兴趣的首要原因：IPSPs可以弥补或代替政府来为其公民提供服务。本章描述的案例展示了IPSPs如何帮助社团在全球变暖、改善交通拥堵地区公交发展、降低高危人群总体卫生保健成本等方面减轻工作量。在美国联邦、州及地方政府财政吃紧的时代，IPSPs为政府管理者拓宽其向公民交付服务的范围和规模方面提供了巨大的潜力。通过得到私人和非营利部门的帮助，IPSPs可以就出现的社会问题动员财力资源、专业知识和各方组织。

独立的公共服务提供者（IPSPs）没有提供政府政策所要求的全部范围或水平的公共服务，但是它们可能在以创新的方式向特定人群提供公共服务或者向居委会或社区提供专门服务。通过这种方式，它们在向少部分群体或个人提供特别昂贵的服务方面，或者在向要求特定类型服务的社区提供服务方面会非常有用。

独立的公共服务提供者（IPSPs）多部门的特征对政府更好地认识并调和特定支持者的利益提出了挑战。由于IPSPs在政府之外以自我管理的方式运作，它们经常组织起来在更宽泛的社会层面处理特定群体的利益问题。在俄勒冈，市民群体与大学和重点企业联盟，以处理他们所看到的比政府标准更严格的环保方面的迫切需求。代表急救人员的设备制造商与非营利组织协作，形成创新方式，快速开通重要道路以便灾难应急车辆可以通行。地方卫生保健提供者与保险公司合作，以识别并消除卫生保健成本中的浪费。可以这么说，IPSPs做了人们想要政府去做的事，只要政府愿意或者能做的话。

 案例研讨 --

州职业培训

你是社会服务部（DSS）执行官的助理。州长正在从事一场运动，在州内增加就业培训，把人们从领取州福利金转变到就业状态。当前，DSS内部的职业培训部（DET）提供这种服务；然而，州长以及州立法机构都对当前的结果不满意：每年花费2000万美元，DET却只能为领取福利金的一小部分人找到工作。该项目由20个地方机构运作，在面对50万个接受福利金的成年人时，其目前安置工作的成功率低于10%。福利支出每年花费州政府20亿美元（加上项目行政管理费用，每人每年平均花费大约4200美元）。

考虑的问题

1.位于全州最大城市的新的IPSP"闪闪亮",为那些未能完成高中学业的单身母亲提供一系列社会服务。该IPSP对于DDS来说该怎样才可能是有益处的?

2.是不是有一些与DSS的使命相联系而政府并不能支持的政府固有服务,是由"闪闪亮"提供的呢?

3.如果DSS管理者批准一家地方办事处成为"闪闪亮"的成员,他们会面临什么风险?

第7章

跨部门协作选择分析

决定与私人和非营利组织协作，为政府官员呈现出富有前景的机会，使他们能够为公民提供更好的公共服务。合同、网络、合伙以及独立的公共服务提供者（IPSPs）可以提供一种工具以便 ① 利用公共预算并从私人或基金会那里吸引资金；② 从政府之外发掘公共政策问题方面有价值的经验与知识；③ 识别更为有效的公共服务交付模型；④ 接触有关社区需求和偏好的更好的当地知识；⑤ 运用创新、合适与灵活的问题解决技能。

考虑到选择，公共管理者要问的第一个问题是，公务员明显的官僚约束是不是外包、创建网络、形成合伙或运用独立的公共服务提供者（IPSP）等选择优于公共部门解决方案的唯一原因。有些人认为，我们只要能"解放"官僚制，给予公务员像私人部门和非营利部门一样的灵活性，公共机构也会更有生产力（斯科勒2000）。有一些证据支持该观点。在乔治·W.布什执政期间，竞争性采购是管理议程的关键内容，联邦机构赢得了大多数竞争的胜利，似乎支持了这一主张，即只要给予公务员更有效率地组织活动的自主权，他们就能成为高绩效的组织。

然而，有些案例中甚至改革后的政府机构也不足以解决公共问题，公共管理者正在寻求其他解决方案。这些新的安排当中也有一些潜在的陷阱，有些关键性的问题必须被提出并被回答。本章提出了一个框架来帮助公共管理者思考这些选择——来决定哪一种能最好地代表公众的利益。这并不意味着，作为一张问题清单，它会随着特定的挑战和组织建议而发生变化；但是这些问题对于大多数有关是否及如何运用跨部门协作（CSCs）的决定来说，都是很普通的。它们可以被分为以下五组：

- 公共任务或挑战的特征是什么？
- 完成那种任务或应对挑战所需要的资源是什么，那些资源在哪里？

● 你能识别并分配所从事活动中的风险吗？

● 哪种方法为公共基金创造了最优价值？

● 你如何能测量绩效并确保合适的责任？

案例研究

为了描述该框架和分析性概念，本章在两个案例研究中进行了许多详细的描述和检测❶。一个案例涉及联邦政府机构美国海岸警卫队（USCG）及其公私合伙的运用；另一个有关弗吉尼亚费尔法克斯郡的地方政府机构及其所创建的公众服务交付提供商网络。

⌃ 海岸警卫队深水项目 ⌄

早在20世纪90年代初，美国海岸警卫队（USCG）就面临着令人畏怯的挑战：如何处理日益老化的深水资产——那些远离美国海岸50多英里运作的轮船、飞机和其他系统。这些正在恶化的资产对海岸警卫队满足其重要和拓展着的使命要求产生了威胁。USCG的领导层形成了两种关键测量来解决这些需求。第一，领导者计划设计并建造每一个新的深水设备（轮船和飞机），使之在协调并可共同操作的系统中发挥作用，这会延伸所有海岸警卫队资产的能力——形成一个"系统之系统"❷。第二，认识到机构缺乏专业知识以及组织架构来从事这一体量的工作，领导们决定使用一种创新的方法即公司合伙来计划和协调这一过程，这是该机构首次这样做。

到了20世纪90年代中期，美国海岸警卫队（USCG）已经形成了总体战略，并选择利用私人公司作为主要系统集成商（LSI），在其深水资产各种构件的重组中从规划、采购和装备等方面提供服务。他们缺乏建立深水系统的内部能力，也不相信自己能轻易地获取那种能力。此外，USCG认为，在给定预期收购量级（范围和资金）的情况下，一个强劲的私人合作者可以给国会提供更多的影响力。他们从国会争取到初始资金，并于2001年发出请求为私人部门LSI提议。在与几个潜在的合作伙伴进行讨论之后，USCG鼓励洛克希德马丁公司与诺斯罗普格鲁曼公司这两家竞争对手合资经营，并定名为综合海岸警卫队系统（ICGS），授予其5年期合同来协调深水项目的采购。这一合作既有成功（新的HC-144型搜救

---

❶ 这些案例更为详细的讨论，参见凯、纽科默（2007，2008）以及布朗、博托斯齐和范斯莱克（2013）所写的深水项目的案例。作者通过对关键人物的追加访谈为这些材料提供了补充。

❷ 共通性指的是能够跨越海岸警卫队运营部门以及偶尔与美国海军部门的合作，从而易于协调资产以实现可变任务的能力。例如，海军必须能够与空军协调其行动。

飞机）也有失败（重新配置的巡逻船），但遭到来自警卫队内部和国会及审计总署日益增多的指责，从而导致2007年USCG接管了LSI的角色。

费尔法克斯郡公众服务交付

第二个案例是关于费尔法克斯郡的公众服务系统管理部（DSMHS），该部门具有推动协调弗吉尼亚州费尔法克斯郡公众服务交付工作的职责。该郡的领导者判定，在人口快速增长、人口结构变化、人力资源需求扩张以及其他国家难民涌入的时代背景下，有必要使其社会服务合理化。尽管并没有实现完全一体化客户吸引系统的最初愿景，但是DSMHS能够在匹配该郡居民获得来自公共、私人和非营利机构的服务方面，实施协调的服务规划系统，并创建公众服务提供商网络。

由于涉及的主体众多，包括该郡公众服务机构、州和联邦机构以及该郡私人与非营利的公众服务提供商，所以这一工作比较复杂。在规划和实施中，把所有关键的利益相关者都囊括其中很重要。通过吸引这些关键的主体，DSMHS能够获得这一概念的广泛认同，并改善向所需人群交付社会服务的总体状况。

公共任务或挑战的特性

在对特定工具或解决方案进行判定之前，公共管理者应尽可能首先考虑公共问题或任务的特性。如果解决方案是清晰的，在所要求的管理方法或过程方面达成了一致，那么一般来说，政府要么会直接采取行动，要么就会由于其本身缺乏技能而把任务外包给能交付所期望结果的第三方。然而，在许多情况下，问题的特性可能都会有点模糊或者解决方案比较含糊。在那种情况下，与私人或非营利部门展开对话或许会对行动有更加清晰的看法和选择。公共管理者通常面临这些主要的问题：判定一种解决方案是否可能要求一个部门还是多个部门参与，检查某问题是受市场"企业"解决方案的影响还是受非营利部门解决方案的影响，分析可能告知公共管理者选择的政治因素。

一个或多个部门解决方案

有些问题的解决方案只涉及一个部门。例如，国家社会安全系统按照法规为退休人员和残障人士提供统一的资金，这些法规由国会立法设定并由社会安全管理局颁布和解释。这种税收和再分配项目很明显是政府的职责（在这种情况下，是指联邦政府），没有理由再牵涉其他部门，除非政策问题变成我们是否（或在何种程度上）会将社会安全私有化。私有化尽管是由世界上某些地区的专家所主张的（智利经常被引作例证），但受到大多数美国人的反对。当前，有关系统长期生存能力的问题需要得以解决，但是如果国会有政治意愿的话，它可以发挥这方面的作用。解决方案包括延长退休年龄、减少或改变被决定的生活成本调整方式、增加工资税、拓展受到工资税影响的收入范围（FICA）、对那些转让一定收入量的人的社会安全税由80%提升到100%。所有这些解决方案都可以由联邦政府来颁布，不必考虑与其他部门的合作。

与社会安全系统相比，面临着更为严峻的破产威胁的医疗保险已经与私人和非营利部门进行了协作。卫生保健成本的上升是美国预算赤字的首要动因（国会预算局，2011）。65岁及以上的老年人有权利享受某种卫生健康利益（住院护理）并可以用额外支付选择额外服务（医生和药品）。尽管该系统是由联邦政府提供资金并进行协调，但是卫生保健服务几乎完全是由私人部门来提供的；供应商基于官方建立费率（医疗保险和医疗补助服务）并通过国会来得到补偿。有些解决方案可能是由联邦政府来唯一采纳的：例如，提升申领资格的年龄、缩减某些服务的覆盖范围、增加高收入老年人的手续费或额外费用、议定药品价格、降低向供应商的支付。其他解决方案要求积极的合作以及私人和非营利供应商的参与。所提议的怀登-瑞安两党计划允许私人部门以"为老年人提供品质更优、更有能力支付的卫生保健选择"在医疗保险方面展开竞争（怀登-瑞安）。不管该计划是否被采纳，显然任何长远的解决方式都需要来自私人部门与非营利组织的创新思想。除了私人医疗保险的选择，创新的可能性还包括将支付从基于服务转移到基于结果，并创建第6章所讨论的医疗责任组织。

如果可能性的解决方案要求对问题有创新性的方法，就会赞成多部门的参与。私人部门与非营利部门之所以比公共部门更具有创新性，只是因为它们更加灵活，并且没有像公共部门那样受到同层面监管和过程要求的约束。多部门参与可以激励解决问题所必需的创新。如果任务或挑战清楚、解决方案已知，对政府来说要么直接提供要么外包（传统的或完全的合同）就是有意义的；然而，如果方案不明确，那么协作合同（不完全的或关系的）或者合伙、网络或者IPSP就可能是更好的选择。或者，联邦政府可以与州政府一起工作，这会成为"民主的实验室"，尝试各种解决问题的办法并可能得到全国范围内的运用。

把这些主体的可能寿命与所处理问题的预期期限相匹配也是很重要的。问题的期限越长，在解决方案中政府作为首要主体或领导者参与跨部门协作就越重要，因为政府具有私人和非营利组织无法匹配的体制记忆。短期问题可以由其他主体更加容易地处理，长期挑战留待政府进行解决。

例如，全球变暖不是由单个部门就能充分解决的问题，而政府由于该问题的长期性可能会扮演领导角色。然而，私人与非营利部门正在采取自身行动来处理这一问题，并且由于需要创新性解决方案，所以对政府来说采用多部门的方法更有意义。

许多公共问题都正由公共部门机构进行解决。可是，如果这些问题涉及活动的兴衰，那么对公共部门来说，配备人员来处理所有潜在的高峰需求就可能是没有意义的。外包或者与其他部门合伙来解决部分问题或高峰需求则是明智的。这是利用私人部门承包商处理安全、基础建设以及其他军事附属活动的基本原理之一。对军队来说，只是在冲突时才需要持续维护的能力是不合情理的，而这种能力私人部门也具有。

在审视内部生产还是承包出去的选择时，加州一位地方官员注意到维系平衡的重要性："你需要紧密且可持续的内源提供商。此外，你还需要好的合同提供商。在这两者中找到契合点。用更少的钱来利用生产率是一个非常好的方式"（韦，2012）。类似地，依赖私人或非营利部门的合作者在灾后提供关键性物资（例如水或健康服务）可以有效利用政府的援助，这些合作者或许具有物流优势。

私人企业或非营利解决方案的敏感性

某些问题可以让它们自己在政府之外的部门中找到解决办法。在商品或服务供应方面，私人部门参与到市场发挥作用的领域是明智的。例如，在政府选择增加运输方式或缓解公路拥堵问题方面，其中一种选择就是发展收费公路。政府有时候履行这一职责（例如，在弗吉尼亚，从州际495环线到杜勒斯机场的杜勒斯收费公路），而这通常是通过准政府权威的方式实现的。不过，公共融资是困难的，收费公路可以通过公私合伙（PPP）的方式为私人部门提供参与的机会，这也是公私合作成长较快的领域之一。杜勒斯收费公路的延伸线，从杜勒斯机场到弗吉尼亚利斯堡的绿色通道，便是一个例证。

公共管理者必须认识到企业的解决方案经常是有争议的。企业为了收回投资会对服务收取费用。费用可能会排除一些人享受服务，除非政府提供补贴或采取其他机制来确保所有公民都能得到服务。当平等地接受服务是重要的政策目标时，公共管理者必须询问企业解决方案是否考虑到了公众利益。

非营利组织经常弥补公共部门与私人部门行为之间的差距，为服务水平低下的经常被忽视而其需求又不被其他部门满足的客户群体提供服务。例如，由路德地方纪念教堂建立的哥伦比亚特区N街村（NSV）的使命是"使无家可归者和低收入妇女通过提供一系列服务来追求高品质生活并实现其自尊和尊重氛围的主张"（N街村，2012）。其项目资助有各种来源，包括捐赠和基金会。由于其客户需求的特性，NSV必须提供大量亲自动手的个性化服务。通过利用志愿者和专职人员，它能以比私人或公共部门低得多的成本来提供服务。因此，在某种程度上，公共管理者想要为特定的目标人群提供服务，通过授权、合约或其他安排把公共资金交给有效率的组织如NSV等是比较明智的，而不要试图复制非营利组织正在实现的内容。

类似地，有时候问题的特性要求了解当地知识。对于许多社会服务项目来说也往往是这样。在纽约和盐湖城，问题以及客户群体可能都不会一样。这也是为什么联邦政府经常采取政府间的途径，利用州政府并通过授权或合约等方式，根据各州不同的环境来为许多社会项目提供多种交付方式。即便是在一个州内，大城市中的社会问题也很可能与农村地区有明显的不同；因此，州政府经常与地方政府或非营利部门在社会项目上合伙或形成网络关系。

政治因素与思考

公共管理者也必须意识到，当他们超越传统官僚检视各种选择时，政治因素会发挥作用。他们可能会由于那些因素被赋予权力或受到约束。法律约束可能会影响公共管理者在跨部门交付模型之中的选择。不存在允许公私合伙（PPPs）的授权立法或者阐述缔约详细结构的采购章程，这些可能会降低公共部门利用跨部门方案的灵活性。此外，管理者也许不能让独立的公共服务提供者（IPSPs）参与利益冲突或是有与私人或非营利合作伙伴共同工作的限制。新的方法往往需要得到立法批准。

公共政策方面非常规的方法要求有政治上的支持（美国审计总署，1997）。公共管理者往往没有在传统审批方法之外进行投机的政治资本。尽管新公共管理的支持者鼓励企业家精神的公共管理，但是恪守更为传统的公共行政管理框架关乎法律的职责。通过在决策中参与政治领导，公共管理者使其自身免受可能的批评。当形成或利用特定工具的时候，管理者也应当意识到政治支持（与职责）和政治干预（例如在承包商选择过程中）之间恰当的界限。尽管对公共管理者来说，完全把自己隔离开来是不可能的，但目标应当是合适的信息流和监督，而不是进行事无巨细的管理或干预。

在解决方案中把私人和非营利部门卷进来，会把重要的利益相关方推向台面，而这可能是一把双刃剑。另外，这种参与会在项目支持方面发出重要的声音，正如在美国海岸警卫队（USCG）深水项目中那样。另一方面，它们的政治支持会给公共管理者在终止或改进项目方面带来困难，而这种压力会导致次优的决策。

对于任何公共管理者来说，利益相关者分析都是仔细考虑政治利益的第一步。在考虑网络或合伙及其观点多样性方面，管理者必须思考利益相关者对所持观点关注的强度。这种认识应当会在创建沟通网络方面形成必要的结构与过程，以使得利益相关者参与整个过程，从而建立有效协作所必需的信任（凯，纽克默，2008）。

选择将活动外包、参与合伙或网络，还是利用IPSP来解决公共问题，可能会对剩下的公共部门产生影响。公共管理者必须考虑其选择会带来什么样的溢出效应。它会对机构士气带来不利影响吗？它会对改善公共部门并与形成高绩效系统相一致带来激励还是阻碍？它会与旨在吸引、保留和奖励高绩效政府人员的人力资源实践相矛盾吗？

案例分析

在我们的两个案例研究中，费尔法克斯郡的例子是一个更为明显的多部门问题。政府（甚至所有三层次的政府）很少能完全满足那些需要各种社会福利的人群的需求，例如住房、卫生保健、职业培训。非营利部门是那些客户的主要供应商，在宽泛的解决方案中把它囊括其中非常有意义。然而，该郡正关注于长期的、整体的解决方案，此方案支持政府的参与和领导。在这种情况下，郡机关实际上强调了其自身的能力。尽管社会服务人员最初不太愿意共享信息，但是由于该方案使其在更大比例上满足了所服务人群的需求，他们也对新方法感到自豪。

在深水项目中，美国海岸警卫队（USCG）本来可以坚持自己或者利用其他联邦资源（例如国防部）来操作，但是让私人合作者加入的决策符合其战略利益。USCG习惯于用国会的零散资金在增量的基础上取代资产。它既没有政治支持也没有自身技能来承担大量升级的需要。其领导者认为，已经是复杂防御系统供应商的私人部门将在创新方面具有优势，这种创新是创建"系统之系统"所必需的，并会有助于在国会中形成政治拥护。因此，美国海岸警卫队（USCG）发起了与洛克希德马丁公司和诺斯罗普格鲁曼公司在综合海岸警卫队系统（ICGS）中的公私合伙项目。公司合伙人成功游说国会提供必要的资金，但也存在其他问题，包括USCG内部官员的抵制，这些问题最终导致合伙关系的终止。

资源需求与组织能力

只有当组织，不管是政府还是其他部门，具有处理问题的资源与能力的时候，社会问题才能够被解决。当今的一些较为重要的问题——全球变暖、卫生保健成本与服务获取、基础设施恶化——似乎都超出了任何一个组织或任何一个部门进行应对的能力。甚至公共管理者所面对的日常挑战，也可能要对需求或问题进行认真的资源评估。公共领导者和管理者必须仔细考虑所应对问题的大小、复杂性和范围，并对其组织的资源约束和能力进行平衡。资源约束不仅包括资金，尽管这显然是一个主要方面，而且还包括人力、专业知识和解决问题的关键性思想。对公共管理者来说有两个领域最重要：① 评估与正处理的问题有关的需求并决定它们所属的部门；② 确定公共部门是否有解决问题的能力、有帮助其他部门解决问题的能力、有学习并可以更好地处理问题的能力。

资源需求：评估与规划

公共领导者和管理者有责任正确评估其组织有关这些任务的优缺点。如果可获得的资源与需要处理的问题之间不匹配，他们就必须确定是否能在政府内部争取到资源，还是要通过契约或者与私人或非营利组织合作的方式在政府外部寻找资源。在这种情况下，专业知识与思想可能与资金同样重要。

政府一般在筹集必要的资金解决公共问题方面比其他部门具有优势。它们有权力征税，并能以比私人或非营利部门更低的利率借到资金（州和地方债券通常不交联邦税）。然而，由于公众对政府不再抱有幻想，政府可能缺乏筹措必要资金的政策支持，尤其是在联邦层面上，这是因为许多州都由于宪法约束、评级机构担忧或者公众对额外债务不安而降低了其融资能力。

如果公共部门组织不可能得到必要的资金以完全解决公共问题，那么公共管理者和领导者就必须确定资源存在于哪个部门。可能会有诸如独立的公共服务提供者（IPSPs）这样的组织已经在应对这些问题了。如果是这样的话，公共部门的作用或许更加柔和，也许是作为IPSPs的拉拉队长、整合者或监督者——这些是我们在第9章要探究的一些概念。或者，可能与私人或非营利部门的其他组织进行合伙或形成网络比较合适，这会增加潜在解决方案的价值。非营利组织可能会带来公共部门所不具备的视野与当地知识。

组织能力

组织需要具备完成其使命的能力，要么是通过传统的政府架构，要么是通过合同、公私合伙、网络或独立的公共服务提供者（IPSP）和其他部门一起。组织能力包括三个方面：① 提供公共物品或服务（上述所讨论的）的能力；② 审查和形成可选择的战略并处理那些选择的能力；③ 从那些经历中学习并成长的能力。

能力以及能力问题的类型依据实现其使命的工具选择而变化。表7.1概述了每种工具类型的能力需求，以及在考虑主要或复杂项目的工具时，公共管理者或领导者所必须应对的一些问题。我们在本章简要描述能力需求，之后在第11章讨论组织如何能最好地形成其能力，以应对当今变化的环境并在跨部门协作中有效地工作。

由于本书是有关跨部门协作的内容，所以本章对前两类着墨不多——政府供应和传统外包——除非是为公共管理者较新的选择提供一种对比：协作缔约、网络、合伙以及独立的公共服务提供者（IPSPs）。我们认为，政府领导和管理者必须解决许多关键性能力问题。

规划 尽管似乎是很显然的事，但公共部门往往选择了没有正确规划的路径。在规划的重要元素中，包括对项目目标、所期望结果的清晰表述，以及对项

表7.1　主要或复杂项目的组织能力需求

方法	能力需求	关注点和交易
政府供应	规划 项目设计 建设与实施 监测与评估	由于政府生产而没有竞标的更高成本 控制与成本
外包（传统）	规划 合同设计 合同监督 监测与评估	专一性与灵活性 是否存在竞争性市场?
协作缔约	规划 沟通 形成共同目的 监测与评估	整合协作者的多个目标 灵活性与法律要求 维护责任
公私合伙	规划 合伙设计 风险分析与分配 监测与评估	风险适当分配 合伙者掠取 有限竞争 灵活性与控制 关键绩效指标一致
网络	规划 网络设计 网络沟通 网络领导力 责任分配 监测与评估	协作者之间可能的僵局 灵活性与责任 责任测量一致
独立公共服务提供者	规划 沟通技能 协商 杠杆支持 监测与评估	灵活性与控制 影响行为 保护公众利益

目构成内容的确切描绘。不管所选择的工具如何，这些都是很重要的。如果考虑契约，就有必要理解对于特定的产品或服务是否存在私人部门竞争性市场。没有竞争，政府可能就会发现其受到承包商的摆布，或者就可能有必要选择与其他政府机构或是与私人或非营利部门更为协作的方式。

类似地，公共管理者必须依据成功参与合伙或网络所必需的资源和技能，意识到存在于其他部门的能力。至于独立的公共服务提供者（IPSPs），公共管理者必须理解组织已经在项目范围内所做的内容，并注意政府可能在多大程度上参与其中——根据情况而作为投资者、拉拉队长、公共资源的组织者或是监管者。战略规划可能包括环境扫描以检查组织内外部的可得资源，并匹配资源以解决问题。如果资源不是只在组织内部获得，那么领导者或管理者就有责任在可能提供那些资源的规划中加入关键的利益相关者。

决定公共利益的特性也是规划以及交付公共物品和服务所使用方法的重要内容。有时候，公共利益的特性是清晰的，可以通过立法或其他政策文件进行详细说明；也有些时候，公共管理者必须与更多的利益相关者一起工作，来界定公共利益的可行性定义。

设计 公共管理者想要参与到项目的设计中。当政府本身是供应者或雇佣传统承包商的时候，这会涉及详细的项目设计，提出竞争标准或时间框架。公共管理者也想以合伙与网络形式参与到设计之中，但是以更为协作的方式。独立的公共服务提供者（IPSPs）是一种特殊情况，其中设计通常是在政府机构控制之外；然而，如果它不能带来资金或接触到有利于IPSP的信息，政府就可能影响到设计。

风险分析与分配 公共管理者必须理解所采用的方法形成的风险以及项目本身所固有的风险。当政府是供应商的时候，它就承担了风险。而另外一端，独立的公共服务提供者（IPSP）承担了完全在政府之外的风险。其他的工具——合同、合伙关系与网络——都涉及风险识别与分配的需求。我们下面讨论该问题的更多细节。

公共管理者必须考虑的另外一个风险是，被选定的工具是增强了还是削弱了政府应对这个和其他社会问题的总体能力。对诸多有关"空心政府"问题的一个关注点是，在外包如此多的职能方面，我们正将政府毫无防备地置于处理当前和正在涌现的问题的境地之中（米尔沃德，普罗文，2000）。在审视其他工具——合伙关系、网络和独立的公共服务提供者（IPSPs）——公共管理者必须考虑这些选择是否将最终加强或弱化其机构，以及其他政府机构对公共部门所面临的复杂挑战进行反应和处理的能力。

沟通 项目的成功要求公共管理者具有良好的沟通技能；然而，新的手段可能需要更加有效的沟通。在费尔法克斯郡公共服务项目以及海岸警卫队深水项目中，公共领导者与管理者努力与各种利益相关者在规划和设计阶段以及项目实施阶段进行沟通。然而，在两个案例中，尽管领导者付出了努力，但是仍有一些内部利益相关者没有感受到充分参与其中。这也导致有人做出评论，"沟通永远都是不够的"。评价组织能力时，沟通系统是任何所提议的合伙或网络解决方案的关键方面。如果组织缺乏那种能力，那么在实施新的战略之前成为高度优先考虑的对象就很重要。

沟通对于独立的公共服务提供者（IPSPs）也是很重要的，但是以更为微妙的方式。其目标是分享信息与思想，而不是试图控制项目或"让每个人都身陷其中"。如果公共管理者对IPSP所采用的方法感到不舒服，他们应当以礼貌的方式沟通其关注点——像一位主要当事人对另一位当事人那样——认识到IPSP的独立身份，并且如果有必要试图把握其方向。

责任 公共管理者为结果负责，并且当他们直接供应项目时，责任就是清晰和直接的。政府行政管理中的责任主要是垂直的：公共管理者向其主管进行汇报，而其主管有责任向首席执行官或立法机构汇报。在所有其他的安排中，责任有垂直和水平两个维度。公共管理者仍然对其项目的成功负有责任，但是契约、合伙与网络都具有责任的水平维度。

相比之下，监督、检查和评估是完成责任所必需的重要内容。在合伙关系中，形成一致的测量方法是重要的，有时候被称为关键绩效指标（KPIs），合伙成功与否将由此来判断。在网络中，重要任务是让所有成员都清晰地理解其在网络中的角色，并让每一个成员都对结果或产出负有责任。公共管理者必须能够有效地在KPIs或责任方面进行协商，以监控和评估合伙或网络的成功。公共管理者很少直接控制独立的公共服务提供者（IPSPs）。如果他们支持IPSP广泛的目标，他们就必须利用资金或其他IPSP所需要的重要资源以实现某种程度的责任。或许，责任是通过安静的协商和讨论来实现的，而不是任何直接的控制。

监控与评估　所有的手段都必须受到公共管理者的监控与评估。项目绩效或项目度量的具体数据应当指导公共决策的这一假定，已经形成了公共部门和非营利部门讨论的框架，尤其是在美国，自20世纪90年代便是如此。当然，在私人部门中，长期以来这些都受到关注。对项目绩效的监控和报告将公共管理者、监管机构以及公众的注意力都集中到项目对于公众的价值上（纽克默，1997，2002；纽克默，哈特里，霍雷，2010；哈特里，2007）。

案例分析

20世纪90年代，美国海岸警卫队（USCG）承认其自身没有知识或资本预算来替换日益老化的舰船和飞机。在评估资源和能力方面，其领导者可能选择了增长性战略——更加与过去的海岸警卫队运作相一致——但决定聘用私人部门合伙者，利用其能力和政治资本来通过国会推进大规模资本项目。它们得到了所需要的经费，但是也变得在有关资本结构调整特性方面依赖其私人部门合伙者的详细决策。2001年"9·11"恐怖袭击事件后海岸警卫队被增加了处理复杂性事件的职能，这提升了其服务的角色并给予额外的处理责任。因此，它们在其作用和优先权发生变化的同时被卷入主要的结构重构中（资本和系统两个方面），这是一个非常困难的变化的环境（参见凯，纽科默，2008）。

在海岸警卫队深水项目中，海岸警卫队的领导被深深卷入到合伙关系以及项目预期的设计中。然而，尽管对国会程序化的需要和方法比较信任，但是他们并不能让其内部利益相关者完全参与设计环节，并且还经历了高层领导之下经理们的一些抵制。此外，海岸警卫队的例子说明，找到能带来必要资源与知识以解决问题的合作伙伴并不足够。组织还必须构建有效地利用外部主体的能力。尽管系统之系统的概念得到海岸警卫队高层的大力支持，但是第二层级的领导持怀疑态度，并感到没有完全参与到规划与决策中。海岸警卫队确实成立了办公室来为公私合伙提供联络，但是可能缺乏有效利用和监控私人合伙者的能力。只是在经历了一些高度公开的失败之后，它们才认识到有必要增强其内部采购力量。最终，它们接管了领导的角色，解散了合伙形式。

相比之下，费尔法克斯郡的例子涉及形成非营利供应商网络，这些供应商在为郡内弱势群体提供服务方面已经积极参与了多年，弥补了政府在供应和帮助这些群体方面与联邦和州计划之间的差距与不足。因此，在努力形成更加协调的公共服务计划方面，让非营利服务供应商参与到服务网络的规划和实施之中是很重要的。该郡如果忽视了那些参与者而不是积极地与他们协作工作，创建更加一体化的公共服务交付系统的郡目标就不会实现。另外，如果非营利机构抵制该郡的努力，那么郡目标也就不能达成。

认识到郡政府不能应对所有人的需求，它就在设计和实施新的客户信息系统方面与地方非营利社会服务组织合作。费尔法克斯郡的公众服务系统管理部（DSMHS）参与了广泛的沟通及与其他非营利部门的信息分享，以帮助它创建公民社会服务需求方面多种服务和多部门的访问点。通过创建网络并在数据搜集、摄入和分析方面利用其自己的力量，该郡形成了自身的能力，并有益于郡中非营利部门的活跃。该网络加强了所有主体的能力。

风险识别与分配

考虑政府供应和交付公共产品或服务的替代方法的原因之一就是，把风险从公共部门转移到私人或非营利部门的可能性。如果所有的风险都由公共部门承担，就像政府供应中那样，就可能会为了最小化风险而有坚守所建立起来的过程和程序的趋势，公共部门员工就不太会明白那些流程怎样抬高了供应的成本。当然，对于政府为什么以某种方式做事有一些正当的理由。某人的"繁文缛节"是另外一个人的"合法或合理的保护"。然而，有可能政府并没有处于最优的位置来评判和解释某些类型的风险。例如，私人部门可能有着经济动机来按时或在预算内完成项目，但是在公共部门供给方面没有相应的财务动机。对于公共管理者来说，有两个最为重要的方面：① 识别在各种选择中提出的风险的特性与类型；② 确定风险是否可以被恰当地分配给能最好地处理风险的部门。

∧ 风险识别与风险类型 ∨

这种分析的第一步是尽可能识别推荐项目中固有风险的类型。风险可以分成许多种类，包括：

● **政治风险** 包括会影响项目的立法、经费或政策方面的变化；来自于受到项目影响的利益相关者或市民的潜在抵制；私人或非营利部门的参与造成角色模糊从而混淆（甚或激怒）那些选民的可能性。

● 财务风险　包括以预期利率为项目提供资金的能力。

● 经济风险　包括正确的项目使用能力、通货膨胀以及其他受总体经济影响的指标。

● 复杂性风险　包括挑战的量级和范围（广泛变化的总体大小和必然性）以及社会经济环境的流动性。

● 建造与运营风险　包括现场采集与规划、项目或设施建造、依据规划的运营以及依据预期的结果。

● 溢出风险　是对第三方（或政府其他方面）的影响，但不是最初合伙者所预期的内容。例如，项目建造或许会导致在环境方面合伙者中的一员不得不应对的不利影响。

● 修正与终止风险　包括如果对于项目的必要修正可能形成的潜在问题，以及如果项目必须终止时的潜在成本（财务的和政治的）。

● 不可控风险（经常被称为不可抗力）　是那些没有参与者能够影响的风险，例如战争或自然灾害。

● 失败风险　指网络、合伙或IPSP努力失败的可能性，并考虑到这种失败带给公共部门的结果。例如，如果公共部门失去了交付产品或服务的能力，而其他部门也不能完成这一任务，那么政府要重新供应的话就会产生大量成本。

总之，项目的体量和范围越大，社会经济和政治环境中的不稳定性就越大，利益相关者的利益多样性就越大，风险也就越大（凯，纽科默，2008）。当然，有些方法能减少风险，但是在风险识别之后，首先考虑的应当是确定哪个部门或预期的合作伙伴能最好地处理风险。

风险分配

公共管理者应当考虑在网络、合伙或独立的公共服务提供者（IPSP）中，是否以及在何种程度上，风险能够与其他合伙者共担或被分配给其他合伙者。有些风险或许不能与其他部门分担，不管什么样的合作形式都必须由政府承担。

总的来说，风险应该分配给最能承担该风险的一方。例如，在运输项目的PPP中，财务风险可能由私人部门承担，而政治风险（政策变化）应当由公共部门承担。表7.2描述了基础设施PPP中的风险因素及其可能的分配。

表7.2　基础设施项目PPP中风险分配的说明

风险类别	PPP阶段	风险特性	可能的分配
政治风险	规划、建造和运营	法律变化 政治反对 利益相关者关注	公共部门 公共部门 公共、私人或共担

续表

风险类别	PPP阶段	风险特性	可能的分配
财务风险	规划和建造	利率增加或下降	共担
经济风险	运营	项目使用的错误预算，通胀或其他推动成本或收入的因素	一般是私人部门，除非政府政策导致了该问题
复杂性风险	规划、建造和运营	合伙者对于整体项目难度的低估	一般是公共部门，因为它对项目范围负有责任
建造与运营风险	建造与运营可得性	合伙者对建造与运营成本低估，包括转包商 私人部门缺少保持可操作性的能力	私人部门，因为这是政府进入合伙关系的首要原因 私人部门
溢出风险	建造与运营	协议中未预料到的对第三方的影响	协商，依赖于溢出特性
修正与终止	所有阶段	项目变化 项目违约	依赖于发起变化或造成违约的一方
不可控风险	所有阶段	不可抗力和其他超出任一方控制的因素	一般是公共部门
失败风险	所有阶段	项目失败	私人部门可能应给予赔偿（或拖欠履约保证金）但公共部门收拾残局

资料来源：源自耶斯考比（2007）。

正如表中所描绘的，大部分的政治风险例如法律或政策变化，应当由公共部门来承担。然而，与市民和其他利益相关者的约定可能会由公共部门和私人部门的合伙者共同承担，这依赖于合伙者处理特定利益相关者沟通与市民参与的策略。在融资、建造和运营阶段的大多数风险都由私人部门恰当地承担了，因为它们是处理那些风险的最佳人选。可是，在政府或私人部门控制之外的融资利率成本的变化，可能是协商的结果，由合伙者在利息节余（如果利率下降）和利息成本超限方面共同分担。

另一个关键领域是经济风险，例如基础设施的预计使用。通常，基础设施项目的融资将由支付预期来担保（要么直接通过收费，要么间接为了可达性通过政府支付，或是影子收费）❶。如果支付是基于使用量的，那么就要有人（要么是私人部门要么是公共部门）必须预计实际的使用量。如果那些预测是错误的，那么谁来承担风险呢？这肯定是一个可协商的领域，并依赖于预测失败的原因。它们是政府行为的结果，还是由于私人部门没有在既定通行费下正确地评估需求？如果是前者，政府很可能要承担风险，但如果是后者，大概就要由私人部

---

❶ 影子收费包括政府基于使用情况进行的支付。不是让使用者支付实际费用，而是政府基于公路或设施使用者的数量而支付费用。以可获得性为基础的支付是以公路或设施的可用性来进行的，不涉及任何实际的或影子的收费。

门承担责任。一般来说，政府承担不可控风险如不可抗力（例如战争、洪水或其他环境灾害），因为公共部门（有着更强的财务能力）被认为能更好地承担那种风险。

尽管政府想要把尽可能多的风险传递给私人部门，但是从长远来看这不可能降低成本。例如，如果利率波动的风险由私人部门承担，该部门就要进行对冲或其他风险缓解策略，并会把那些成本计入项目竞标价格中。

英国早期基础设施的公私合伙项目是邓福德（Dunford）大桥的建设和隧道重建，自1945年以来该国首次使用私人融资。在风险分配方面，私人合伙者同意承担融资、建设和运营风险。这是私人部门的设计 - 建设 - 融资 - 运营项目。该项目按时并在预算范围内交付。它为私人合伙者提供了合理的回报，预期在大桥开通的20年内所有的债务都会被收回（帕克，2009）。

∧ 案例分析 ∨

在形成公私合伙方面，海岸警卫队面临着许多重要的挑战，也许最重要的是总体方案的复杂性。海岸警卫队尝试同时改变其文化以创建系统之系统，并调整整个深水资产的资本结构（船、飞机和系统）。因此，项目的范围和体量相当大。在互操作标准是否能得到满足方面存在很大的不确定性，并且它们也处于变化的社会政治环境中，而由于"9·11"恐怖袭击，海岸警卫队正在承担新的反恐责任。这使得对原始设计的修改成为必需的工作，并增加了项目的总成本。美国海岸警卫队（USCG）喜欢对美国国会进行强有力的支持，在寻找经费增加的主要内容时，其私人合伙者提供了额外的影响力——全部都是很正面的；然而，随着时间而变化的舰船要求以及内部利益相关者的反应导致了更多修正。

尽管合伙取得了一些成功——如HC-114A海洋哨兵中程监视海上巡逻机——但也有严重的失败。33.528m（110ft）岛级巡逻船的转换、重新配置和加长变成37.49m（123ft）后无法满足基本的适航性和安全性要求，导致8艘改装船被废弃，财务成本巨大（大约1亿美金）并使得海岸警卫队处于窘境。回想起来，一位项目经理表示，假定海岸警卫队缺乏有经验的重要项目收购人员，那么其影响范围就过大了。

在费尔法克斯郡，风险大都是政治方面的。初始目标是为所有公共服务创建一个中央摄入中心。然而，匹配各种法律要求的困难（例如机密性）、州机构的担忧甚至关键内部参与者之间的不和，导致战略被修改。尽管客户接纳完全一体化的初始愿景没有实现，但是费尔法克斯郡的公众服务系统管理部（DSMHS）实施了一个协调的服务规划系统，以从预期的公共服务客户那里接受询问、优先考虑那些紧急的请求、引导客户到交付服务所必需的政府和非政府机构的网络中去。

公共资金的最佳价值

分析的第四个领域是所提议的解决方案是否为公共资金提供了最佳的价值（例如，参见英国财政部，2008）。尽管这可能是很明显的事，但确切地计算构成"最佳价值"的内容往往是有问题的，需要有关成本与效益的预测，而这甚至对于最好的分析师来说都是一种挑战。对于公共管理者来说，以下是要解决的最为重要的问题：识别政府解决方案的可能成本，确定恰当的分析方法，并给出何种方式可以向公众提供最佳价值的答案，了解是否存在超出可以定量测量范围的"价值"问题，判断是否及如何考虑那些问题。

政府成本数据

通常，对可选择方案的比较是从当前政府提供公共产品或服务的成本或是基于之前交付类似项目的预估成本着手的。英国PPP项目"私人融资计划"介绍了公共部门比较仪的概念，用来作为分析PPP选择项的基准。该方法被其他国家和世界银行广泛使用，以检测政府产品和服务交付的选择，尤其是基础设施项目。

政府利用公共部门比较仪（PSC），通过检测私人投资提案与最有效的公共采购相比是否提供了价值来做出决策（科拉里，2012）。如果项目是由政府投资、拥有和实施的话，PSC估计了假定的风险调整成本。因此，它提供了估计选择性方案资金价值的标准。

在评估选择方案时，必须检测成本在何处下降并由何人承担。因此，如果某种行为节约了政府资金但提升了政府之外的成本，例如受到影响的客户，那些成本也是要考虑的。形成某一种选择方案或与之相配合，对政府来说也是有成本的。交易成本包括了形成合同或网络以及处理那些新的关系的成本。交易成本可能很大，因此对公共交付的选择方案进行检测几乎没什么意义，除非公共价值方面的利益很多。

成本分析的一部分是确定与私人或非营利部门供应商合作是否会导致在产品或服务供应方面的竞争。竞争应该会降低成本、刺激创新、为纳税人带来更好的价值。当英国开始其私人融资计划（现在被贴上了PPP的标签）的时候，其分析师发现有必要帮助形成一个竞争性的市场，以从合伙关系中获得所期望的节余（凯，福莱尔，2008）。规模经济也是分析的一个方面。在私人（或非营利）部门已经于特定职能方面具有大量能力的领域，规模经济可能会支持公共部门外包那种职能。

◇ 分析方法 ◇

公共管理者有许多可利用的方法来检测各种可供选择的工具。对政府项目来说，三种常用的选择分析方法是成本收益分析（CBA）、成本效益分析（CEA）和资金价值分析（VfM）。选择使用何种方法（有时不止一种）依赖于被检测方法的确切特性以及公共目标。

这三种方法具有广泛用途，被频繁地运用于分析资本或其他大规模投资以及主要项目中，并且在考虑合伙或网络关系时是有用的。它们有助于回答许多问题，例如：

● 社会所得对社会成本来说是正当的吗？经济判断认为，只有那些收益超过成本的项目或活动才应当被采纳。

● 项目会为自己买单吗？预算或财务问题处理的是，成本是否超过了项目可得的预算或期望的收入。

三种方法都没有给出"答案"，但是允许在实现目标的选择性方法方面进行合理的比较。

成本收益分析　成本收益分析是以货币形式来估计政策影响的一种方法[1]。可选择性方案通常是根据社会净收益来衡量的，即

$$净收益＝收益（以美元表示）－成本（美元）$$

例如，如果收益等于200万美元，成本是100万美元，那么净收益等于100万美元。

经济学家把成本收益分析（CBA）视为分析的黄金准则，因为所有的收益与成本都以货币形式表达，以便于计算净收益。CBA经常被用于主要项目，例如那些由美国陆军工程兵部队或者运输部资助的项目；然而，进行这样的分析是耗时且昂贵的。这也包括对某种收益美元价值的假设，有时候是有问题的。例如，尽管减少拥堵和节省时间往往是新道路建设的收益（可以用美元来估值），但是可能存在难以进行估值的溢出成本（例如污染）或收益（较少的焦虑）。

成本效益分析　成本效益分析（CEA）基于成本与可量化的（但不是货币化的）效应测量（或收益），对比政策选择方案。结果由成本效益比来表示，即

$$成本效益比＝成本/效益单元$$

例如，如果建造5mile（1mile＝1.609km）长的公路花费2000万美元，效益测量是1mile，那么成本效益比是2000万美元除以5（20/5＝4），或400万美元/法定英里。

---

[1] 成本收益分析以及成本有效性分析的十步骤过程的详细内容可参见塞利尼、凯（2010）的论著。成本收益分析法也可参见博德曼等（2006）的论著，成本效益分析法可参见莱文、麦克尤恩（2000）的论著。

CEA相比于CBA有许多优点。它使得分析师可以确定哪种选择能在给定总成本下提供最大的产出（效益单位），或者生产给定效益单位的情况下总成本最小。当决策者只关注一种产出或者只存在一种主要的收益时，它便是有用的。在比较两个或更多类似规模的项目时，它也是有用的。并且，它与CBA相比也往往更简洁，会花费更少的时间。

然而，CEA相对于CBA也有许多缺点。它并没有提供社会如何评估效益单位的任何信息。CEA比率经常隐藏两个项目在规模上的差异。它只能聚焦于一种（或少数几种）主要的产出。如果决策者关注多种产出，CBA会更好一些。CEA没有在效率或社会价值方面提供最低限度。

资金价值分析　资金价值分析检测经济性、效率和有效性，政府已经利用该方法运用其资源履行了职能（英国财政部，2006）。它可以被用来作为进行决策的预测分析的一部分，例如，公私合伙是否是政府交付公共产品或服务的首选方案。VfM集中于价值的三个关键成分：

● 经济性：重视适当质量的同时最小化所用资源的成本。

● 效率：依据产品、服务和成果的产出与用来生产这些的输入（资源）之间的关系。

● 有效性：目标实现的程度以及实现的产出达到预期的程度。

VfM由于其多维方法可能是不同的。它评估了价值定性与定量的方面，并从许多哲学视角着手处理问题。有人认为它是更为结果导向的，就像CBA和CEA都趋向于关注可以被以单位或美元来测量的产出。然而，它的弱点是，它并没有提供判断项目是否创造了社会净价值的最低限度。表7.3对三种分析方法进行了对比。

表7.3　CBA、CEA与VfM的比较

方法	成本收益	成本效益	资金价值分析
分析问题	何种方案相对于成本产生最高收益？	何种方案产生单位成本最高效益？	何种方案为公众提供单位成本最高价值？
成本测量	总成本，包括所有人的机会成本	总成本，包括所有人的机会成本	总成本，包括纳税人的机会成本
收益测量	任何人的总收益；以美元测量	依据效益单位测量的收益	任何人的总收益，以美元或其他手段测量
决策标准	效率：收益/成本比或净收益	效益：单位/美元或美元/单位	多元：成本/效益；长期产出，价值

其他价值或公共利益考量

尽管这三种分析方法是有用的，但是否可能测量所有对公众利益重要的价值仍然是一个问题。除了效率或效益的底线以外可能还存在一些问题。政府必须总是关注平等性问题。"热门车道"方案提议在某些州际公路的主要道路上开设付费使用车道，有些旅客愿意支付更多费用来避开交通拥堵。它们基于费用的结构已经被贴上了"奢侈车道"的标签，因为定价是以拥堵情况为基础的，要保持96.54km/h（60mile/h）的期望速度会形成很高的成本，而这只有非常富有的人才能支付得起。同时，这些车道经常为合伙用车提供折扣，并实现其他公共政策目标。在社会服务网络或合伙关系中，政府必须确保所有合伙人在处理其需求方面都保持同样的公平观。

政府被期望公平地并以正当程序提供服务，如果某人感到其并没有依据法律和现存政策获取应得之物，政府也应提供上诉的手段。私人或非营利部门的合作者可能不会对于过程细节进行同样的关注。

即便对政府来说交付产品或服务可能更具有成本效益，但是如果政府缺乏资源，就必须吸引潜在的合伙者来填补资源的缺口。利用既存的已经在政策领域比较活跃的非营利部门或独立的公共服务提供者（IPSP），可以为政府提供处理特定问题所需的额外资源。

> 佛罗里达州交通部（FDOT）利用VfM方法为I-595高速走廊改进项目审查备选方案。它比较了FDOT通过传统的由州政府投资的设计-建设方法进行供应，以及通过私人受让人设计-建设-融资-经营-管理方法进行供应的预估成本现值。州政府官员尝试不仅考虑分析的定量结果（这有利于私人受让人），而且还考虑长期服务质量和安全控制等问题，锁定生命周期成本、运用激励措施加快建设进程、转移适当的风险。他们最终选择与私人部门受让人进行PPP合作。
>
> 资料来源：安谷（2010）

案例分析

在对处理所面临问题的方法进行决策之前，费尔法克斯郡和海岸警卫队都没有做成本价值分析。在费尔法克斯郡的案例中，移民的涌入和财政约束使得运营方式必然发生变化。所制定的战略旨在更有效地利用有限的郡政府资金，并更好地协调所有机构的反应（公共的和非营利的），以更好地服务于增加人口的公共资源需求。

在对其深水资产进行资本重组方面，海岸警卫队的确在形成与私人部门合作的合同中使用了传统的最优价值分析。不幸的是，投标有限、任务的复杂特性使得比较分析存在问题。美国海岸警卫队（USCG）最终促使两个私人竞争对手，即洛克希德马丁公司与诺斯罗普格鲁曼公司形成私人合伙关系，并随后与海岸警卫队进行合作。

绩效测量与责任担保

有效的绩效测量对于确保可由公共管理者选择的任何方案的责任来说都是重要的，并成为管理责任日益重要的部分。在为交付公共产品与服务而审查可选择性战略时，公共管理者必须考虑哪种绩效测量类型是恰当的、如何使用该方法以及为了所期望的结果该方法在确保合适的职责——纵向的与横向的——方面是否有效。对公共管理者来说，要处理的最重要的问题是决定绩效测量将如何被用于保持所选方案的正常进行，决定何种类型的绩效测量在特定工具或所选择方案下是有意义的，并决定如何利用绩效测量来确保公共利益方面的责任。

绩效测量的类型与运用

绩效数据既有内部用途也有外部用途。从内部看，它们可以通知利益相关者（在合伙、网络或独立的公共服务提供者中）绩效水平与所需要改进的领域、提供趋势资料、促进参与，并且可能有助于制定资源分配决策。从外部看，测量可以与投资者和市民共享、展示成功，并提供最佳实践的描述。合适的绩效测量依赖于解决方案及备选工具。然而，绩效测量的某种方法或原理可能比其他方法更为突出。

对于所有由政府资助的项目来说，浪费、欺诈和滥用是一系列普遍的担心。公共管理者对于托付给他们的资金负有直线责任，要关注那些资金是否被用于传统的政府项目、作为合同或合伙协议的回报、集中于服务供应商网络或用来支持独立的公共服务提供者（IPSP）。因此，有些绩效测量必须确保资金在恰当的控制与审核下花费，以避免欺诈性花费或其他不能满足公共目的的花费。

形成**KPIs**是识别成功关键性指标以及要协作者负责的有益实践。例如，在道路公私合伙（PPP）中，一个关键指标可能是"道路充分可得的时间百分比"。通过只对要紧的关键性指标的关注，合作者可以集中其精力，并且政府可以运用那些结果来奖励成功或惩罚失败（例如，通过扣发付款或征收罚款）。

另一种方法是平衡记分卡，这是一种战略绩效管理工具，管理者用它来记录活动执行情况并监控这些活动所产生的结果。它既关注财务测量，也关注非财务测量，例如客户服务、内部流程、组织学习。自20世纪90年代早期开始，平衡计分卡的架构就已经被广泛应用于说英语的西方国家和斯堪的纳维亚。自2000年起，记分卡及其衍生工具（例如，绩效棱柱；尼利，亚当斯，肯纳利，2002）和其他类似工具（例如基于结果的管理）的运用也在中东、亚洲和说西班牙语的国家中成为普遍现象。世界范围内的公共、私人与非营利组织，广泛地利用记分卡将其活动与组织的愿景与战略相匹配，改善内外部沟通，针对战略目标监控组织绩效，以给予管理者和执行官更为平衡的组织绩效视野（平衡计分卡研究所，2012）。

评估绩效可以使用多种测量指标。表7.4是所建议和描述的一些测量指标。

表7.4 评估绩效测量的标准

测量标准	释义
相关性	测量内容与合伙、网络或独立的公共服务提供者（IPSP）的使命、目标具有紧密联系
及时性	当需要做出决策或需要修改项目需求时，可以进行测量
脆弱性	对跨部门合作活动进行公平评估的测量，没有受到导致测量不能使用的外部因素（超出了协作者的控制范围）的较大影响
合法性	内外部利益相关者会发现测量是合理的，并与他们对合伙、网络或IPSP的期望相关
可理解性	内外部利益相关者理解正在测量的内容及其原因
可信赖性	用于跨越时间和活动领域搜集数据的一致性测量程序
可比性	在可行的时候，测量指标与其他领域用以绩效基准测试的指标类似

资料来源：凯，纽科默（2008）。

责任担保

形成良好的绩效测量只是确保适当责任的第一步。那些测量必须是我们在第10章所详细讨论的责任总体战略的一部分。然而，有一些总体评论我们认为是重要的。测量必须要在任何协商的合伙、网络形成之前进行，并连同所有关键的合伙者一起完成。这种责任方面的预先协作性协议是必要的，但经常在仓促形成协作关系时被忽略。测量方面的广泛共识会在它们成为关键性问题之前有助于用来纠正问题。测量指标可能在项目执行过程中必须进行调整，但了解你的目的并在关键性测量指标方面形成广泛认同是良好的开端。

在谁来搜集资料以及搜集频率方面也要制定一个决策。测量指标必须按常规搜集，并与所有合伙者以公开透明的形式分享。"不良数字"应该被用来追究合伙者的责任，但并非以报复的方式，而是作为鼓励项目中持续改进的过程。测量结果通常可以与主要的利益相关者群体、投资者和市民进行共享。

⌄ 案例分析 ⌄

　　成功的合伙或网络关系的关键是，在合伙或网络关系完成之前形成KPIs。在费尔法克斯郡的案例中，郡公众服务系统管理部（DSMHS）在绩效测量体系的设计与实施中涉及非营利社会服务组织及其自身的职员。他们雇用了一位流程协调员来检索和管理资料，对所有主要的合伙者来说这在日常基础上都是可获得的。结果，每个人都对指标表示赞同，并在其自身努力下使用信息。

　　在海岸警卫队的案例中，公私合伙（PPP）项目在没有形成绩效指标之前就被授予了综合海岸警卫队系统（ICGS）。这在实施阶段成为重点，并导致了平衡计分卡这一广受称赞的方法。然而，关键性测量并未被写进与私人合作者的合同中，当合作关系解除时，测量的有效使用问题仍大多未得以解决。

结论

　　在处理艰难的政府挑战时，公共管理者目前有机会来审视多种选择。然而，为了这样做，他们需要一个框架来充分考虑这些选择以及管理这些选择的需要。有可能诸如独立的公共服务提供者（IPSP）这样的选择将会展现出管理者并未考虑到的一些方面。我们相信先前的方法将会有助于管理者评估其选择。附录部分为公共管理者提供了框架的概要。

　　在公共管理者评价公共产品和服务的传统政府供应时，该框架在任何时候都是有用的。由于特定的问题会导致不同的选择，认为以某种方式回答问题将会为最佳选择提供确切答案是不可能的。每一种情况都是独特的。然而，以下的讨论着眼于相比政府供应和传统契约的四种协作方式总体的优缺点：协作契约、网络、合伙与独立的公共服务提供者（IPSPs）。

⌄ 协作契约 ⌄

　　由于问题更为复杂，协作契约正变得更为普遍，政府也许不知道怎样确切说明其所想要的东西或者交付公共产品或服务的最佳方式，至少依据传统契约的典型文本是这样：

　　● 优点。当政府通过合作而不是指令的方式处理合同，从而可以利用私人与非营利部门优点的时候，公共管理者就应该考虑协作契约。私人和非营利部门可能已经接触到了公共部门所缺乏的专业知识或客户。它们可能处于更加有利的地位来决定怎样能最好地利用那种专业知识、当地知识或与政府目标人群的关系。然而，甚至协作契约也必须具有清晰和可测量的目标，或者用来测量合同成功的结果。

● 缺点。协作契约涉及信任的跃升，因为可能包括在传统合同里的重要细节与规定并没有出现在协作契约中。更确切地说，公共管理者必须依靠与缔约者形成信任。当信任并不存在或者信任的形成有问题时，公共管理者不应该选择这种替代性方案。在最终分析中，唯一强制性的要求就是合同中的那些内容。公共管理者用特定的产出或测量结果设计这些合同的能力是很重要的。

合伙与公私合伙（PPPs）

合伙是双方在结果方面具有相同（或接近相同）利益的协作关系。如果合伙失败，每一方都会损失一些重要的东西。因此，应该存在强烈的激励去分享信息并保持紧密的工作关系，以共同处理公共问题：

● 优点。合伙在许多情况下都具有吸引力：政府没有处理问题的资源和方案；私人部门有潜在市场或商业方案，或者非营利部门有特殊的地方知识；共担风险是可行和可取的；合伙成本没有超出给公众带来的价值；政府具有或可以形成处理合伙关系的能力；政府可以建立KPIs以评价合伙成功，并为结果而追求责任。

● 缺点。不应当在以下情况中选择合伙：政治处于困境时（没有权威立法，没有一流的潜在的干扰）；潜在的私人或非营利部门没有以知识或资源的方式把很多东西推到台面上来；存在强烈的责任问题（测量困难，无力追究合伙人责任）；共担风险有困难或不合适；创建和管理合伙关系的成本可能超出了增加的公众价值。

华盛顿首都地区I-495环城公路的热门车道在许多方面都代表了PPP的有效使用。私人12亿美元的融资被调拨（与州和联邦政府的融资相匹配）并被视为增加新车道的关键点。私人部门合伙人（运城公司领导的财团）承担了这种风险，即管理道路汇集的费用要能充分提供具有吸引力的投资回报。运城公司具有管理其他公路项目的经验，并为该项目带来专业知识。环城公路那部分的延伸意味着对沿线无数高架桥的维修和替换，弗吉尼亚州在某种程度上将这一重要和紧迫的指标改善成本转移给了其他合伙者。

在该公私合伙（PPP）项目中仍然可以看到政治的可接受性。尽管已经告知公众并进行了公共关系工作，但是交通拥堵费还是令许多司机大吃一惊。为合适的通勤时间付费可能对许多司机来说都是一种负担——他们很可能觉得已经通过税收支付了这笔费用。然而，甚至对那些不使用热门车道的人来说，道路扩张也应当降低整体的通勤时间，让一些出行者从现有车道转至热门车道。这一公私合伙（PPP）结构与许多在全国和国际范围内考虑的项目是类似的；不管是公共融资还是私人融资，收费对于偿还支付公路扩张所借资金的本息来说都是很重要的。

∧ 网络 ∨

在交付多种社会服务方面，网络合作在州和地方政府中是很普遍的。它们也日益被应用于应急管理和国家安保等领域。

● 优点。当多种主体和部门拥有可用以应对问题的资源时，网络选择在许多情况下都是可行的；政府不必控制每一个细节；创新被高度尊重或解决问题的知识广泛播散；创建和管理网络的成本没有超过所形成的公共价值；网络合伙者同意在其知识范围内处理风险；网络合伙者赞同测量绩效并确保责任的机制。

● 缺点。网络合作在以下情况中很可能是不可行的：垂直责任存在问题；形成网络的交易成本超过了网络的公共价值；政府不能共担风险或者网络的内在风险很大；结果测量有问题；政府和非政府主体之间的区分模糊对公众造成了问题。

卡特里娜飓风在网络合作的承诺与陷阱方面都有清晰地描述。网络合作在灾后重建中被用于协调政府（多层级）、企业和非营利部门的工作。没有一家政府机构能够控制对飓风的整体应对、需要被指挥到该地区的资源以及分布于本地、该区域、全国甚至国际范围内的受害者。作为寻求调动资源与反应的差异化组织，存在着一个共享的认识即管理者需要在其自身组织的实时控制中进行运营并应对风险，同时力图将其努力整合到更宽泛的活动与优先考虑的范围中。此时，面临的挑战是用有限的交流和对其他主体行为与决策的认知度来做此事。尽管特定的反应活动包含了高度的复杂性，但是在那些网络内部的运营中，对于向受影响的人群提供安全设备、食物、水、电力和避难所这一使命有着根本性的理解。在需要何种行为方面的共同认识，很好地适应了这一网络模式。

尽管这些努力已经是最好的了（在某一时候还是英勇的），但是卡特里娜飓风灾后反应的有效性分析发现，在物资和产品部署中仍存在着大量错误沟通与延误（科利巴，米克，齐娅，2011）；跨部门行动方面的意识缺失，导致了阻碍有效运作的控制权之争；提供帮助的业务也并没有得到充分利用，所有这些方面都反映出网络方法所潜在的缺点。在理解紧急情况中各种可能角色的职责和身份以及沟通能力更强的情况下，更好的前期规划与情境模拟将会在对自然灾害做出反应时改善网络治理的方法。哥伦比亚特区城市应急组织在这种规划方面的运用，使得对于2001年9月11日袭击五角大楼的反应能力有了提高，这是政府间和跨部门合作的正面例子。

∧ 独立的公共服务提供者 ∨

由于独立的公共服务提供者可以完全存在于政府之外，所以它们作为一种选择还是有些不同。公共管理者作为投资人、助威者、信息提供者或是保护公众利益的监管者，其角色可能是决定公共部门是否以及在何种程度上应该与独立的公共服务提供者（IPSP）相对接：

● 优势：IPSP最大的优势是其在政府框架之外运行的能力，所以它会具有创新性和灵活性，而政府在这方面往往更加死板并以过程驱动。无论是在其使命和目标与公共部门一致时，还是其所追求的结果与公共部门的一样（或相似）时，公共管理者都应该尝试利用IPSPs。

● 劣势。从公共管理者的视角来看，IPSP的优势也是其潜在的最大劣势，因为其独立性，IPSPs很难像其他做法那样对结果负责。公共管理者必须首先决定，IPSP自身如何测量其成果，并且判定某些合法的责任结构（例如董事会）是否存在。公共管理者也可能必须为公民投入找到一种机制。

第6章所讨论的被忽视的热带疾病全球网络（GNNTD），其自我管理和财务独立反映了IPSPs所带来的利益。GNNTD建立了自己的使命与目标，并与其成员的观点保持一致，即它们想要查访的疾病还没有得到全球健康关爱捐赠者的足够重视。针对全球疾病和瘟疫的联邦项目已经把艾滋病、肺结核与疟疾作为解决的重点。GNNTD已经得到了来自盖茨基金会的资金支持，并正在实施治愈这些疾病的国内项目。该项目的努力与全球卫生界对于被忽视的热带疾病（NTDs）的重视是相一致的，但是，GNNTD支持的项目远远超过美国政府所支持的项目。对于那些提倡要更加关注NTDs的人来说，IPSP是一种很不错的方式。

然而，被忽视的热带疾病全球网络（GNNTD）的相对独立也意味着，其努力可能会被视为对于更大的全球政策背景的脱离。由GNNTD所产生的资金将来会更好地被用于美国和全球卫生界所认可的重点项目中吗？ GNNTD也努力成为资助NTD的坚强拥护者，但是其他组织（例如英国反NTDs联盟）仍然很活跃，如何解决不同团体之间的任务重合问题并不清晰。

考虑到公共管理者的选择，会产生许多重要的问题，我们将在本书的第2部分"管理跨部门协作"中进行更为充分的解决：

● 在合伙、网络以及独立的公共服务提供者（IPSPs）的新时代中，当前的官僚公共管理模式还是适当的吗？

● 在新的协同环境中，公共管理者如何进行引导？

● 我们能够在公共利益方面持续承担适当的责任吗？

● 在让公共管理者准备进行这些新的选择方面，公共机构能力培养的最佳路径是什么？

对于公共领导者与管理者来说，协作方面的安排如协作合同、合伙、网络以及独立的公共服务提供者（IPSPs）为公共产品提供了备选方案，这些公共产品可以为公众提供价值。然而，在做出这些方案是否应当被执行的任何决策之前，都要进行高质量的分析。

附录：分析框架总结

领域	关键问题
公共任务或问题的性质	
单部门或多部门解决方案	1.单部门中可以得到解决方案吗？ 2.创新需求支持的部门不止一个吗？ 3.这是一个短期问题还是长期问题？ 4.我们正在解决整个问题还是只是问题的一部分？
对私人（商务）或非营利解决方案的敏感性	1.商务途径能有助于缓解问题而不会产生公平问题吗？ 2.该问题正在非营利部门中着手解决了吗？ 3.对于当地知识的需求是建议与地方私人部门还是非营利部门合作呢？
政治考虑	1.所推荐的选择合法吗？或者它需要新的法规来推动吗？ 2.所推荐的选择方案有没有政治上的拥护者？ 3.这种解决方案会带来更多的还是更少的政治干预？ 4.对于不同主体将会受到该方案的影响，是否已经进行了利益相关者分析？ 5.私人或非营利合作者的介入，是能在额外资源方面提供助益还是会给公共管理者把控结果带来更多困难？
资源需求与能力	
解决问题所需要的资源	1.政府拥有必要的资源（资金、人员与创新思想）吗？ 2.那些资源存在于哪些部门？ 3.那些部门在解决问题方面是潜在的合作伙伴吗？
组织能力	1.你充分分析了环境并且了解问题解决中每个部门可用的能力吗？ 2.你考虑了所有合适的利益相关者了吗？ 3.你具有适宜的风险评估与分配方法吗？ 4.你有沟通策略吗？ 5.你有适当的流程来同时实现纵向与横向责任吗？ 6.你要所有主体都肩负责任的方法是什么？
风险识别与配置	
风险类型识别	1.你对可能在推荐方案中出现的风险类型进行识别了吗？① 经济风险；② 政治风险；③ 不可抗力 2.推荐的解决方案会形成部门角色的模糊吗？
风险分配	1.哪种类型的风险可以被分担？ 2.有些风险是政府固有的吗？ 3.哪种合作伙伴最能容忍风险？ 4."风险溢价"会过度吗？
其他考量	1.所选方案失败对于政府带来的结果是什么？ 2.对政府其他层面或其他部门来说，存在溢出成本吗？

续表

领域	关键问题
公共资金的最优价值	
政府成本数据	1.可以获取政府成本数据来比较备选方案吗？ 2.能够形成"公共部门比较仪"吗？
分析方法	哪种分析方法是最合适的？① 成本收益分析；② 成本效能分析；③ 货币价值分析？
其他价值考虑	1.存在需要解决的公平问题吗？ 2.通过带来额外资源，这种方法有助于利用公共资金吗？ 3.如果备择方案被选定，例如机构士气或者形成高绩效公共机构的一致性，对于政府机构的影响会是什么？
政治考虑	公共部门机构应当被给予同备选机构"竞争"的机会吗？
测量绩效并确保责任	
绩效测量的运用	你将如何运用绩效测量：告知并追踪流程，纠正内外部偏差
测量类型	1.给定问题和推荐方案的性质，哪种测量系统的类型是最合适的：① 关键绩效指标；② 平衡计分卡；③ 阻止浪费、欺诈和滥用？ 2.测量是清晰、透明和现实的吗？ 3.其他测量标准的哪些方面是重要的？
让合作伙伴负责的方法	1.合作伙伴可以被要求以特定绩效为目标吗？ 2.你能够同时实现纵向与横向责任吗？ 3.谁来纠正数据？
其他考量	1.在为想要的方案形成合适的测量体系方面，存在政府方面的能力吗？ 2.需要灵活性来调节变化的情境吗？ 3.公民如何参与绩效评估？ 4.在必要时，该方法可以在不给政府过度重负的情况下被改变或终止吗？

 案例研讨 --

职业培训中的跨部门协作

你是社会服务部（DSS）执行官的助理。州长正在从事一场运动，在州内增加就业培训，把人们从领取州福利金转变到就业状态。当前，DSS内部的职业培训部（DET）提供这种服务；然而，州长以及州立法机构都对当前的结果不满意：每年花费2000万美元，DET却只能为领取福利金的一小部分人找到工作。该项目由20个地方机构运作，在面对50万个接受福利金的成年人时，其目前安置工作的成功率低于10%。福利支出每年花费州政府20亿美元（加上项目行政管理费用，每人每年平均花费大约4200美元）。

考虑的问题

1.如果目标是使得DET更加具有成本效能，你会选择跨部门协作的哪种方式？

2.阐释跨部门协作的选择将如何获得比其他方式更好的成本效能培训？

第 2 部分

管理跨部门合作

第8章

对公共管理新模式的需求

本章提出了这样的问题，即当前集中于管理和领导官僚制的公共管理模式，对于今天的跨部门协作挑战来说是否已经足够了。本章首先检验了当前模式的特征以及对该模式和包括新公共管理学所表现出来的各种反应，然后探索了可替代的概念。本章最终形成了创造公共管理新模式的临时性框架，这种新模式可以更好地在多部门环境下接近我们当前的挑战。

官僚制模式为现代政府提供了相当好的服务，尤其是在发达国家中（威尔逊，1989）。该模式依据项目如何被交付以及怎样防范任人唯亲、欺诈和滥用而提供了一定程度的稳定性，并且在为大多数市民提供公共服务方面取得了许多显著的成就。然而，这一模式可能无法处理当今的主要挑战，例如气候变化、基础设施恶化以及健康卫生体系的浪费和不足。这些挑战具有一些共同的要素：

- 它们是跨司法区域的，跨越了地方、州甚至国际边界。
- 它们是多项目制的，经常涉及若干不同的政府项目和机构类型。
- 它们不适于命令 - 控制型的问题解决方式。
- 公民往往与政府间接地互动；它们主要是与私人或非营利性部门接触。
- 领导力是扩散的，并且必须经由协调来获取最佳结果。
- 规则与程序可以提供框架，但是灵活性是成功的关键。
- 规则由一个阶层的知识和能力来决定，而不是由该阶层的职位权力来决定。

因此，这些问题与那些20世纪官僚制模式盛行时的问题在性质上有许多不同之处。

美国公共管理中官僚制模式的历史起源

理解官僚制模式的影响需要对其起源和演化进行审视。自从该模式在美国发端以来，公共领导者们为了完成政府的任务在适宜性结构方面已经进行了争论。约翰·罗尔（1986）注意到，尽管"行政管理"这一词汇没有在美国宪法中出现，但是"行政管理这个词及其同源词在《联邦党人文集》中出现了124次；比'国会''总统'或'最高法院'出现的频率还要高"（第1页）。显然，该词汇的创造者热衷于公共管理在实现新国家政府责任方面的作用。最初，新的国家治理方法大多是通过地方政府来实现的；然而，到了20世纪中期，联邦政府开始扮演了重要的行政管理角色。

公共管理当前模式的起源逐渐显现于20世纪早期的美国——以官僚制的形式首先被马克斯·韦伯（1864～1920）进行研究和分析。韦伯是德国社会学家、政治经济学家和行政管理学者，他对官僚制和行政管理研究做出了重要贡献，包括诸如对岗位专业化、考绩制、统一原则以及程序、结构、层级的规则等问题的研究。同时代的弗雷德里克·泰勒、亨利·法约尔、埃尔顿·梅奥，正如在美国专门公共管理的早期学者之后所做的那样，对这些问题也进行了研究。

韦伯在他1922年出版的著作《经济与社会》（1947年翻译版）中，描绘了公共行政管理与政府的许多理想类型，包括一种他称为官僚机构的类型，而他的著作使得该术语广为流传。现代公共管理的许多方面都可追溯至韦伯，并且一种经典的阶层制的"大陆"式行政部门被称作"韦伯式行政部门"（胡奇，2001）。韦伯相信，阶层制是组织政府的最有效和理性的方式。

当然，官僚制在美国的发展并不是因为韦伯的缘故，而是因为不断复杂的政策问题在范围和规模上都要求更加有组织的公共管理应对措施。古德赛尔（2004）认为，中央集权的美国官僚制度的全盛期出现于20世纪的1/3～1/2时，即20世纪30年代到20世纪60年代，当时美国正挣扎于大萧条、第二次世界大战、民权、消费者安全以及环境保护等问题中。当今政府的行政管理结构大多在这一时期中形成。

构成目前模式的是什么呢？官僚制管理是正式的组织系统，它以清晰界定的阶层和社会角色为基础，来维持效率、效益和责任。至于政府，它有着某些清晰的特点：

1.由立法机关的法案建立起来的公共项目为交付那些项目的政策、资格和流程负责。

2.公共项目覆盖了特定的公共部门、专区或其他政府单位并得到实施。

3.专业的行政部门干部运用传统的官僚交付方法所交付的公共项目，具有以下特点（艾伦2005）：

- 分层组织报告结构。
- 固定活动领域中权威的界线。
- 以书面文件为基础得以采纳并记录的行为。
- 专业培训下中立官员所履行的规则。
- 由组织而非个人判断技术资格的职业晋升。

4.直接与市民或其他由那些项目所服务的委托人互动的公正的公务员，并向所有具有资格者平等地提供服务。

5.严格的纵向民主责任。

官僚制的优点

官僚组织形式具有提供期望结果的潜力。在面临不一致的市民需求的民主政府中，官僚制总体上可以确保对产品和服务进行平等地分配。由于其理性特征和组织市民需求的非特定方式，官僚制可以在给定的社区或委托人群体中，以同等的效率水平为所有人提供理想的服务。官僚制形式往往为有效的和平等的服务提供了基础。

美国社会安全体系是官僚制的成功案例，它完美地匹配了官僚制模式。国会形成了项目，建立了资格标准和分配公式，并创建了一个机构来进行管理。社会安全管理部门（SSA）在全国范围开设了办事处，以便与公民客户进行直接接触。公众可以在当地办事处，或是通过电话、互联网与SSA直接互动。资格与付款方式是依据所建立的规则与程序由公正的公务员来决定的，对于那些不满于初始裁决的人来说，这个流程很具吸引力。责任通过SSA层级体系由行政长官维护，该官员由总统任命并由参议院确认。这个系统工作良好，而且公众舆论也大力支持：电话调查显示，与那些私人部门的典范例如诺德斯特姆公司和LL Bean公司相比，SSA在客户满意度方面具有更好的声誉（古德赛尔，2004）。

尽管痛斥无耻的官僚制很容易，但是公众对于联邦、州和地方层面特定官僚机构的态度往往是相当正面的——获得了比许多相应的私人部门更高的评级。其中，取得较高分数的机构有美国邮政、海岸警卫队、国家卫生局、疾控预防中心、美国国家航空和宇宙航行局、地方消防部、公共健康诊所以及州和地方的公园和娱乐部门（艾米，2011；古德赛尔，2004）。官僚制成功的案例包括极大地改善了多数美国人的健康状况，提供了更清洁的空气和水源、更好的天气灾害预报、银行和存贷款保护以及更加安全的食品和药物。事实上，我们习以为常的大多数事物之所以能较容易地被提供出来，是因为联邦、州和地方官僚机构都是以公众利益来产生惠及所有美国人的政策与成果的。

这些项目的成功有多种原因。国会和州立法者通过了有效的法律；公共机构往往在不止一级政府层面上创建了执行该项目的规则；具有奉献精神的公务员有效地监管了该项目；这些项目中有些适于传统的公共管理模式，即依赖于阶层的官僚模式；其他项目则依赖于另外的主体，如非营利组织甚至是完全实现这些项目的私人组织。

美国官僚制的批判

美国的官僚制时常受到批判，该模式的反对意见往往与对政府自身的诟病相一致。古德赛尔（2004）发现了反官僚批判的三种主要类型：业绩不佳，服务于精英者利益而凌驾于全体公民利益之上，形式主义压迫和对特定客户需求普遍缺乏关注。第四种批判来自两性关系学者以及组织中沟通模式的研究者。

在这些批判中，集中于业绩不佳和官僚制刻板的研究占据了文献的大多数。在美国的官僚制实践中已经确定的问题包括"反应迟钝""僵化""武断""训练有素的无能""职业精神病"以及"专业异化"（参见威尔逊，1989；奥斯本，盖布勒，1992）。其他对于官僚制的批判思想大多来自当代的组织理论家，他们关注了官僚制结构对于员工动机和态度的影响。阿德勒和鲍里斯（1996）指出，组织研究在动机和官僚制方面呈现出两种相互矛盾的观点："根据消极的观点，组织官僚制扼杀了创造力、滋生了不满、使员工失去了动力。根据积极的观点，它提供了必要的引导、明确了责任，因此缓和了角色压力并有助于个体感受到更多的有效性"（第61页）。威尔逊（1989）认为，官僚制失败的主要原因是僵化：只要我们"解除政府管制"，我们将"释放其成员的企业家能量"（第369页）。

性别学者的批判主要集中于他们对于男权统治组织的现代理性主义者的反对。女权主义学者认为，官僚结构给予男性沟通方式的特权、淡化了直觉和经验知识、减少了员工的创造力，并且鼓励了与历史上男权统治的层级式机构例如政府保持一致。

层级沟通追溯至科学管理运动，该运动为了提高效率寻求在政府机关将角色和责任系统化和明晰化。这一结构为了决策和使关系制度化而描绘了一条最终的命令链。然而，自从20世纪初该模式被引介以来，工作场所已经发生了巨大改变：组织由于来自不同文化的男性和女性加入工作场所中已经更加多元化，官僚制由于跨部门合作的增加而比以往更加复杂。该系统的一个可替代模式是提升参与和包容的协作方法。协作沟通"鼓励参与，共享信息和权力，并提升他人的自我价值"（马姆比，1996，271），然而，层级式沟通却鼓励工人"为了树立一个赢家而殊死竞争"（赛义德，默里，2008，419）。

沟通、管理、社会学以及性别理论方面的研究者已经对于自上而下的沟通方式进行了识别，并认为这些结构必须在组织演进时进行适应。首先，这个沟通风格排除了在层级模式中感觉不舒适的男性和女性员工。20世纪20年代，玛丽·帕克·福利特对于这种方式的不足进行了详细阐述。她坚信，命令的发布会带来许多问题；要求无条件地服从未经许可的甚或不被理解的命令，对于员工有效地解决问题来说会形成一种抑制（福利特，2003，2007）。在她看来，层级沟通模式抑制了积极主动的决策制定：命令使得非个性化达到了这样的程度，以致于员工忘记了如何发现创新的解决方案（福利特，2003，2007）。最终，不喜欢自上而下僵化结构的男性和女性被"边缘化，并且（他们的）沟通方式在组织和群体互动中受到轻视"（赛义德，默里，2008，419）。

改革官僚制国家

20世纪，修改或变革官僚制行政管理国家的努力反复出现。改革努力大多集中于成长中的政府如何在运行中更有效果和效率。例如，1912年，塔夫脱经济和效率委员会领导了对联邦预算的采纳；1947～1949年，胡佛委员会（行政机构）领导了广泛的行政机构重组，以提高政府的效率和有效性。20世纪前半叶的大多数改革都旨在促进联邦职能的集权化，允许行政机构更多地进行层级控制。20世纪下半叶，这种集权化趋势开始有所转变。

对于联邦政府发展的关注促成了第二个胡佛委员会（1953～1955）的建立，该委员会建议缩减并废除与私人企业相竞争的联邦政府活动。当越来越多的项目管理开始转移到州政府时，处理政府间关系的凯斯滕鲍姆委员会（1955）改善了联邦与州政府之间关系。1982年，格雷斯委员会（成本控制审查的总统私人部门）研究了私人部门的实践活动，并将其与公共部门的实践活动相对比，发现在政府部门中存在着大量的浪费和无效。许多州政府都设置了"小"胡佛委员会或格雷斯委员会，这也是联邦层面的努力在州政府的一种反映。

然而，这些改革的努力没有对官僚制管理中基本的韦伯式原则提出过质疑。改革寻求增加责任（通常对于首席执行官来讲）、精简运行，并使得官僚模式更加有效率和有效果地发挥作用。20世纪80年代，这些发生了改变。在过去25年中，反官僚的力量联合在了一起，并支持一种新的公共管理模式，该模式以那些想要创建一种更具企业精神和竞争性的公共部门的人作为例证（奥斯本，盖布勒1992）。对于这些改革者们来说，当今的公共部门陷入了繁文缛节无休止的泥沼之中，更多地由过程驱动而不是结果（戈尔，1933）。

⌃ 新公共管理 ⌄

20世纪80年代所涌现的是在新公共管理（NPM）大标签之下的改革，是横扫世界的"政府部门改革的浪潮"（凯特尔，1999）。新公共管理思想的广泛采纳反映了其主张被包括世界银行在内的许多国际性组织所拥护。新公共管理很大程度上是对于政府机构已经过于庞大和无效这种感觉的一种反应。在州政府发展和州福利政策改善多年以后，许多人开始质疑州政府的运作水平以及州政府干预的手段。然而，新公共管理运动不是对层级和权威的基本原则提出质疑，而是建议把基于市场的原则整合到交付模式中，并从总体上缩减政府的规模。

尽管新公共管理的根源可以追溯到弗里德里希·哈耶克（1944）、米尔顿·弗里德曼（1962）和其他学者的反福利国家的著作中，但是新西兰和英国是 20 世纪 80 年代第一批大规模支持新公共管理概念的国家。新西兰通过 1986 年的国有企业法案、1988 年的国家部门法案、1989 年的公共财政法案，开始了系统的政府重组。除了一些职能的私有化以外，它还建立了许多半自治的国有企业（SOEs），并将其余部门分拆为更小的和更集中的单位。新西兰的部长与国有企业的首席执行官达成协议，详细规定了一年的产出成果。这些首席执行官在定期合同之下来任命，并且不必来自公务员队伍。他们在人员聘任、采购供应品、选择投入组合方面具有灵活性，以在预算和法律所设定的限制范围内生产所议定的产出。

在英国，玛格丽特·撒切尔首先将私有化作为对预算问题的实际反应，接着在更广泛的背景下采纳新公共管理。1988 年，保守党政府发起了"下一步"创始计划，将政策制定和战略方向从实施及服务交付中分离开来，并将包含在服务交付中的内容组织到"行政机构"中。每一个机构都有一位首席执行官领导，该执行官与其对接的部长商定框架协议，设定机构的绩效目标、首席执行官的责任以及其他运营安排。为了使得这些机构能对公众肩负更多的责任并提高其服务交付的（质量）标准，政府在 1991 年开始了公民宪章计划，公共机构借此设定并发布服务标准，从而承诺满足特定的绩效目标。

当 1997 年托尼·布莱尔的劳动党执政的时候，他们延续了保守党体制下的许多政策，尤其是在运用私人部门交付一些关键性公共设施方面。最初被劳动党称作私人融资计划，之后又被称为公司合伙（PPP）的形式，使得英国能够在不增加公共部门债务的情况下拓展服务。新的公路、学校、医院等都是由私人财团建立并管理的（福莱尔，凯，2008）。

新公共管理所建议的改革并没有对官僚制模式的基本假设提出挑战，除非是在他们迫切要求政府交付公共物品与服务的方法要有更多的创造性、灵活性以及创新性方面。然而，改革是对官僚制模式进行挑战的首要努力，因为该模式并不能满足当今公共部门的责任。

尽管改革的性质由于国别而不同，甚至在国家内部也会由于政府层级而不同，但是新公共管理的改革日程都包含着以下要素：弱化或重新界定政府角色、鼓励私有化与竞争、运用私人部门专家、更加以客户为中心、向地方政府分权、更加以结果为导向、形成更多的透明度以及为结果负责。

确定新公共管理支持者与反对者的基本哲学理念和意识形态并不容易。问题的核心在于，新公共管理背后的思想或目标是双重的，并且在某些方面是矛盾的。一个总目标是弱化政府的角色。在交付产品和服务的大多数情况下，这种保守的或新自由主义的目标都将市场机制看作是更优越的。第二个总目标至少部分与弱化政府的目标相抵触，是"彻底改造"政府以更加有效果和有效率地为市民和其他客户工作。这种"管理"目标受到商业环境中"最佳实践"的影响，例如，爱德华·戴明的全面质量管理运动（戴明，1986）❶。

新公共管理拥护者们支持对政府发展进行再评估，并对政府如何发挥作用进行再思考——区分政府责任和政府规定。因此，政府或许要对公共健康负责，但并没有进行固体废物移除；政府可能想要确保每个儿童都受到教育，却没有经营公立学校；政府可能发布了规章制度，但没有运营印刷出版社；政府可能要确保合理的电价，但没有经营电厂。

对新公共管理的反应

对公共管理的批评集中于效果和流程。他们认为，通过私有化和外包来降低政府作用的效果是得到了一个被削弱了的政府，这样的政府不能照顾穷人以及那些不能在市场经济中进行充分竞争的人。此外，强调政府管理者效率和创业活动的新公共管理流程，妨碍了民主治理以及其他被高度称颂的价值观，例如公平、正义和民主参与等。

特里（1998）认为，支持新公共管理的概念是一种"管理思潮"或"管理主义"，其狂热的创业者风格"对于民主治理是一种威胁"，因为新公共管理威胁到了官僚制模式内在的层级控制（第197页）。通过管理主义，特里以民主价值观和明确的责任为代价，特别强调了商业管理原则。

对特里来说，这种管理思潮混合了"自由化管理"和"市场驱动型管理"。自由化管理在保罗·赖特（1997）和其他学者的著作中比较常见。他们的观点集中认为，管理者是"好人陷入了糟糕的体系中"（戈尔，1993）。正是这种官僚体系导致了较差的政府绩效。特里和其他学者（例如莫，1994）主张，这种管理思潮在公共管理者的合法性方面形成了许多问题。他们认为，这将公共管理者的角色从之前界定的政府目标的执行者转变为了不考虑充分的民主控制或责任而创建公共政策的企业家。"毕竟，公共管理者是人民的公仆"，科林·戴弗（1982）这样认为，"正如宪法和法律所表达的那样，他们的行为必须源自被治者的同意，而不是任何个人的价值体系，无论它有多么高尚"（第404页）。

相比之下，新公共管理的支持者认为，管理人员必须进行领导（贝恩，1998），因为立法和行政的方向常常缺乏专一性。公共管理者没有领导力的话，就只会忠实地对所批准的流程负责，而不是结果。因此，反对者所争论的民主责任将会消失，而支持者所倡议的新公共管理实际上是一种幻想。此外，具有企业家精神的公共管理者并非可以自由地按照其想法来做出行动。他们必须持续地

---

❶ 戴明的全面质量管理（TQM）是持续改进产品和流程质量的一体化管理哲学。该管理思想发挥作用的前提是，产品和流程的质量是在创造或消费某组织产品或服务中所涉及的每一个人的责任。

在公共领域按照公众利益来为其行为进行辩护。新公共管理并不是抗拒"管理主义"的标签，而是主张承认这种叫法，例如巴西的布雷塞尔·佩雷拉和斯平克（1999），把关注结果的经理式的公共行政管理与关注流程的官僚制的公共行政管理进行了鲜明的对比。为了改善政府绩效，新公共管理拥护者认为，公共管理者必须摆脱繁文缛节的束缚，并允许成为变革的企业家精神的代理人，关注结果而非过程。市场驱动管理受到了这些观点的影响，即市场是有效率的，内部市场的创造和商业技术与流程的运用会提高服务与效率（彼得斯，1996）。

正如政府新公共管理支持者基于不同的人性假设（赋权的与强制的责任）所争论的，这反对者也发现自己处于类似的困境中。因此，反对者担心赋权，因为他们将其视为削弱民主责任（新公共管理领导者将以其自身利益来采取行动）。然而，他们反对强制的责任是因为这与公共管理的目标背道而驰，即"树立公共管理者值得信任的道德代理人形象，可以用心中共同的利益来治理公共事务"（特里1998，198）。这种有关人性（以及公共管理者特性）信仰的矛盾导致了意识形态上的僵局。

然而，在行政管理能力与控制之间取得恰当的平衡仍然是公共管理有争议的方面，这方面的失败经常使得实现公共管理改革的努力前功尽弃。在"使得管理者管理"和"允许管理者管理"之间持续存在着冲突，前者是把实质性的控制强加于管理的裁量中，后者是让公共管理者为其业绩负责而不是为其同正式规则和程序相一致而负责（凯特尔，1997；林恩，2003）。凯特尔注意到，这两种战略"要求两个相反方向的文化转变"（1997，449），这是一种不总是被公共管理改革拥护者所完全理解的现实。

重构公共管理的替代性方法

在过去十年中，公共管理学者已经试图对其他框架或范式进行研究。提供可行替代方案的一种做法是"新公共服务"的概念（登哈特，登哈特，2011），它关注公共服务的价值与理想。另一个适用于许多公共问题的行政管理方法是网络管理（参见戈德史密斯，艾格斯，2004）。莱斯特·萨拉蒙（2002）编辑过一本有关诸多"治理工具"运用的有影响的书籍，他提倡一种"新治理"，而凯和纽科默（2008）支持"转型管理"。在这些以及其他情况下，当代的作者们对这样的观点提出了挑战，即权威的纵向链条可以最好地（或至少是单独地）完成政府的工作。

新公共服务

鉴于传统的公共管理寻求中立地颁布当选官员的政策，而这些官员对公共利益方面的决策负有责任，登哈特（2011）支持在公共利益方面扮演更为积极的角色。他们把参与其中的公民（作为共同合作者，而不是客户或接受者）的重要性视为民主治理的关键要素。因此，公共利益是通过对话来决定的；这不是一个简单的自我利益加总，或者官僚制模式所暗示的当选官员的专属领域。

登哈特和登哈特的目标不是发现快速的解决方式，而是"共享利益和共同责任的创建"（第42页）。在其"战略地思考，民主地行动"一章中，他们建议公共管理者必须形成集体努力和协作流程。他们也鼓励一种"基于价值的领导力"，此时公共管理者需要：

- 帮助社区及其市民理解其需求和潜力。
- 整合并明确社区的愿景以及任一特定区域中不同组织的愿景。
- 像刺激行动的扳机那样表现（第141页）。

网络管理

交付公共服务中网络重要性的文献不断增多（戈德史密斯，艾格斯，2004；阿格拉诺夫，2007）。网络的作用强调了在个人和组织之间进行横向联系的重要性，对官僚制模式内在的层级原则提出了挑战。当然，像许多其他被吹捧为新颖的事物一样，政府利用网络已经有几年的时间了。许多州政府通过地方政府和非营利提供者来交付社会服务。执法机关，不管是联邦层面还是地方层面的，经常与兄弟机构在缉捕罪犯或保护公众方面进行合作。

网络管理包括设计并激活网络；确保网络主体的目标相容并在实现目标战略方面达成一致；决定人们实现网络目标的必要技能；创建信息技术以及其他推进物以使网络完成工作；形成并监控一套绩效测量工具以确保网络运行正常。在网络合作者之间形成信任大概是公共主体最为重要的角色了。其他内容有风险管理、协商与冲突解决能力、跨机构和部门沟通——任何新框架所需要的关键技能。

新治理

萨拉蒙（2002）认为，当今的公共问题解决已经成为"团队运动"，溢出了政府的边界而波及其他社会主体——公共的和私人的、营利性的和非营利性的，其"参与必须是哄诱的和引导的，而不是命令的和控制的"（第600页）。然而，治理的结果系统不是自动生效的。他继续指出，这形成了"无边界的管理和组织挑战，但是这些挑战不同于直接治理的特征，因此必须以一种新的方式处理"（第600页）。那些问题包括管理挑战、责任挑战与合法性挑战。

新治理要求公共管理者理解其他主体的动机和激励结构，以及在相互关联的系统中与大部分独立合伙者协商的能力。它也要求形成责任结构，该责任结构超出了体现在行政管理法律和程序（官僚制模式的核心）中的传统责任的见解。根据萨拉蒙的观点，公共管理者需要更好地理解可获得的工具、擅长设计（以特定问题匹配该工具）、成为有效的推动者，也就是把多个利益相关者推上台面。这需要三种重要的技能：

- 激活技能——动员和激活复杂合伙的能力。
- 编排技能——把合伙人混入有效网络或系统的能力。
- 调制技能——找到奖励与惩罚恰当混用的能力，在没有为一方或另一方主体提供意外之财的情况下引起必要的合作。

转型管理

凯和纽科默（2008）认为，公共管理者必须是公共利益下的转型管理。尽管其著作首要处理的是转型的公共与非营利性组织，但是有些重要的篇章是在谈跨部门协作治理。他们注意到，政府正在抛弃等级制度和筒仓项目管理，而趋向于"系统的分层制（像一张网络或渔网），该结构相互作用以满足市民的需要"（10）。服务交付的网络方法取决于所有部门——公共的、私人的、非营利的——中多种组织之间的协调与合作，以及不同的政府层级——联邦、州和地方政府。这种变化是对实现优先权的封闭的等级制组织的背离，并成为多种组织在共享角色中相互合作的形式。

例如，在重大自然灾害面前，做出最有效反应的组织例如海岸警卫队习惯于在多部门、多组织环境下运作。海岸警卫队甚至对"预期网络"的价值进行教导，以在紧急情况发生之前形成可能会需要的关系与契约，从而能更为有效地做出反应——正如在卡特里娜（Katrina）飓风期间海岸警卫队营救2万多人时所做的那样。

管理网络要求与网络中的那些事务形成信任关系。当信任累积的时候，它会创建促使网络更加有效地活动的社会资本，而不必形成合同或是理解每一个偶然事件或状态。根据网络资源和非等级制的特性，信任是关键因素。缺乏官僚权力或职位权力的领导者，必须依靠个人或共享的权力来使这些关系发生作用。福利特（2003）把这种权力类型称作"权力合作"而不是"权力控制"，并相信它能够比单独行动时更加有效和宽泛。

21世纪的政府管理

凯特尔在对21世纪政府的思索中清晰地表达了一些概念的要点，他认为这些概念必须是任何政府管理新方法的一部分：

- 政策议程更加关注于问题而不是结构。
- 政治责任更多地通过结果而不是流程来发挥作用。

● 公共管理通过分层制更加有机地运行而不是通过等级制更加僵硬地运行。
● 政治领导更多地通过杠杆行为而不是简单的决策来开展工作。
● 公民更多地通过参与而不是遥控来发挥作用。

本书所提出的通过跨部门协作进行治理的概念，是一种有关公务员领导和管理的新颖而统一的方法，并借鉴了传统公共管理以及新公共管理的那些监管概念，包括登哈特和登哈特的新公共服务（2011）、网络管理、萨拉蒙的新治理（2002）、凯特尔的21世纪政府管理概念（2007）、凯和纽科默的转型管理的概念（2008）。其重点是协作，不仅是公共管理者和市民之间的协作，而且还有与私人与非营利部门的协作，因为每一个部门的优势都可以用来解决问题。我们借鉴这些方法总结了表8.1中的主要领导和管理的特征，并提出了一些有关跨部门协作较有效方式的初步想法。

表8.1 监管跨部门协作的领导与管理概念

概念起源	有效的概念	要避免的内容
传统的公共管理	民主责任 平等与公正 清晰的期望 浪费、欺诈与滥用的控制	僵硬 依赖等级制 命令与控制 过程导向
新公共管理	灵活性 市场机制（在合适时） 透明度 客户服务 结果导向	过于依赖市场 私人部门剥削
新公共服务（登哈特，登哈特，2011）	市民参与 协作 基于价值的领导	过于依赖公共部门 达成一致的困难
网络管理（戈德史密斯，艾格斯，2004；阿格拉诺夫，麦圭尔，2003；阿格拉诺夫，2007）	灵活性 创新 速度 专门化	风险 责任缺失 公众利益或政策协调的缺失
新治理（萨拉蒙，2002）	多种工具 私人与非营利部门的运用 激活、编排、调制技能	总是能控制他人的观点 把所有主体都与政府等级制相关联
21世纪的政府（凯特尔，克尔曼，2007）	问题重于结构 结果重于过程 有机的，通过层级结构的杠杆行为 市民参与	忽略仍然需要的等级责任
转型管理（凯，纽科默，2008）	管理工作 层级结构而不是等级制 风险评估和管理 相互信任与责任 无控制的权力	不断变革 过于理想主义

结论

正如方框图中对于卡特里娜飓风的简短摘录所说明的，公共管理者往往面临着严峻的挑战，这些挑战只能用应对问题的灵活的组织结构来解决。官僚制结构经常会阻碍所需要的合作与联盟。

卡特里娜：灵活性胜过官僚制

各级政府尤其是联邦政府在2005年有效应对卡特里娜飓风的失败方面有着良好的文档记录。然而，在这些混乱中也有成功的案例，包括来自明尼苏达州亨内平县警长办公室的6人小组的例子。与他们并肩作战的是马萨诸塞州和肯塔基州警长的副手、新墨西哥州的国家警卫部队，以及无数其他的分遣队。所有这些人都通过明尼苏达州的高科技指挥车取得联系。他们中很少有人受到过联邦紧急管理机构的派遣。这些救助者来到普拉克明县（卡特里娜飓风发生地）以及其他类似的地方，没有明确的消息来源、没有全面的组织过程、没有国家领导的命令。他们以官方或自发的形式跨越美国来到一起，因为他们想提供帮助。

资料来源：弗里德伯格（2005）

通过建立支持对公职人员行为进行控制的组织结构与流程，官僚制模式为市民提供了有着巨大价值的服务。由立法机关和行政办公室制定的公共政策，应该由政府机构忠实地履行。在哪些政策会影响公共服务的生产与交付、获取服务的资格、如何迅速贯彻、如何判断成功等更为重要的认识上存在争议，而通过在社区和国家范围内调和多方利益的传统治理的多元化结构，这些争议得到了最优化的解决。

同时，公共管理者并不总是在理想的政府系统中工作。我们已经相当详细地讨论了公共管理者在当今政府机构工作时所面临的限制与挑战，例如不充分的资源、过时的政策以及问题评估。全球化的世界要求对于复杂的"棘手问题"做出快速和明智的反应。许多公共管理学者已经认识到了同样的问题：在延续了一个多世纪的政府官僚制模式的范围内工作时，试图以有效与公平的方式交付公共服务所遇到的挫折。跨部门协作的出现及其日益普及，可以被视为对于传统公共服务交付方式不足的一种反应。

此外，我们认为跨部门协作应该被作为问题解决的创新性方法得到赞美——

当跨部门协作被正确地设计和管理时，这是一个改善公共服务的机会。另一方面，跨部门协作的成功参与要求公共管理者以某种方式进行行动和思考，这种方式直接与官僚制模式对政府职员的期望要求相抵触。创新、灵活性、共享和适应性，所有公共管理者要求在跨部门协作中表现出来的特性，都是在大的公共官僚制中会遭到贬损的价值。

想要政府对公众需求更加负责与官僚制模式所期望的规范之间的裂隙日益增大，认识到这一点，本章描述了最近的一些学术思想，以修改并在某些情况下彻底改革官僚制模式。然而，公共管理者们应该牢记，为了从跨部门协作中得到公共价值，官僚行为与价值观的传统规范必须持续地变革。

在随后的章节中，我们描述了领导的类型，这是公务人员能有效运用跨部门协作（协作合同、网络、合伙关系以及独立的公共服务提供者）的要求，包括诸如责任和组织学习等问题。我们并没有打算"废除"或"破坏"官僚制，尽管有人已经提出了这种观点（巴兹雷，阿玛雅尼，1992）；出于非常实际的原因，我们一直会有这种打算，以确保民主式的责任。但是，为了对当前的结构进行补充，需要其他形式的组织。跨部门协作的有效利用和领导，正在成为当今公共管理者的主要职责。通过把新公共管理和其他有关公共服务新思想的要素混合在一起，并且保留由所有公共管理者来衡量其价值的必要责任措施，合伙关系、网络以及IPSPs的领导者和管理者可以为公共部门提供解决当今问题的重要机制。

讨论任务

对比美国社会服务管理部门与国家安全部。在当前的官僚制结构下，哪一个部门会发挥更好的作用，为什么？哪一个部门可以从不同的公共管理方式中获益？那种方式包括什么要素？你如何把这种推理运用到我们处理州就业与培训服务的案例中？

第9章

跨部门合作中的领导含义

好的领导技能在任何组织中都是重要的。然而，跨部门合作（CSC）中的领导型组织需要强调一些特定的技能，而这些技能在更多的传统等级制组织中可能并不是那么重要。例如，所有的领导者都必须是良好的沟通者，这是领导力文献中所引证的一个共同特性。但是跨部门协作需要的不仅是良好的沟通；他们需要具备在有着各自组织安排的主体之间缔造一个共同目的或目标的能力。跨部门协作中公共的和非营利的管理者也必须看到在其组织利基市场之外的更大的系统。这可能意味着不是在其传统的岗位描述中承担任务，而是要把时间花费在初看上去似乎与其组织使命的成功没有直接关系的活动中去。这在跨部门协作中更为重要，因为协作允许利用各种观点和方法来解决独特的公共问题。最后，跨部门协作要求在协作者之间形成信任。信任的水平可能依赖于跨部门协作的特性而不同，但是在所有协作项目的成功方面扮演着重要角色，比在公共机构或非营利组织运作的传统项目中重要得多。

本章描述了跨组织协作中的非营利领导和公共领导。首先介绍了层级结构的概念，它是与传统的等级制不同的活动组织方式。本章识别了跨部门写作中极为重要的四种领导策略，并通过与跨部门协作中的四位领导者进行讨论来考虑这四种策略：两位来自公共部门，另两位来自非营利部门。本章以对管理跨部门协作含义的研究作为结束。

分层制与等级制

分层制与等级制是两种组织设计，代表了巩固权威以实现组织目标的不同方式。等级制度是所有部门的多数大型组织中的设计结构，通过将权威集中于组织的顶层而代表了最集权的控制形式。分层制在跨部门协作中比较常见，通过跨部门甚至跨组织来分散权威，是最低水平的控制集权形式。

公共管理者习惯于在等级制度下开展工作。然而，正如我们在之前章节中所讨论的，跨联邦、州和地方等政府层级的管理者日益发现，其自身已经参与到为了社会目的而协调集体行为的合伙与网络中了（普罗文，勒迈尔，2012；阿格拉诺夫，2012）。同样，非营利机构的管理者也日益建立起与其他组织之间的关系，以实现包括与政府（加兹利，2010）和其他企业（奥斯丁，2000）合作的项目（约翰森，勒鲁，2013）。因此，对公共部门和非营利部门的管理者来说，理解这两种组织模式的不同特征是很重要的。

等级制一般具有正式结构的特征，清晰地界定了雇员职能的边界并在各层级间建立了权威，即最有权力的人处于顶层，次要职位处于金字塔或树状分布的下层。等级制的基本特点是垂直关系下的权威（凯特尔，2006），职能和优先性借此自上而下得到判定，集体行为的方向由组织的更高层面来决定（圣吉，2006）。等级制内部的决策制定一般是以分派给组织内部专业的特定权威为基础的（莱伦，1996）。等级制的内在价值是，它们允许在组织较低层级上的多个单元之间形成狭义界定的特别职责，而高层领导可以在整个组织中处理协调各种活动的复杂问题。

相比之下，以跨部门协作为特征的分层制培养了一体化，并具有不太明晰的权威结构。斯蒂芬森（2009）把分层制称作是较少由中心来源提供方向的"人类联结"的"非随机聚合"（第4页）。尽管有些分层制可能采用了正式的规则和流程，但是在分层结构中，各主体是在一个更加公平的竞争环境中活动，此时，知识和能力要比职位权力更为重要（凯，纽科默，2008）。此外，在分层制的各主体中，对责任范围与规模的描述不太清晰。例如，在网络关系中，发现多种组织在既定环境下为相似的职能负责是很正常的。分层制的例子包括许多灾难应对的形式，此时，司法管辖权依赖于"咨询与合作"来协调多主体之间的角色（詹金斯，2006，32）。图9.1描绘了分层制与等级制之间在权威分配上的结构差异。

在集权化的等级制说明中，州高速公路管理官员对州长和立法机关负责。反过来，该官员要监督所有的交通运输职能，包括诸如公路工程与建设、联合运输等。为这些职能负责的州助理管理官员们领导着不同的经理人员、专家、项目或团队主管来开展工作。责任与方向在组织中纵向传递。相较而言，跨部门协作的描绘是一个与卫生服务部等州政府机构相联系的分权化网络。它可能由州立机构组成并作为网络的枢纽，该网络也许包括了联邦机构；城市、郡、公立学校区域；各种非营利机构（有些是作为总承包商提供服务，而其他的则与之一起工作），可能还有提供某种服务的营利性机构。

跨部门层级结构的固有优势是其潜在的适应性和灵活性，多个成员可以借此转换角色和义务，以对外部条件和相互间的知识和技能做出反应。跨部门协作包括成员间信息与知识的更为系统性的平衡，以使得即便在有些联系不能维持或成员不能继续工作的情况下，相互独立的部门也可以依然发挥作用，保持协作的弹性。

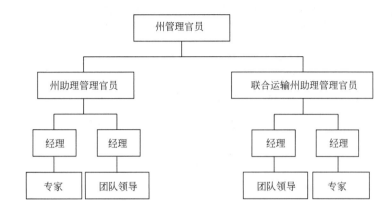

集权化的等级制：州交通运输部门内组织结构图示例

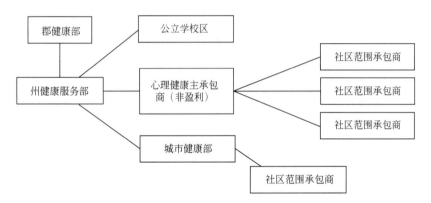

分权化的层级制：州领导的卫生共同体项目示例

图9.1　等级制与分层制结构对比

等级制与分层制的沟通

在任何正式的组织结构中，包括组织结构图和标准运作流程，个体间的社会互动补充了已建立的规则并有所偏离。甚至在明确的分层结构中，组织的非正式要素（巴纳德，1938），例如社会与文化规范（沙因，1992），往往描述了工作场合的职员行为，并通常由外部的正式程序和组织的人员配置表来决定。然而，在分层制内，沟通更像是追随着纵向的命令链条，并形成了信息交换的筒仓形式，这会在组织内造成较窄的信息流动，并难以为跨组织单位的信息共享提供机会。结果，职员间的沟通就会受到限制，因为每个人在组织内部的正式权威地位会约束其潜在的互动（莱伦，1996）。

相比之下，跨部门协作的分层制在信息交换方面就很活跃。个体间有更多机会互动和共享思想，并共同协作产生解决问题的方法。在大多数跨部门协作的开放型案例中，例如在自我监管网络中，很少有沟通方面的障碍，观点是在所有成员之间公开并频繁分享的。与正式等级制中的报告结构限制不同，分层制培养了工作流程关系，包括"支持、咨询、信息交换导向、基于任务的关系"（索达，查希尔，2012，758）。

　　理解等级制与分层制设计的含义很重要，因为公共管理者和非营利管理者转向了更加基于水平方向的组织结构（协作契约、合伙、网络、独立的公共服务提供者），以交付公共服务（阿格拉诺夫，麦圭尔，2001）。每一种跨部门协作形式都要求间接的管理工具，例如契约、谅解备忘录或是促进组织间横向合作的非正式关系，并使得实现有效成果的差异性领导策略成为必要（凯特尔，克尔曼，2007）。此外，习惯于在共同体中完成其目标任务的非营利性机构领导者，由于其在共同体中遇到了更广泛的社会问题而面临着挑战。协作的分层工作结构所界定的特征是，集体成员间的治理、责任和绩效往往依赖于影响的关系（或非正式）模式，这是对任何以奖惩来执行的明确（正式）规定的替代（贝尔泰利，史密斯，2009）。

分层制结构中的领导

　　有关领导与管理技能类型的内容已经书写许多了，这些是交付公共服务的分层制结构领导中所需要的。在适应变化的行政管理环境中，最为紧张的包括用跨部门协作中必要操作水平的灵活性来平衡权力纵向通道所带来的顶层控制优势（凯特尔，2006）。在之前的章节中，我们讨论了解决这一问题的一些有效概念：登哈特和登哈特（2005）的市民参与、协作、基于价值的领导；网络管理概念，例如灵活性与创新性（戈德史密斯，艾格斯，2004）；凯和纽科默（2008）的转型管理、权力分享、联盟建立、互信与责任的形成等。

　　米尔沃德和普罗文（2006）强调了建立问责制、形成合法性、缓和矛盾、调整设计、培养承诺以促进协作的重要性。类似地，莫伊尼汉（2005）强调了"激励"利益相关者、"建构"合作规则、"动员"各主体向共同目标努力以及"综合"持续协作模式的重要性。凯特尔（2008）讨论了培育团队、清晰界定使命、关注结果而非过程、激发同事行动的重要性。萨拉蒙（2002）提倡通过激活、编排和调整的技能来进行私人和非营利部门与政府之间的协作。

跨部门协作领导的四个关键要素

　　尽管上述所引用的所有特性都是重要的，但是回顾文献，对各种跨部门协作方式的成功要素进行分析，并通过对公共和非营利部门的领导者进行访谈，表明在运用分层制来解决跨部门环境中的复杂问题时，有四个领导的总体区域是最为关键的：

- 获得其他主体的支持。
- 在某主体的正式角色之外领导。
- 理解更加宽泛的体系。
- 构建信任。

为了更好地探究这些跨部门领导策略，我们对领导协作的高层管理者进行了访谈（两位来自公共部门，两位来自非营利部门）。这种访谈的一个重要优势在于围绕受访者经验与专长的特定领域为目标进行讨论的可能性（贝里，2002）。这种探究的目标是解读"一类人的思想"，并更加准确地重构对关键事件的理解（坦西，2007）。受访者的反应也不被认为是孤立的，而是与他们所卷入的危机或事件的史实相关（乔治，班尼特；2004）。

四位受访者

撒德·艾伦　撒德·艾伦上将是公共服务部门中受尊重的领导者之一。他最近从美国海岸警卫队指挥官的职位上退休了，并以其在 2005 ~ 2006 年指挥联邦政府应对卡特里娜和丽塔飓风以及在墨西哥湾漏油事件的统一指挥中身为全国事故指挥官而闻名。艾伦通过在美国海岸警卫队的许多角色以及在危机应对时的相关角色，领导各种广泛的治理网络与合作关系，从而历经了国家所遭遇的较为复杂的一些问题。

2010 年 4 月 20 日，墨西哥湾英国石油公司（BP）的一个深水石油钻塔"深水地平线"在钻探一个探井时发生毁灭性爆炸，造成 11 名工人死亡（贝里纳托，2010）。该事故成为历史上最大的海洋石油泄漏事故。2005 年，卡特里娜飓风袭击了新奥尔良市，引起的风暴潮破坏了该市的堤坝系统，并淹没了该市 80% 的区域（库珀，2005；美国政府问责局，2005；肯尼迪政府学院 2006；兰迪，2008）。暴风雨的影响使得城市的许多通信系统包括发射塔陷入瘫痪。在接替迈克尔·布朗成为联邦政府应对组织的主要官员之后，艾伦发现身处联邦、州、地方政府以及参与应对灾害与灾后复建的非政府利益相关者两方面的交叉点上。

罗恩·卡莉　罗恩·卡莉目前是北卡罗来纳州夏洛特市的市政执政官；他最近在国际市/郡管理联合会任首席运行官；他在地方政府已经工作了 30 年，也在弗吉尼亚州阿灵顿郡任过郡执政官。2001 年 9 月 11 日，作为阿灵顿郡的执政官，他在对五角大楼恐怖袭击的紧急应对协作中扮演了主要角色。卡莉面对着支持响应者的复杂局面，不仅要从政府的不同层级给予支持，还要以不同的优先性对不同机构和文化进行支持。

五角大楼的地理位置增加了 911 应急的复杂性（瓦利，2003；提坦系统，

2002)。五角大楼位于阿灵顿，跨越了源于华盛顿特区的河流，依赖地方消防部门领导结构性的紧急情况。在突发灾难带来的复杂局面中，五角大楼的联邦政府官员想要返回到办公大楼里，阿灵顿郡的消防部门要扑灭大火，联邦调查局想要保留犯罪现场，哥伦比亚特区想要提供帮助。在这个事件的善后工作中，各方达成一致并进行协作的能力反映了卡莉在阿灵顿郡的同事中所灌输的许多价值观念。

休·拉塞尔 休·拉塞尔是北卡罗来纳州儿童保健服务协会（CCSA）的主席。该协会总部位于三角科学园，她领导了针对非营利性主张和改善本州及全国儿童保健服务环境的各种努力。作为一个协会，CCSA调整了跨越群体、个体和志愿者的努力，以提升儿童及其家庭的权利。该协会也提供了一系列服务，包括寻求儿童保健家庭的咨询业务、儿童保健专业人才的薪水补助以及儿童保健行业的技术支持。

北卡罗来纳州儿童保健服务协会（CCSA）与30多家企业、基金、州和地方政府、服务交付的非营利性机构建立了关系，以资助其项目。它也与本州70多个其他的非营利性和公共部门组织形成了伙伴关系。在像儿童保健服务这样复杂的领域中，围绕CCSA的工作而构建的多种联盟与关系象征着宽泛的网络和多种利益相关者，这些都是影响该领域社会项目所需要的。

罗莉·卡普兰 罗莉·卡普兰是拉丁美洲青少年中心（LAYC）的首席执行官，这是一个位于华盛顿特区的非营利性组织。其使命是"通过满足青少年社会、学习和职业需要的多文化的、综合的与创新的项目，使得各种未受到足够关爱的青少年群体能够实现向成人的成功转变"。该组织通过教育项目、家庭咨询、劳动力培训、健康服务、艺术表现等方式，为都市华盛顿特区的青少年提供支持。卡普兰在LAYC的工作重点是领导并推动协作。其职责之一就是，在大都市区域通过各种董事会和非营利协会代表该组织。

跨部门协作中所确认的四个重要领域，阐释了公共管理者与非营利管理者能够在半自治主体间实现更多合作与协调的方式，这些主体是围绕公共事务被调动起来的。尽管在通过正式结构设计对层级制内部协作进行改善方面有许多工作可以做，但是通过创建命令链条和汇报结构，个体领导成为跨部门协调的主要驱动力。

∧ 形成支持 ∨

对成功的结果进行管理需要更加关注领导并了解跨部门成员与个体出资的总体需求。层级制中的权力平衡作用要求建立不同成员间的一致性，并形成对于共同目标的总体尊重和承诺。领导者必须在潜在主体之间形成参与性和承诺，而不是强迫其他主体采取行动，每一方都为共同的目标做出贡献，并且认识到个体成员的目标可能是不同的。领导角色很类似于乐队指挥家（萨拉蒙，2002），而不是首席执行官。

撒德·艾伦解释了网络环境中的协作挑战，该网络环境是培养"努力的一致"而不是"命令的一致"（艾伦，2010；贝里纳托，2010）。例如，在政府应对卡特里娜飓风期间，地方政府、州政府以及联邦权力机构在新奥尔良的清理工作中操练了不同层次的独立性。对共享愿景（圣吉，2006）或共同目标的培养，建立起清理工作中所有相关各方的承诺。

在深水地平线石油泄漏善后工作这样复杂的灾难应对中，就调和大量半自治主体利益的内在挑战进行讨论时，艾伦解释了获得他人支持的一种方法："如果你不能合法控制或者直接控制，那么你必须提出使得你具有合作基础的'价值主张'"。他把价值主张界定为有关利益的陈述，这种利益是另外一方为了实现既定行动方案而将要获取的。在公共服务情境中，这可能是指改善在海岸线上处理石油泄漏事故的一线员工安全标准的需求。他说："我发出一个指令。它不是通过规则制定来完成的，是我的职责让我这样做。我通过与OSHA（职业安全与健康署）共同工作建立起这些标准，（并且）我们提出如何一起工作（并加强安全标准）的谅解备忘录（MOU）"。石油泄漏事故中工人条件的改善提供了附加价值迹象，可以通过强化这些规则来获取这些附加价值。由于其举措，在海滩上工作的一线员工实现了更大的个人保护——这不是通过既存的治理结构实现的，而是通过由艾伦发起并因其价值而被接受的指令来实现的。

艾伦基于单个部门而努力获取多方支持的另外一个例子是，他在新奥尔良紧急接任卡特里娜飓风善后工作指挥官期间的出色表现。他来到一个主要的指挥中心，站在一千多名来自联邦、州和地方机构的一线全体人员面前，传达了他们工作的简单目的："像家庭成员一样对待任何一位你所遇到的风暴受害者。"这一简洁的要求有助于他们把响应者统一在明确的使命之下，并有助于指导他们的工作。

罗恩·卡莉强调了制定并传达清晰目标或使命以使得多方利益相关者围绕特定计划调动资源的重要性。在许多方面，那种使命的内涵需要足够宽泛以适应多种参与者的不同利益。卡莉解释道："所有各方都必须理解并尊重相互的目标，向着更宽泛的使命迈进。"更具体地说，目标容纳了驱动非营利部门以及私人部门的不同动机，并围绕单一项目或方案进行动员。

卡莉以阿灵顿郡的总体土地使用计划作为实现更为宽泛使命的例子。该项目刺激了企业为公共目标做出贡献，例如低成本住宅或社区空间。主要目标是对私人部门（企业）提供适当的刺激，以使其参与其中。正如卡莉所解释的，公共管理者的任务是通过与私人部门合作来为社区创造更大的价值，从而使私人部门进行参与，这些合作包括投资于文化设施、经济适用房，或是其他公共性目标。

作为非营利协会的领导，休·拉塞尔提供了一些从其他组织获得支持的解释。她坦率地说："非营利部门不通过合作而能实现其使命的情况是很少见的……非营利性的世界是一个'桥梁世界'，我们必须在这里创建不能由政府提供的新方案。"这包括与其他非营利部门和政府机构建立合伙关系与网络。

在非营利性组织相互之间没有正式义务的运作环境下，拉塞尔通过例证提到了领导的重要性。她指出，展现对其他潜在合作者所关心的各种社会问题的重要影响是获得他们支持的最佳方式，"他们不会因为你的伟大而去做事，这真的是关乎你所形成的差异性"。基于这个想法，她也讨论了展现潜在合作重要影响的价值。潜在合作可以改善其他组织所关注问题（通过你自身的榜样和影响）的信息越强烈，从他人那里获得支持的可能性就越大。

出于许多原因，要得到潜在合作伙伴的支持是具有挑战性的。与政府合作是比较困难的，因为公共部门往往只是把非营利机构视为"餐桌旁的乞讨者"，没有即时理解其潜在的贡献。罗莉·卡普兰所讨论的从非营利部门和政府提供者那里获得更大支持的方法之一就是，设计与潜在合作者之间共享利益有关的协作的优先权。她说："你必须处于这样的位置，即人们相信你在此位置上并不只是为自己的组织工作，而是为了相互的利益。"她也指出强调潜在的"集体影响"或者参与各方任务的预期收益的重要性，而不是简单地描述协作中一家组织的利益。

⌃ 在正式角色之外领导 ⌄

跨部门协作要求那些参与者能够超越其狭窄的职位描述来看待事物，并审视合作关系、网络及其他安排中与另外的主体一起工作的可能性。艾伦对在更宽泛的反应情境中超脱个体来考虑问题的重要性进行了评论。他提到了彼得·圣吉以及避免"卷入职位描述的概念或定义（以至于）把职位描述视为行动限制的重要性"。艾伦所建议的方法是"看到可能的艺术"或设计协作活动的总体目标。通过说明人们"必须认为被赋予了向当权者讲真话的权力，并产生影响"，他详细阐述了这一点。

艾伦对一线员工进行了描述，这些职员在灾害应对与复建中执行快速的和特定情境下的要求时面临着行政约束。他指出，在应对卡特里娜飓风和深水地平线石油泄漏的两个事件中，他都从员工那里听到，如果他们有权力做决定，他们会产生更大的影响。例如，被分派了清理家园和沿着飓风过后的海岸线搜寻幸存者任务的海岸警卫队官员，需要对导致的延误进行详细解释并从上级那里得到授权。艾伦的回应是"返回岗位"，并确保"管理他们的人给予他们更多的自由裁量权"。通过减少所需要的审批流程，一线响应者在超出自身职能满足灾难所需方面具有更大的灵活性。

有很多方面的原因鼓励公共部门职员超越其具体的岗位职责，而使得工作变得比较复杂。最主要的原因是，在公共部门中总体上具有风险规避的倾向，而许多公职人员也有避免产生不利压力的行为趋势。对于罗恩·卡莉来说，鼓励公职人员超出职责要求做事的关键是，要更加关注基于公共利益的目标。正如他所解释的，"作为公共管理者首要的是必须集中于公共利益方面"。

出于诸多原因，鼓励非营利部门员工超出其职责工作也比较复杂——最重要的原因是在几乎没有上级支持的情况下，许多专业岗位形成了一个宽泛的续变体系。休·拉塞尔描述了为完成这项工作而了解个体责任与员工任务的重要性。特别是，她注意到理解"其要点和优先性"，以明白如何鼓励他们超越各自优先级而做出贡献的价值。一个重要的优势是，为宽泛的社会事业服务是内在于非营利部门员工社会动机之中的。

罗莉·卡普兰描述了为非营利部门成员创建一个更大的"社区定位"的重要性，以鼓励他们在其各自的职责任务范围之外采取行动。毫无疑问，非营利部门的专业化形成了一种公司化类型，此时，非营利部门往往像单个实体扩展范围的特许经营那样来运作。尽管该模式为组织规模的资本化提供了很大的可能性，但是与其所在的社区中其他非营利组织的基本定位背道而驰。卡普兰强调了非营利部门使命的"自生性"与"地方性"，以有助于它们超越其狭窄的工作范围来采取行动，从而更好地服务于其群体。对于她来说，关键是在项目中工作的员工的"转换价值"，这样他们就可以对其努力进行引导并满足当地人群的需要。

⌃ 理解更为宽泛的系统 ⌄

系统思考为在更广泛的协作结构中看待某主体的角色提供了一个视角。圣吉（2006）把这个概念描述为"在复杂情况的基础上看待'结构'的规则，从低层面的杠杆式变化识别出高层面的问题"。系统思考不仅涉及对多种个体或组织间相互作用的更宽范围的识别，而且也包括某主体自身的行为对系统其他部分的影响。圣吉指出，我们往往关注与广泛系统中的一个或更多的人或组织互动时的个体目的。然而，我们必须理解自身的贡献如何产生连锁反应并影响独立成员间的运作方式。

艾伦表示"任何事物都与系统思考有关"，由此表明了在层级制中看到更大图景的重要性。他解释说："如果你正在从事超出你的理解和约束的工作（某种合作），你就必须与人们一起就同样的结果来工作。"他认为，实现系统思考的部分过程以及对不同群体、个体或组织如何有助于产生更广泛结果的深入理解，都要对个体使命如何与那些更大的目标相匹配进行了解。他详细阐述了这一点，"通过共同工作你并没有违背什么，而你可以超出你所努力实现的组织使命的约束来看待问题……实际上，你为美国人民生产了更好的产品"。

艾伦提供了有关政府应对卡特里娜飓风时系统观念的例证。在这场风暴的善后工作期间，许多渔船被冲进墨西哥湾沿岸的树林里。帮助当地社区找回这些船只是非常实际的需求，但是在许多情况下，这些船只"并没有燃料泄漏的威胁，由此找回船只也超出了联邦政府的管辖范围"。联邦政府应对措施的法律义务约束表明，"看上去联邦政府并不能满足为当地渔民找回船只的需求"。艾伦与前布什政府一起工作，形成一个补助计划，允许联邦政府解决类似的问题。该问题说明了系统观如何有助于展示既定应对措施更为广泛的需求，而不用理会应对期间既有的法律约束。

罗恩·卡莉讨论了为了更好地理解其个体任务如何与整体任务相关联，在更广泛的系统内构建人与人之间关系的重要性。特别是，他讨论了社会资本的重要性以及社会资本如何通过有关人士之间的互动而进行积累。他再次参考了该郡的规划项目来解释如何实现更为广泛的视角。在这个案例中，涉及他所称为的"智慧成长日程"，该日程通过联合规划项目在基础设施和交通运输方面围绕目标同企业和非营利主体结盟而工作。

休·拉塞尔描绘了例会对于实现相关组织更多协作的重要性。她的看法是"协作花费很多时间……（因为）决策不快也不容易"。仅仅通过他们共同工作所花费时间的多少，专业人士就可以更多地得知如何理解其在儿童健康服务提供方面更加宽泛的体系中各自的任务。拉塞尔描述了一种与此相关的组织间功能，即"分会推荐"。例如，协会中的组织基于理事会决议确定了推荐流程，从而为指定病人找到最佳服务者。这些制定决策的理事会可以证明拉塞尔及其同事以集体决策理解广泛系统的一些方式，由此，她注意到了配置协会资源的作用。

以草根方式交付服务的特征也可以提高对于服务交付组织更为广泛的注意，因为当地成长起来的群体更加能意识到自己做事的局限性。罗莉·卡普兰以地方政策变化为例来描述了这种影响。在为拉丁美洲青少年中心（LAYC）工作的同时，卡普兰也为华盛顿非营利组织联盟工作，该联盟提倡政策改变以提高为青少年服务的水平。她解释说，共同主张的集体影响远胜过任何组织自身所能达到的程度。这种集体工作为单个组织提供了其自身所不具备的接触公共领导者的机会，并给予它们相比于其他领导者来说更多的影响力。

构建信任

在自治的重要范围内，每一种成功地驾驭多种关系的协作都需要一种信任的环境。正如在之前章节中所讨论的，这对于所有形式的跨部门协作来说都是适用的：协作型契约、合伙关系、网络或者独立的公共服务提供者（IPSPs）。有确凿的证据表明，信任与信息共享是相互依赖的；两者在组织中相互加强（拉特纳辛格姆，2003）。然而，信任需要所有成员有意识地付出努力。例如，在应急管理领域，培训、练习甚至社会事件都有助于在不同群体之间建立亲密关系与理解（卡莉，2008）。这一过程是要在现场响应者、地方企业与政府规划官员的不同专业文化之间搭建起桥梁。

公民对于政府的信任在任何公共服务活动中都非常重要。最近一项有关交通运输基础设施公私合伙（PPPs）的研究发现，公民参与可以培养公共信任，并改善公众在诸如PPPs等协作中对于私人部门作用的看法（波伊尔，2012）。如果公共信任受到侵蚀，正式控制（往往是以规则的形式）的压力就会增加，从而限制公共领导者同政府外部组织一起进行创新协作的可能性。

透明的市民参与、公众听证会或市政厅会议以及线上论坛可以处理跨部门协作目标方面的误解。这种理解水平有助于缓解公众对有争议项目的强烈抗议，并帮助公共的、私人的和非营利的组织对其工作如何影响所服务的市民、客户或委托人增进理解，从而将其利益匹配在一起。

通过要求来自公共部门和非营利部门的代表在共同场所一起工作，艾伦讨论了在多种组织之间培育信任的方法。他建议把它们"放在同一个地方一起工作，创建一个指挥中心。当它们在使用同一个咖啡壶的时候，就开始相互谈论对方的家庭等等。当你们一起工作时，你们就会开始相互挑战并共同形成解决方案"。在卡特里娜飓风和深水地平线石油泄漏两个事件的应对行为中，他的总体信息是"在同一地点的"。

培育信任与创建社会资本相关。罗恩·卡莉建议，"要真正建立信任，你必须尊重相互关系"。这包括在有规律的和频繁的基础上，"一起投入时间"。这方面的例子包括应急管理中的情境规划，此时，来自地方消防部门、警察局和其他安全部门的职员会对灾难形成模拟反应。这种事件不仅有助于组织培养并形成对灾难的响应，也给予来自不同工作场所的人员相互认识的机会。这种"预先准备的"关系的主要优点在于，当灾难发生的时候，它们不会在发展新关系方面受到挑战，而是可以与已经认识的人们取得联系（怀特海德，2005）。卡莉也创立了与阿灵顿郡各个部门的领导定期共进午餐的做法。"并没有什么日程安排，"他解释说，"我们只是聚在一起，讨论事情的进展以及正在处理的问题。这经常会形成联合性方案，如果不这样做，这种方案就不会产生。"

在非营利组织之间培养信任具有天然的困难，因为在同一服务领域工作的组织经常会为了同样的资金来源而进行竞争。通过改善运营中的透明度，潜在的合作伙伴会更清楚他们所做的事情，从而克服这些挑战，休·拉塞尔对此进行了描述。她也提到了坦诚辩论以及通过协会相关职能克服不信任的讨论的重要性。拉塞尔陈述了集体决策中所需要的非营利部门之间"欣然接受的不一致"。她表示，这种类型的讨论会在所涉及机构的不同目标之间形成更好的妥协，这最终会导致群体间更好的关系。

罗莉·卡普兰讨论了以身作则培养信任的重要性。像拉塞尔那样，她强调了非营利部门的领导在建立信任时经常遇到挑战，因为他们与其他非营利部门在同一个资金池中进行竞争。她指出，"这不只是有关信任的讨论，而是正是你的行为使得事情真实地发生"。

实践的含义：如何使领导适应跨部门协作

四个领域的每位受访者的评论都有助于解释能够在跨部门协作中深入有效工作的特定活动。在更为分层制结构中进行领导的挑战之一是，为了实现所期望的目标，而依赖（或相互依赖）于其他半自治主体。对于在联邦体制内工作的艾伦来说，这经常意味着从州或地方政府官员中或是从私人或非营利部门的关键代表中征求合作。类似地，对于卡莉来说，这意味着在来自不同政府层级和来自非营利部门与私人部门的个人与组织之间协调行动。在非营利部门中，挑战往往是要显示由更加相互紧密合作而取得的集体利益。拉塞尔和卡普兰都强调了向共同关注的社会问题展示个体贡献以形成集体支持的重要性。

受访者也会谈及发展、沟通更宽泛的愿景（或使命、价值观）的重要性，这些有助于统一集体行动以应对复杂问题。正如我们在前面章节中所注意到的，在协作者之间一定存在互惠关系；每一方都必须感到既有个体收获，也为更大的集体目标做出了贡献。在研究中，公共部门领导者之间的信息尤其清晰。特别是，这会涉及对于使命的阐释，该使命足够宽泛，可以帮助非营利部门和私人部门组织识别其角色如何为社区发展的更加宽广的目标做出贡献。在公共部门和非营利部门中，这往往意味着更多地了解个体组织，并培养有助于在他们之间形成更强凝聚力的共享价值观。

为了解决集体问题并获取成功，在分权化治理结构中往往需要超越某主体正式角色或职责的行动。艾伦描述了增加的行政自由裁量权怎样提升了一线员工进行尝试和工作的可能性，并超出其指定角色来处理应急响应的更宽泛的目标。卡莉提到了呼吁公共利益目标的价值，该目标可以鼓励人们在其个体岗位说明书所描述的范围之外工作，以实现集体目标。

系统视角包含了对关系的宽泛环境进行考虑，这些关系构成了集体行动过程的基础。艾伦谈到了就集体行动如何有助于个体组织更好地满足其目标而不是抑制其能力进行沟通的重要性。对卡莉来说，通过对既定区域的规划过程，可以实现更加宽泛的视角。在社区发展规划中，通过吸引相关的非营利部门和私人部门，他们可以更好地理解其角色是怎样与其他角色产生关联的。非营利部门的领导者讨论了通过协会进行集体决策的重要性，从而培养协作中多方之间更加深入的理解。此外，对非营利部门领导在其所服务的社区中的基层关系进行调整，也可以增强其对于与他人一起工作的必要性的理解。

信任是协作中的黏合剂，尤其是在弱权威的工作结构中。尽管信任水平随着特定的跨部门协作方式而有所不同，但是信任是所有成功的协作都具备的要素。在很少有正式规则指引其行动时，相信或指望他人使得人们可以更有效率地合作。对于艾伦来说，信任可以通过设计简单的跨职能团队或者通过把不同组织实体中的人聚在一起的关联结构进行培养。卡莉也谈及关系的重要性，并解释了关键网络主体间持续关系构建的规则是如何在危机中促进更有效率的沟通的。在非营利部门中，往往通过关系构建、透明度以及对于社会问题进行承诺的组合来培养信任。表9.1总结了受访者的观点。

表9.1 公共部门与非营利部门领导视角的比较

	公共部门视角		非营利部门视角	
	艾伦	卡莉	拉塞尔	卡普兰
产生支持	形成价值主张；创建一致的努力	培养在公共目标下整合私人与非营利部门利益的使命	展现在共同关心的社会问题方面产生差异的能力；展现共同的影响	展现由共同工作实现的集体影响
角色之外的领导	给予一线响应者灵活性；看到无限可能的艺术	置公共利益于风险规避之上	了解职员既有的职责；鼓励他们超越其界定角色看问题	培养基层、本土的社区导向以交付
理解更宽泛的系统	克服法律障碍；明白个体使命如何适应更大的目标	为了合作而关注更宽泛的安排或目的；建立社会资本	在与协作相关的活动中培育集体的决策制定	阐释集体行动的直接利益
构建信任	将网络成员进行组合形成关系	优先于主要事件建立关系	欢迎不同意见以形成共同承诺	以身作则

结论

本章在跨部门分层制环境下为公共部门和非营利部门管理者识别了关键性领导要素。尽管访谈具有特定背景，但是他们仍然在协作中有关领导要求方面做出了资料贡献。对于试图找到复杂主题的"那些"答案来说，存在着明显的限制，而其他学者或许发现另外一些技能也是相关的。沙迪什、库克和坎贝尔（2002）提醒我们，任何实证性研究中的关系分析都依赖于背景、取样策略以及分析模式。

然而，对识别出的四种领导策略进行评述确实解释了许多跨越公共部门和非营利性组织而产生许多协作方式。对政府来说，组织间职能的挑战是由美国联邦系统历史性的边界以及政府机构保护自己地盘的倾向所推动的。对非营利性机构来说，其运营实体的筹款规则往往在与其他主体联盟实现共同目的方面形成障碍。坚持本章所确认的技术，有助于跨越公共部门与非营利部门的管理者改善其协作的分层制模式的领导力。

 案例研讨 --

州职业培训

你是社会服务部（DSS）执行官的助理。州长正在从事一场运动，在州内增加就业培训，把人们从领取州福利金转变到就业状态。当前，DSS内部的职业培训部（DET）提供这种服务；然而，州长以及州立法机构都对当前的结果不满意：每年花费2000万美元，DET却只能为领取福利金的一小部分人找到工作。该项目由20个地方机构运作，在面对50万个接受福利金的成年人时，其目前安置工作的成功率低于10%。福利支出每年花费州政府20亿美元（加上项目行政管理费用，每人每年平均花费大约4200美元）。

考虑的问题

1.你所在的州府有一家提供岗位培训和职业服务的经验丰富的非营利协会。你可以运用什么策略来加入这个群体呢？加入协会的利弊在哪些方面有助于该项目呢？

2.加入该协会中应该考虑哪些领导特征呢？

3.想象一下，你是该非营利协会的一员，而该协会一直在着手进行岗位培训项目。你在乎的利益是什么？哪种领导方式对你从非营利部门角度进行考虑是重要的？领导力需求是类似于还是不同于你所在的公共部门？请解释。

第10章

培养民主责任

公民责任是在民主体系背景下政府管理对其行为负责的程度：这对于跨部门协作（CSC）来说是一项基本要求。像其他任何由政府管理的公共服务交付模式一样，CSC必须满足公众的期望，并创建公众价值。通过契约、合伙、网络和独立公共服务提供者（IPSPs）来满足公众期望，需要明确公众参与的新方式并培育民主责任。

给予跨部门协作中合作者的自由裁量权改变了公共管理者问责的方法。确保非协作的、传统的公共服务交付方式的责任是很困难的，所付出的努力往往达不到期望的要求。跨部门协作甚至呈现出更大的挑战；然而，更大的责任不是只来自对围绕规则与控制而建立起来的传统方法的高强度使用。它也必须来自于公共管理者在制定、协商、监控跨部门关系时的灵活决策，及其与协作所服务的公民进行的持续对话。

在我们对四种跨部门协作类型——协作契约、合伙、网络、独立公共服务提供者——中的每一种进行的讨论中，我们已经描述了改善其绩效的因素。所有的跨部门协作类型都呈现出责任方面的挑战，而通过拓宽应对这些挑战的讨论，本章延伸了用以解决有关公私合伙（PPPs；福莱尔等，2010）"责任问题"的框架。

本章分为四部分：第一，详细描述了为什么责任是成功公共管理和协作关系的关键；第二，对某些民主责任的重要维度和该领域主要学者的一些概念，及其对跨部门协作的影响进行了讨论；第三，对公共管理者如何通过应对协作的四个方面来改善相互的、民主的责任进行了讨论，即赞成共同的结果测量方法、创建价值、促进可信任的合作、使公众参与；第四，详细讨论了跨部门协作不同类型所适用的相互责任的具体方面。

跨部门协作与责任

长期以来，责任都被认为是公共管理成功的根本。凯特尔（2002）提醒我们，"政府绩效实际上只是其管理自身工具并追究工具使用者责任的能力"（第421页）。在跨部门协作激增的环境中，用以维持这些协作的责任所需要的政府工具，与传统机构间或机构内活动所需要的政府工具是不一样的。通过在传统的政府决策和项目交付中囊括企业和非营利机构，跨部门协作改变了公共责任的要求。那种协作的特定条款与条件应受到公共管理者仔细的检查并被理解，因为私人与非营利参与者由于不同的原因被激励着参与到这些协作中，政府则并没有。因此，公共管理者必须谨慎，以确保在任何跨部门协作中都能够实现公共利益。

例如，在涉及主要交通基础设施项目的PPPs中，政府试图通过创建新的资本项目来为公共利益提供服务：促进商贸、减轻交通拥堵、增强到特定社区的移动性。这种PPPs中的私人合作伙伴关注诸如运营者的项目盈利性（通过过路费或其他费用）、投资者的风险与回报等问题，这是可以理解的。因此，基础设施PPPs的责任要求创建与特定目标相一致的公认的绩效标准，例如有效管理、安全性以及交通道路的可用性；它需要可靠的监督与监控机制；要求适当的保护措施来确保公共服务不会由于利益原因而妥协。私人合伙者可以通过这种方式实现其目标，而公共管理者所关注的是在公共利益下达成结果。

协作的主要特征是政府给予其他组织的自由裁量权。跨部门合作通过协作组合、合意的决策制定以及其他被认可的组织间合作的特征，展现了横向关系的各种形式。然而，公共管理者也必须考虑如何创建与私人和非营利合作者之间的协作责任。由于跨部门协作的不同，特定的方法也不一样；然而，总体上看，这些安排的性质必须促进更多的对话和组织的相互依赖，或者促进那种至少协作中的每一方都共在其中的感觉。

在公共权力被稀释并散播到参与者的跨部门协作中，一起工作的成员共担了持续报告其行动的责任。负责任的跨部门协作者相互间视为合作伙伴。合作关系确保每一个合作方都关注于结果，并富有成效。这样做是符合双方自身利益的。如果成员不重视责任，就不能确保他们遵守承诺或履行其协作义务。然而，由于协作者退出合作关系的能力的缘故，这种责任不能通过恐吓与惩处的方式强制执行和强加。当跨部门协作的责任以这种方式被考虑时，公共管理者就可以在确保实现这种责任方面扮演关键性角色。与福利特（2003）"权力合作"而不是"权力控制"的概念相似，公共管理者必须培养相互责任或是与其协作者"合作"的责任，而不是"控制"他们的责任。

传统的公共责任

传统的公共责任已经通过控制机制得以实现。赖特（1998）声称，公共责任长期以来被狭隘地界定为"通过遵从严格描绘的规则制度来限制官僚的自由裁量权"（第12页）。由于公共管理者不是由人民选出的，所以要确保公共管理者服务于人民的需要则取决于被选出的代表（例如立法者和首席执行官）。林恩

（2006）把政府责任的根本性挑战视为"将主权授予（非选举产生的）官员，而他们以人民及其代表和所产生的必要性的名义来采取行动，以此对那些官员的行为进行控制"（第137页）。

然而，从公共管理者更为实践的角度来看，公共责任意味着"为了政府绩效而应对公众的期望"（波斯纳，2002，547）。关键的问题是，政府是否完成了公民所期望其完成的任务。政策的合理性及其目标、被配置用来支持其发展的资源、采取适当的项目行为的权力、设计并实现必要步骤的能力与技术，这些都对成功地解决责任问题具有影响。然而说到底，公共责任是一个底线问题：政府以与公共利益相一致的行为成功地完成工作了吗？由于这个答案具有政治后果，这样的视角迫使公共管理者运用其所能得到的任何管理机制来得到该问题的肯定回答。

公共责任控制的维度

公共部门职员被号召通过非正式和正式的控制机制来为许多（有时候是相矛盾的）利益相关者的利益服务（罗姆泽克，杜布尼克，1994）。非正式方面，公共管理者"不仅向大量被选举出的官员汇报，而且要向许多利益群体、客户、媒体和其他主体汇报"（波斯纳，2002，524）。正式方面，控制机制已经发生演化，以应付公共责任的不同维度。迪克和奥特（1999）确认了其中的三个方面：对其他政府组织的责任、等级制责任、满足客观标准的责任。其结果是，公共机构被要求同时遵从若干合法但往往是相矛盾的责任期望。

行政、立法、司法部门之间的权力划分是限制公共管理者自由裁量权并促进问责制的一种正式方式。在美国进步时代所进行的改革也导致了独立的政府管制机构、公共委员会和公众公司的建立，以通过行政部门来监督政府组织。通过其授权和拨款委员会、公众听证会以及间接地通过半自治的美国政府问责局（GAO），国会在机构监管中发挥着作用。司法部门也通过禁止机构及其官员的"专制和任意的"行为，在机构监管中发挥作用。

公共行为问责的第二个正式途径是通过政府内部权力的垂直链条来推进。伍德罗·威尔逊（1887）附和马克斯·韦伯的观点，把垂直汇报关系置于其呼吁政治与行政分离的中心地位。这一概念声称，组织内控制通过让官僚信守对"上级部门包括位于命令链顶端的当选官员和任命官员"的承诺，提高对公共利益的依从性（卡恩斯，1996，11）。

最终，绩效的客观标准也成为监管公共管理者的正式手段。弗里德里希呼吁更加关注技术水平（1940），从而为当今政府中我们更加重视绩效管理提供了基础。绩效测量增加了对于公众的责任，鼓励并编撰了共享的承诺与责任（凯特尔，2005）。此外，国会和许多州立法机关已经创建了程序性标准和安全措施，通过诸如联邦行政管理程序法案（1946）等法律来实施官僚责任，该法案详细说明了政府官员采取某种行动所依循的流程。

对于公共管理者来说，这些不同控制因素的组合根本不明确。其结果就是"独立的竞争性机制与各种独立运作的责任所有人的交叉重叠"（贝恩，2001，60）。因此，与跨部门协作单位一起工作的公共管理者，是被安置在既存的一套复杂且往往是相矛盾的责任机制内。为跨部门协作界定公共责任，不仅要求对这些既存的约束进行关注，而且需要有创建相互责任并确保民主责任的新方法。

∧ 民主责任的维度 ∨

民主责任最重要的问题是，如何确保政府的行政机构执行与公众利益相一致的政策与项目。这一问题围绕民主政体内政府官僚的固有挑战，以及行政机构内非选举官员通过与当选官员体现的公众期望相匹配的行为方式履行其义务的程度而反复出现。民主责任方面的许多基础性工作都涉及官僚机构通过实施过程在政策效果方面所产生的影响问题。这方面有着各种观点，包括想要行政管理者为特定目标负责以及消除目的与手段差别的实用主义观点等（哈蒙，1995）。

德怀特·沃尔多的开创性著作告知我们对于民主责任及其对于跨部门协作重要性的理解。沃尔多的《行政国家》（1948）陈述了理解政府管理者在解释和形成其所执行的政策方面发挥作用的概念性基础。他对政策方向自身就可以引导官僚制成效的观点提出了挑战，并声称"任何简单地将政府划分为政治加行政的方式都是不充分的"（第148页）。采纳简单的二分法的缺陷是民主理想随后被从公共管理的谈论中移除。公共部门内部的管理不只是实现目标；它也有关决定目标的主动性工作。他对伍德罗·威尔逊和其他学者的观点提出了挑战，认为民主"只能应用于双重政府过程的决策阶段"。反之，沃尔多认为，民主是决策管理中的一种相对价值。

在理解哪些因素使得政府部门的管理与私人部门或非营利组织的管理有所不同方面，沃尔多的著作做出了重要贡献。我们政府民主的特性以及公众在政府如何运作方面具有发言权的基本假设，不仅渗透到选举过程中，而且渗透到执行政府项目的方法中。其著作也提醒我们，非选举的机构领导人在解释和形成公共政策特性方面具有重要影响。

O.C.麦克斯怀特的著作《公共管理的合法性：一种话语分析》（1997），解释了责任对于民主尤其重要的原因❶。麦克斯怀特在评估我们为何需要特别关注政府机构的工作方面，提供了更多的证据。麦克斯怀特提出了合法性（政府对公共目标的适当的代表）这一术语，并将其与政府权力相关联从而在民主制下实现公众意愿。麦克斯怀特是在询问"行政管理如何在美国民主政府的体制内进行适配"，

---

❶ O.C.麦克斯怀特是俄里翁·怀特的笔名，他是弗吉尼亚理工学院暨州立大学公共管理与政策中心公共管理方向的名誉教授，而他在乔治·华盛顿大学公共管理专业做前任教授期间用的笔名是辛西娅·麦克斯韦恩。

而不是试图解决合法性的问题（第11页）。

麦克斯怀特声称，开国元勋们认识到，公民不可避免地在政策问题方面有着不同的利益，政府的民主形式也不得不在国家政策的建构中调适不同的偏好。麦迪逊《联邦主义者文集》第10号清晰地阐述了美国联邦主义的观点，认为在像美国这样国土面积的国家中，直接民主制（或者政策决定方面的公民直接参与）与国家政府是不相容的（汉密尔顿，杰伊，麦迪逊，2001）。反之，该书作者推荐民选代表制。这些代表对于不同选民的选举责任的性质，迫使当选官员在政策制定中考虑不同的公众利益。

同情反联邦党人的麦克斯怀特认为，仅仅依赖设定政府责任标准的立法程序，其问题在于忽略了行政管理者在决定政策成效中所具有的影响力。他指出，决定任何给定的官僚制活动的合法性并非总是清晰的；更确切地说，这需要在持续对话或关系中的利益相关各方之间得到解决。这正是跨部门协作所要求的动力。协作的每一方都有着各自的"目标"；然而，各方的相互作用会决定特定的行为路线，而最初的路线可能会在协作中发生演化。麦克斯怀特验证了这一观念，即当公共管理者出于所服务的公众利益，通过协作互动来与公共行政管理者进行竞争和协商时，公共行政管理者的活动具有潜在的合法性，这在跨部门协作中经常发生。

罗伯特·贝恩对于我们理解民主责任的贡献包括，他注意到了让行政行为解释并补充立法监督的各种体制机制。在《民主责任再思考》（2001）中，他强调了形成旨在确保公众利益不被实施过程所扭曲的体制和机制的历史性影响。他认为，"我们美国民主责任的观念已经从麦迪逊的权力分立演化到了威尔逊的行政管理从政策中分离，并伴随着泰勒和韦伯通过描述独立的行政组织如何有效率且负责任而证明了那种分离的正确性"（第58页）。他也指出，围绕权力分立的观念，这些多变的、有时分层次施加于官僚行为的压力是政府发展体系中所固有的。他解释说："我们当前民主责任的体系既不是有序的，也不是等级制或一致的。"（第60页）。

贝恩提出了民主责任的一个新概念，认为这必须是一个"共同的责任合同"（2001）。这一概念暗示了行政管理中的一种理念，包括：① 一份合同或道德承诺；② 责任或为了公共事业而接受行政行为的意愿；③ 以对规则的共同承诺作为对他人的责任感；④ 避免在出问题时盯着替罪羊的共同义务以及作为团队为所有后果承担责任的共同义务。这种态度上的转变可以形成责任方面更为综合性的方法，公共管理者可以借此考虑其行为（以及其他跨部门协作者）在既存体系限制内对所服务人群的影响。

在公共项目交付中非政府组织参与度不断提高的环境下，所存在的问题是如何确保通过跨部门协作来满足公众利益。在处理民主责任问题时，考虑界定公众期望的流程以及与受既定项目影响的公众对话的具体技巧是很重要的。

在《公众价值与公众利益：平衡经济个人主义》一书中，巴里·博兹曼提出了一个跨部门组织可以相互承担责任的标准。对博兹曼来说，公众利益"指的是那些向界定为公众的社会集体的长期生存和进步提供最佳服务的成果"（第17页）。他应对挑战，识别了对于给定的选民来说的真正的"公众利益"，认为要理解司法权想要的东西需要一种根据流程而不是一套预定的理想来界定公众利益的过程性方法。"公众利益的流程性概念实际上并没有区分政治过程与公众利益实体"（第94页）。反之，应该为健康项目或税收优惠设计的特性是通过和解与妥协的过程来决定的。政策需求往往是不能提前了解的，可能需要某种层面的仔细思考，尤其是要由那些受到特定项目影响的群体来思考❶。

在第7章，我们讨论了为了识别应用到公众任务中的跨部门协作（如果有的话）的适当形式，而界定公众任务性质或由政府实施挑战的重要性。在民主责任的范畴内，界定公众利益的方法将会与旨在确保其得以实现的体制机制同样重要。

表10.1总结了与我们所思考的民主责任、公众利益和跨部门协作有关的一些学者的贡献。正如本书所讨论的，通过跨部门方法界定要履行的公众任务的性质，以及为了实现任务而适应适当的体制性路径和领导策略，是确保其责任所必需的。在试图构建、测量目标和实现特定目标之间，政府政策的目标或成果和其实现之间总是存在着冲突，尤其是在跨部门协作中，这些往往是随着协作的演进

表10.1 民主责任、公众利益与跨部门协作

作者	民主责任的基础概念	跨部门协作的含意
德怀特·沃尔多	公共管理者在解释和形成公众利益和公共政策中发挥作用——在其实施政府项目时决定政策边界。	公共管理者对所服务人群负责并需要可以测量的绩效标准。
O.C.麦克斯怀特	实施者影响政策成效。 公共部门合法性来自于利益相关各方之间的对话，政府交付选民所期望的项目的范围与规模。	如果在协作关系决策中包括了公众与利益相关者，那么公共管理者所商定的跨部门协作安排便是合法的。
罗伯特·贝恩	民主责任不是有序的或等级制的，而是独立与竞争性机制的重叠。它要求共同的集体责任： 1.道德承诺或契约 2.为了公众利益接受约束的意愿 3.以对规则的共同承诺作为对他人的责任感 4.对结果的集体责任和团队责任	在跨部门协作中确保民主责任要求对给定政策领域所涉及的利益相关者的现有责任进行了解。 它也要求未来共享成果而发展共同责任。
巴里·博泽曼	公众利益或民主责任标准可以由社会集体来界定。 给定项目的公共利益边界可以通过流程而非一套预定的理想来形成。	公共管理者必须使其所服务的公民参与，以为其实施的项目来决定适当的公众利益或标准，包括那些其中的跨部门协作。

---

❶ 博兹曼的过程方法关注程序，而麦克斯怀特支持围绕关系和共担责任建立更为有机的协作对话。

而出现的。公共管理者应该在所涉及的公众利益和所寻求的成果的意义上进行协作。然而，他们必须要灵活，并且在协作各方相互作用及其与公众互动时可以使特定的行为和任务得到发展。

就公共管理者而言，跨部门协作需要灵活性。规定政策和方法是不起作用的，例如当公共服务直接由政府或传统契约来提供的时候。然而，灵活性并不意味着标准未被设定、期望已经建立、成果得到监控。跨部门协作管理中的挑战是，识别出在设计和管理过程中灵活性在何时是最佳的。例如，当与特定类型基础设施的公私合作伙伴一起工作时，灵活性在最初阶段是必需的，并允许考虑和协商新的方法。一旦设定了合伙条款，私人部门合伙者就应该预期将会接受未知事件的一些风险，并且不要在合同修订中变更指令。这种安排改善了报价的质量。或者，网络和IPSPs在适应变化及其环境方面比较擅长。公共管理者应该预料到，为合作伙伴进行协商和制定的内容可能会在6个月后被重新评估。

在跨部门协作中培育民主

如何在公共部门运作的项目中提升民主责任的思想，为考虑如何在跨部门协作中实现共同的民主责任提供了强劲的智力基础。沃尔多和麦克斯怀特强调了实施者作为政策形成者的重要性，以及公共管理者与公民持续对话以明确在特定情况中公众利益内容的必要性。贝恩对于组织间相互制衡作用以及公共管理中各种监管机构影响的描述，在组织关系方面提供了一种视角，尤其是独立的监管团体的作用。其"共同责任"的观点应该会向任何一种跨部门协作透露出标准。而且，博兹曼所提出的界定公众利益的流程性方法，连同参与协作的公民（直接在下面进行讨论）的技术一起，有助于为通过跨部门协作交付的项目提供合法性。

共同责任反映了跨部门协作独特性责任的两个维度。第一个维度以构建横向责任为基础，第二个忠于传统纵向等级制的要求。横向责任对于跨部门协作中各成员间的关系做出反应。传统纵向等级制的要求是确保公共管理者对建立公共政策的被委任和当选官员负责所必需的。公共管理者必须找到匹配这两种责任结构差异性要求的方式，将两者整合起来，这样就可以使它们相互加强。

尽管确保责任对于任何组织来说都是困难的，但是当跨部门协作者具有不同的文化、组织规范和动机的时候，这就是一个巨大的挑战。此外，因为这些关系是自愿形成的，所以参与方在成员偏离其共同目标时缺乏明显的强制机制，就像在等级制结构中可能出现的那样。为了处理跨部门协作的这些挑战，我们识别出四种实用的核心内容或方法，管理者可借以实现共同责任：① 就成果而不是目标达成一致；② 理解价值如何通过协作被创造；③ 重视并形成可信任的合伙关系；④ 在设计并实施跨部门协作时让公民参与。这些观念使得公共管理者能够形成自我维持的关系，并且其成员会有获取结果的内在动机。

基于结果的绩效

2004年，撒德·艾伦在被任命为路易斯安那州卡特里娜飓风事故指挥官之后不久，就迎来了一项挑战，即在该地区多个被调动的政府和非政府机构之间就共同使命进行沟通。正如我们在之前章节中所注意到的，他的方法是在该市的一个大型飞机库中，拿着喇叭对应急队中的所有成员大声宣告，他赞赏其努力，感谢他们的工作，并请他们"像对待家庭成员一样"对待所遇到的每一名受害者。这种用所有响应者都会具有的亲密感对待暴风雨受害者的简单思想，有助于在联邦、州和地方政府职员以及在该区域工作的非营利部门和私人部门职员之间建立共同的目标。尽管对协作者提出了一些共同目标，也在参与者中共同创建了其他一些目标，但关键是识别出可以驱动不同背景的人们朝着共同结果或成果前进的参考框架。

跨部门协作的一个陷阱是参与各方无法了解到，其工作目标几乎不会与政府或非营利组织的目标相同。每一方都希望得到一些与共同工作不一样的东西：对公共部门来说，经常是政策目标的推进；对非营利部门来说，是实现其社会目的；对私人部门来说，往往是利润。重要的不是目标一致，而是可以产生一致结果、产出或成果的共同目标，这一系列成果可以促成协作各方的不同利益，反过来又成为测量协作的机制并实现共同责任。

第4章讨论的迈阿密港口隧道工程的PPP项目，在公共部门和私人部门如何出于不同原因而支持一个共同目标方面，提供了一个有趣的例证。与迈阿密市协作的佛罗里达运输部参与了为期34年、价值14亿美元的PPP项目，以改善迈阿密周边的运输状况（AECOM技术公司，2007）。这种合作有助于州和市政府建成一个公路系统，以确保进入附近港口的货物可以绕过市中心；合作中的私人供应商从市政府那里获取了超过34年的持续性（可用性）补偿的保证。州政府和私人部门都关心更大的目标，即建立一个有效的隧道系统以运输货物。然而，私人合作者和公共部门合作者却在这方面有着不同的理由。

由跨部门协作的每一方设定的清晰目标都可以推进合作，只要协作方能维持某种灵活性。例如，公共领域的目标为政府基于政策视角在参与跨部门协作时要做和不要做的内容方面设置了边界。在跨部门协作中，私人和非营利主体不是在设定政策，而是引起协作者的关心。不同的组织会有不同的目标，但是这并不意味着它们不能朝着共同的目的、成果或结果而一起工作。

通过重新定义如何从目标一致到特定结果测量来建立跨部门协作这一问题，公共管理者和关系中的各主体建立了清晰而直接的方法，通过专门和可量化协作所实现的一系列结果、产出或成果来共同监管进展情况。例如，在迈阿密隧道

PPP项目的案例中，其成果包括了交通拥堵程度的降低和安全性的提升。弗吉尼亚州费尔法克斯郡的社会事业系统管理部运用了网络方法来帮助该郡处于危难中的人；"需求满足比例"是成果测量中的一种方法，这一概念对于各种政府和非营利性组织来说都是容易接受的。

第7章所表明的满足绩效测量标准的短期或中间措施，提供了跨部门协作成败的短期指标。例如，这种成果措施可能减少了某类城市污染物的水平。尽管长期目标会改善城市居民的健康，但是降低污染物是帮助获取那种长期目标的成果。

达成那种结果或成果需要耗费时间，而这些时间并非所有成员都愿意花费的，但是为了实现共同责任这又是必须去做的。协作者往往没有考虑其努力应该会取得什么特定的成果。让团队关注其所期望成果的量化符合公共管理者的利益，这也是责任与协作成功所必要的基础。

在跨部门协作中创造价值

公共管理者应该通过理解跨部门关系所创造的价值来对其进行处理。考虑由跨部门协作所创造的价值不仅有助于考虑这些协作所具有的影响，而且也是协作成员对其参与协作的有用性进行计算所必要的。创建被认为对跨部门协作成员重要的价值，是他们保持协作关系并尽力确保其成功的关键原因。创建价值意味着，协作行为不会转变，也不会重新在各群体之间配置资源，而是为所有各方创建价值。理解来自于协作行为的价值以及那些收益如何由公民和协作方获取，会使得产生的收益内容更加清晰。如果公共管理者了解每一个协作者能获得多少价值，那么介入这种关系就会变得更容易。

许多理论都谈到了价值创造的概念（多布，1973）。就跨部门协作责任的目的来说，要考虑两个方面：公共价值与共同价值。公共价值与私人部门的价值在测量与评估方面都有很大不同。尽管私人部门经理可以通过许多财务措施来评估成功，但是公共部门经理的成功就不太清晰，因为他们所产生的内容更加"模糊"（摩尔，1995）。因此，公共价值创造归根结底是以判断方法为中心：为了证明所利用资源的合法性，必须在公共管理者的工作成果方面达成一致。既然公共部门中的管理是通过对稀缺资源的配置进行的，那种配置就要值得去付出努力。理解所创造的公共价值，使得我们可以"评价公共部门管理者的付出；这种评价不是在个体消费者的经济市场中，而是在典型的民主体制下公民和集体决策的政治市场中进行"（摩尔，1995，31）。

除了公共价值的思想以外，跨部门协作还创建了共同价值。共同价值存在于"社会绩效与公司绩效之间的交集部分"（波特，克雷默，2011），并被定义为"提升公司竞争力的政策与运营实践，同时也推进了其运营所在社区的经济与社会环境"（第6页）。以这种方式，共同价值"关注社会进步与经济进步之间的关联"

（第4～5页）。

这一概念所固有的思想是，企业不得不从公司社会责任方面考虑盈亏底线或声誉利益。公司应该通过识别社会因素在界定市场方面如何与经济因素同等重要，来考虑其工作的所有方面。波特和克雷默认为，采用共同价值方法对企业、政府和公民都有益处。追求共同价值可以使得企业更具创新性并得到成长，政府得益于响应并乐于合作的企业，公民得益于跨部门协作所创造的价值。

认识到共同价值思想与传统资本主义和新古典主义经济模型的定义相矛盾是很重要的，这些思想与米尔顿·弗里德曼的公司完全自给的观点相违背。弗里德曼宣称，社会存在于商业考量的范围之外，因此，单纯追求利润对公司是重要的。然而，这种观点是短视的。企业并非在真空中运营：它们对所处的社区高度负责，并且必须了解自身在其中的角色。采纳共同价值方法并在各种协作安排中囊括政府和非营利部门，不仅会带来利润，而且会创造价值，这在合作之初是一种强大的动力。

˄ 可信的合作伙伴 ˅

正如我们在之前的章节中所注意到的，信任对于成功的跨部门协作来说是必要的：信任意味着参与各方相互信任彼此的能力以及实现共同目标的承诺。成功的协作建立在信任的基础上，并经常导致更大的协作生产率（卡内瓦莱，1995）。在第3章，我们讨论了在协作契约环境下工作时信任的三个层次，这对于任何协作安排来说也都是很重要的：

1. 合同信任——坚持协议。哈丁（2004）把这个称作"密封的利益"——承包商的利益与政府的利益相匹配，因为根据条款完成合同符合承包商的利益。这种基本层面的信任也必定存在于任何一种跨部门协作中。

2. 能力信任——公共管理者认识到承包商的特殊专业知识或本地知识，并允许它们在能力范围内行使自由裁量权。尽管这还不是一种合伙关系，但是对每一方的知识和判断来说有着真正的协作与尊重，是任何成功协作所必需的条件。

3. 善意信任——相信承包商为了实现共同目标会超出合同的最低限度。作为反复互动与协作的结果，协作方在如何开展活动以及日常决策方面具有相当大的自主权。现在，协作开始类似于真正的合伙关系。

为了实现民主责任，我们增加了信任的两个额外维度：提升相互信任度的社会信任和相信这种关系会道德而公平的公平信任：

4. 社会信任——政府治理下的公民利益与支持。社会信任建立在长期培养的合适的社会资本量之上。跨部门协作中公共管理者的主要责任之一是使公民融入进来，以确保其观点得到听取并具有价值。

5. 公平信任——公众相信政府会为了所有各方的利益采取行动，而不只是为了垂青的少数人。信任政府也来自于对政府会公平和道德的相信，这往往取决于过去的绩效。当存在公众对于政府的质疑时，公众一般就不太会相信其他人，这会在总体上降低公众的信任（布鲁尔，海勒，2005；伍斯诺，1998；伯曼，1997），并且会侵蚀协作项目中的信任。形成信任的文化可以创建一种环境，此时信息可以被公开共享，各主体可以得到对复杂的政策问题进行决策所必需的敏感信息（布鲁尔，海勒，2005）。

公众信任在跨部门协作中尤为重要，因为公民往往与在政府之外运作的直接的服务提供者相互作用。例如，医疗补助和医疗保险计划所提供的健康项目经常涉及许多非营利团体和私人部门的医生，他们对病人进行直接的护理。如果不清楚非政府主体参与的性质，公众可能会质疑其他以公众名义运作的组织的动机。

此外，由非营利组织提供的社会服务中用户费用的增加（国家慈善统计中心，2012）意味着，在公共部门和非营利部门中的协作方必须为最终用户展现收取费用的理由和价值。类似的趋势发生在美国的交通运输部门，其公路PPP项目的增加建成了更多的收费公路。如果协作各方不对得自于这些费用的利益进行解释，公共的怨愤就会破坏旨在服务于公众的协作。

协作各方应该努力成为"可信任的合作伙伴"（福莱尔等，2012），这是详细说明协作中各方之间关系的一个概念。参与者必须相信他们可以从协作关系中得到好处；否则，协作就会由于成员的退出而不可持续。没有可信任的合作伙伴的话，协作关系就会土崩瓦解，因为协作者就会集中于其自身的短期目标的实现，而不是认识到更大的社会目标的成就。可信任的合作伙伴认识到，跨部门协作的不同决策可能会对参与各方及其自身组织产生影响。

可信的合作伙伴是善解人意的，因为他们关心其他合作者的问题，并在可能时——甚至在这些问题与合作者没什么关系时，一同工作来解决那些关注的问题。通过合作来解决与跨部门协作使命有关的问题并以解决合作者面临的问题的方式，跨部门协作形成了忠诚敬业的协作队伍。承诺不仅依据跨部门协作的使命而且以合作者的成功经验来理解成功，提升了跨部门协作完成工作的机会，从而对每一个合作伙伴及公众尽到了责任。

总之，跨部门协作中可信任的合作伙伴超越了遵守协议的最低要求，承认了跨部门协作中其合作伙伴的能力。可信任合作者的最终目标是实现彼此一定程度上的善意信任、社会信任和公平信任，从而形成无须复杂持续监控的共同努力。合作者也意识到通过道德行为、沟通和公民参与来同全体公众形成社会信任的必要性。

需要注意的是：由于跨部门协作者经常具有参与协作的不同动机，所以跨部门协作的规则是融合与模糊的。确保这种融合符合公众利益以及公共价值是公共管理者的责任，不会在协作中被舍弃。在公共管理共同体中许多主体关注的是私人和非营利部门的利益有可能凌驾于公共价值之上，并对信任是责任的坚实基础表示怀疑。公共管理者必须在跨部门协作中构建信任合作关系，但在最终的分析中，他们必须证明协作的结果有益于一般公众。

˄ 提高公民参与度 ˅

在提供有关公众需求、公众服务质量以及如何与其期望相对比的信息方面，更多的公众参与是提高跨部门协作中民主责任的一种方式。公共管理者参与跨部门协作，在匹配政策目标、公共部门利益相关者的利益以及公众参与政策成果的形成方面，发挥着核心作用。

重新激发公民思想是维护民主责任的关键成分。当今的公共管理者正日益转向使公民直接参与的方法，以决定政府项目的范围和规模。例如，在联邦层面，奥巴马政府在2009年发展了政府开放化行动，以从选民那里征集评论与反馈，从而引导联邦决策的制定（白宫，2009）。

州和地方政府正在利用社会媒体来改善责任，其方式适用于网络、合作以及独立的公共服务提供者（IPSPs）。几乎所有的市和郡政府都拥有社会媒体平台，与当地居民来分享信息。市民大会在YouTube上发布或完全以电子形式举办，使议会成员在Tweet上与选民互动分享其参与社区活动的情况并收到反馈，Facebook也被用来推进地方性事件并寻求社区行动的反馈。

信息与沟通计算（ICT）为公众提供了比以往任何时候都更多的接触公共服务交付信息的机会。政府通过社会媒介和ICT相关形式使得公众参与的可能性是巨大的。政府机构已经通过各种创新方法使得公众参与其中，例如"电子政府"，向公众展示了提供信息或接受行政服务的各种选择。电子政府的例子包括公众设施创建的评价、自然灾害受害者需求的实时信息、交通延误的最新消息以及驾照或车辆登记的更新。然而，这种ICT的利用总体上是单向的信息传送，从政府到公众或是从公众到政府，没有进一步的互动。

盐湖城公交车站的设计，在利用ICT改善公众参与方面提供了一个实例。在这个例子中，政府采用众包的方式形成了结构设计的各种想法[1]。政府建立了一个网站，概述了对该结构的总体期望，并允许公众提出自己对于网站建设的设想。在项目高峰时期，每天有超过4654名访客登录该网站，并形成了政府自身很难想象的公交车站的概念性设计（布拉布汉姆，桑切斯，巴塞罗缪，2009）。

蒂娜·纳巴齐（2012）描述了界定公众利益的程序性方法是如何被应用到政府项目中的。她的解释提出了早先的一些主题，即在协作的利益相关者之间构建信任的重要性。纳巴齐通过公众参与的概念以及在相冲突的公众价值之间进行选择的多种技巧，提出了民主责任。她认为，参与理解并评价公共服务结果的公民需要与公共管理者共享权力，并在大量有关项目目标和期望的决策中发挥作用。

通过这种方式，公众参与拓宽了我们对于民主参与的理解，即从间接参与转

---

[1] 众包是利用数千位（在某些情况下是数以百万计）的互联网使用者的知识进行的有组织的尝试，他们目标相同却有着不同的利益（布拉布汉姆、桑切斯和巴塞罗缪，2009）。参与的人越多，其价值就越大。

向包括直接参与，公众凭借间接参与支持公共部门的代表或为其做出决策的利益团体，而通过直接参与的方式以自身或基于技术的论坛来直接影响公众部门的成果。

社会媒体和公众参与

社会媒体的发展使得政府官员、跨部门合作者以及公众之间有了更加丰富的互动类型。社会媒体允许使用者在公共空间中表达其价值和偏好，并与他人——既有朋友也有陌生人——交换思想。2010年海地地震的后果表明，社会媒体是如何在识别紧急需求方面为现场急救员提供了帮助。灾难发生后，一个开源危机地图项目得到采纳，以把社会媒体的评论转译成安全的太子港各地的图景，主要是那些需要水或其他援助的地方，同时也转译成其他相关的问题（海因泽曼，沃特斯，2010）。波士顿的一个研究生团队搜集了受影响地区的文字信息、回顾推特帖子并且搜集脸书数据，将人们当下所讨论的内容设计成相关趋势。政府和非营利部门都运用这种信息来对最急需的目标地进行救援。

交通部官员正在借助社会媒体来为公路、交通运输的延误以及公众感知制定规格。在给定的城市区域或与特定运输系统相关的岗位中对推特的帖子进行搜集，有助于公共管理者识别旅游的趋势，并能更好地理解公众感知以及应对延误的旅游模式。在跨部门协作中，这种监管功能对于公共管理者来说尤其重要，此时，政府可能不是直接的服务提供者，但是仍然需要监督以确保民主责任的履行。地方政府利用社会媒体为公民提供实时响应的另外一种方式是，通过垃圾车和除雪车上的GPS装置让他们可以独自追踪这些车辆的位置。

公众构建与政府和公共服务之间关系的方式发生了巨大的变化。许多市民不是将自身视为纳税人或客户，而是希望被当作联合创建者或政府服务的合作伙伴，并期待高质量的合作经历（奥斯本，盖布勒，1992；托马斯，2012）。社会媒体对于提升公众参与来说，是强有力的工具。社会媒体搜集并报告的有关个人、群体或组织绩效的信息，可以被用来审查合伙关系、网络和独立的公共服务提供者（IPSPs）的流程或战略。

通过建立线上社区，社会媒体以新的方法增加了公众介入和参与的机会。例如，社会媒体使得地方官员可以运用之前不太可能的方式，与年轻人口结构中的公众建立互动关系，众所周知这是一个很难追踪的群体（布拉布汉姆，2009）。此外，由于自身工作或家庭原因不能参加关键性治理会议的公民，现在可以通过线上流媒体、发送反馈以及线上请求信息等方式进行事实上的参与。

相互问责的一体化方法

相互问责的四个支柱正在得到加强。对跨部门协作来说，公共管理者需要关注他们如何朝着为每个成员带来价值的方向开展工作，并维持协作伙伴之间信任的合伙关系，保持对于公众开放的沟通交流。如果协作成员不能采用一体化方法而只是集中于其中的少数方面，这种关系就会陷入困境。对于跨部门协作来说，在不理解其共同努力所创造的价值的情况下就聚焦于信任的构建是不充分的。或者，如果他们不理解如何维系合作组织的动力就关注于创建一系列共享成果，那么这种关系可能就是短命的。

最好的合作是那些培养了信任和公开共享信息文化的合作，以及在组织内部和跨协作伙伴情况下，在纵向与横向上都有最佳实践的合作。四种要素——基于结果的绩效、公共和共享的价值、信任的合作伙伴、参与的公众——的每一个都有助于形成合作的环境，这种合作可以通过创建一种氛围来促进问责制，即所有的参与者都可以由其努力来预测并测量切实的结果。

跨部门协作的特定责任问题

长期以来，纵向官僚制结构和相应的管理流程都是控制组织内工作行为的主要方法，并与跨部门协作的横向关系有着诸多不同。由于公共管理者在跨部门协作中获得了经验，所以管理横向关系所呈现出来的挑战正变得更为普遍。

责任与合同外包

尽管传统合同的责任要求与跨部门协作的合同要求类似，但是维持传统的政府缔约者责任的机制或方法一般不被运用于合伙关系、网络或独立的公共服务提供者（IPSPs）方面。在传统契约中，由于委托代理关系，政府一般会维持所界定的行为标准。政府掌管着缔约关系，因为它控制着合同书写的方式，并形成了这种关系的所有条款。私人方面有动力遵从协议中所有的要求与规则，因为这是确保公司会得到支付的唯一方法。传统方法的例子包括某种活动的文件报告，以及应对表明缔约者正在追究责任的具体标准的簿记。狄更斯和奥特（1999）开发了一系列处理政府与私人和非营利组织缔约的技巧，包括审计、监督、许可、市场、法院、道德标准、举报以及基于结果的评估。

即便有这些控制方法，缔约者通常也不会与公职人员承担同样的道德标准。而且，一定的行为准则或某些规则所坚持的一致性，在政府-承包者的关系中很难得以执行。一份政府问责总署的报告（2010）发现，二十多个联邦缔约者已经违反了联邦劳动法，却持续地通过政府合同获得数十亿美元。

合伙关系与公司合伙中的责任

与合同管理中的责任不同，让合作者坚守责任所需要的不仅是成为一个聪明的买方。尤其是合伙关系和公私合伙（PPPs）牵涉到许多与合作者共同的责任和承诺，就像在短期合同关系中的情况一样，这其实是不容易履行的。取消合同是政府不得不控制缔约者行为的一种关键方法——这是最终的制裁。除非是在最为极端的情况下，取消与非营利机构或私人合作者的伙伴关系，是政府最不想做的事情。对PPPs来说，合作关系的长期视角是必需的。

公私合伙（PPPs）要求在合同订立之前和之后都要有清晰的预期与监管。许多复杂的PPP安排中，主要的挑战是公共管理者往往在处理与私人部门的关系方面缺乏经验，包括他们没有能力分析私人部门的财务计划、市场和确保适当监管的现有激励。没有事先经验的话，他们就必须依靠顾问和其他政府机构（具有与PPPs合作的经验）的建议，来帮助其设计合同。这也是组织学习为何必须是新的协作环境组成部分的原因，这是第11章的主题。

当有效预期与监管作为合同的一部分并不适当的时候，公共管理者往往必须在合伙关系进展时尝试形成这些内容。然而，正如海岸警卫队深水项目所清晰描述的，在开始时无法形成适宜的绩效测量，不能有效地对合作伙伴进行监管，导致了重大的失败以及合伙关系最终的终止，这给海岸警卫队带来了巨大的成本。

一旦签订合同，公共的与私人的合作者就被卷入有关交付服务的持续谈判之中。大多数的PPPs都会比选举周期甚或许多公共管理者的平均任期要持久。在这种情况下，责任主要依赖于事后的事务与关系。由于其绩效的长期性，在协议中嵌入深思熟虑的程序与决策规则，并形成信任的合伙关系是适当的问责制所需要的。

在公私合伙（PPPs）中行使责任最终依靠明晰关系中的义务。英国国家审计署的署长詹姆斯·罗伯森（个人沟通2008）认为，创建某些灵活性是PPP合同的基本要素。这标志着与其他合作者的通融，并消除他们对于合作长期前景的顾虑。绩效标准的透明度以及公私合伙的实际绩效也很重要。谈判标准必须是合理的，并反映双方所承担风险的适当平衡。公共的和私人的合作者之间互动的质量，影响缔约者所遵从的机构监管的总体能力，并相应地调整绩效的激励机制。

在这方面，公共管理者可以从他们与其他政府部门的互动中进行学习。政府间的学者已经注意到，当一级政府与另一级政府（例如联邦政府与州政府）在赠款或合同方面一起工作的时候，这些关系并非是一级政府单边强加于另一级政府的。这种关系往往会伴随着讨价还价的过程，以至于每一方都会觉得其优先性在最终协议中得到了反映（英格拉姆，1977；德斯克，2013）。无论是在合作中还是在网络中，每一方都经常会退出协议。因此，公共管理者必须平衡其自身的政策关注点与合作者的目标，并找到聚焦于维护公众利益最重要方面（例如关键绩效指标）的方法。

　　绩效标准和对每个合作者清晰的预期创建了信任的基础。公私合伙在交付服务方面的成功与合作各方的成功是相关联的。私人部门努力满足基于支出回报率的标准；而政府部门追求对项目和私人合作者的支持，以确保公众获取它们所期望的服务。适当地组织公私合伙（PPPs）可以为双方创建起激励措施，并使之尽力提供有质量的公共服务。

网络中的责任

　　艾格斯和戈德史密斯（2004）识别了网络治理中的四个关键问题以确保公共责任的履行，即合理调整激励措施、例行测量绩效、构建网络信任、适当分担风险。许多同样的因素之前一直被认为对公私合伙（PPPs）来说是比较重要的。相似的因素有助于确保PPPs和网络中责任的履行，这是很有意义的。这些方法都体现了政府所做出的努力，即吸引合作者在没有直接控制PPP或网络行为的情况下履行政府职责。

　　随着网络中协作者的多样化，在协作之初对具体共享成果进行认定并做出承诺的需求就很关键了。在只是政府和企业参与的情况下，PPPs更多的是依靠持续的调整与沟通，目的是确保PPP实现其目标。运用类似的网络方法所花费的时间将是巨大的，并且不是利用各方时间与资源的最好方式。对于网络来说，要交付有质量的公共服务并导向协作责任，提前就具体成果进行磋商是最好的途径。对公共管理者而言，网络治理的重要作用是确保所有的网络参与者以及普通大众都能在对结果的考虑中投入有意义的东西。

　　在费尔法克斯郡的人类服务项目中，郡领导者们运用了相互责任的有效方案：共享价值、成果测量与信任。共享价值是要帮助那些郡中处于危困中的人，这些帮助来自于公共部门、私人部门或非营利性部门。成果测量指标中的"需要得以实现的百分比"，清晰地表明了在实现其共享价值方面整个网络的成效。信任可以由多种方式构建而成：在系统发展与绩效测量中让非营利主体参与，在公众和非营利机构中广泛分享信息，在"以变化为中心"欢迎对改进系统提出意见的环境中都可以建立信任。这种方式在网络成员之间形成了强烈的协作责任。

独立公共服务提供者的责任

　　独立公共服务提供者（ISTPs）的责任对公共管理者来说是最具挑战性的，因为它们与政府相比具有相当大的自治与独立性。IPSP具有两类责任：参与者必须在其协作中建立起责任，公共管理者必须决定IPSP是否以及在多大程度上对公共利益负责。然而，由于IPSP独立的特性，政府不能使用传统的责任测量方法或手段。

公共管理者所能采用的最佳途径就是让IPSPs以得体、合作互动的方式参与。公共管理者应当考虑通过政府活动可以获得哪些资源，而这些政府活动可能会对任何一个IPSP组织产生影响。公共管理者的影响来源主要有四个：

1.许可：IPSP可以从事需要公共部门允许或授权的活动，例如许可证、执照或专业认证。

2.信息：如果政府提供某种信息，IPSP可能会更有效，例如档案文件、进入政府机构例行搜集的数据库。

3.资金：政府可能拥有自主资金，用来支持IPSP的活动。

4.市民界面：政府具有政治合法性，在与市民和社区的互动方面IPSP可能并不具备这一点。

如果公共管理者能够影响IPSP，那么应该提倡什么样的责任测量方法呢？第一，公共管理者应该主张其成员和活动完全透明；第二，公共管理者应该鼓励IPSP建立清晰的绩效测量方法，以使成员负起责任并提供适当的公共责任；第三，他们可能就某种标准或活动进行协商，以满足公众政策目标；第四，他们可以监督并报告市民所关注的问题以及公众方面的广泛影响。

结论

与跨部门协作者进行合作时，公共管理者对合伙对象的控制要比在传统契约关系中弱。在考虑与独立的公共服务提供者（IPSPs）订约的选择方案时，控制水平就降低了。因此，要对仰赖政府发号施令的协作责任建立起推动性的程序，是难以置信的。协作的自愿性特征以及协作者退出的能力，使得特定规章制度的执行产生很大的不确定性。如果公共管理者试图为跨部门协作制定与传统契约关系同样类型的严格规则，私人或非营利部门的利益相关者就不会有多少继续维持该关系的动力。至于网络和IPSPs，如果协作对于任一参与方来说已经成为过度的负担，那么该参与方就可以退出。

当然，大多数跨部门协作都会涉及一些类型的安排，例如契约或谅解备忘录，所以完全自愿协作的想法也有其局限性。然而，协作关系的主要假设是努力实现共享目标。那种目标的实现需要合作与信任，而这些是不能通过法律文件进行规定或执行的。我们已经在本章中强调了信任的重要性以及信任对成功协作的必要性。与组成跨部门协作的内外部双方利益相关者进行开放和坦诚的沟通，并保持透明性，是产生信任所必需的。

与协作中所有的利益相关者以及普通大众进行一致和清晰的对话，对于确保责任得以履行来说至关重要。有效的沟通和双边对话构建了信任，鼓励了透明，这些可以增加提供必要支持的人们的认同度。有效的项目管理是另外一个成功的关键要素。项目管理者的作用将是引导项目完成其整个过程，确保资源与流程顺畅，并适当匹配衡量基准。

尽管面临挑战，但是确保共有责任对于跨部门协作获取支持方面仍是重要的。对于公众来说，一定要保证纳税人的钱得以明智地支配并用于产生公共价值的公众目的。公众和类似的公共管理者们想要了解，与政府合作的私人和非营利组织不会采取危及公众利益的方式。而且，任何在协作中产生的涉及公共服务交付的问题，都可能会引发对于其中公共管理者的大量的苛责。我们相信，如果公共管理者学会如何驾驭成功关系的四个核心内容——理解公共与共享的价值观、关注成果、建立信任以及让公众参与——他们将会为管理跨部门协作并惠及参与各方而做好充分准备。

 案例研讨

职业培训网络中的责任

你是社会服务部（DSS）执行官的助理。州长正在从事一场运动，在州内增加就业培训，把人们从领取州福利金转变到就业状态。当前，DSS内部的职业培训部（DET）提供这种服务。DET的负责人决定与私人和非营利的社会服务组织一起，开办一个培训网络，以提供培训服务。

你受到邀请，来制定一些政策和代理程序，以确保这一新的网络可以肩负公众责任。

考虑的问题

1. 你确保共同的和民主的责任的方法是什么？
2. 你如何运用社会媒体来完成那一目标？

第11章

形成跨部门协作的
政府能力

我们在第9章对分层制结构中公共管理所面临的挑战进行了解释，在该结构中，非营利和私人部门组织承担了交付公共物品与服务中所共担的任务与职责。无论是采取网络、公私合伙（PPP）的形式，还是与独立的公共服务提供者（IPSPs）接洽，政府都需要重点关注并提供资源，以对构成跨部门协作（CSC）基础的横向与纵向关系进行管理。

本章从田野调查和对两家政府机构的观察中得到结论，来解释公共部门如何提升其能力来与政府之外的组织一起工作。本章回顾了政府能力对于跨部门协作的重要性，讨论了知识的开发与学习如何驱动能力构建，并展示了引导公共管理者的一个框架，以使其所在机构在公私合伙（PPPs）或其他类型的跨部门协作中更有效率地工作。

公司合伙中的政府技能

正如在第4章所讨论过的，基础设施的公私合伙（PPPs）是跨部门协作的一个独特形式——远比传统契约要复杂，并且是与跨部门协作不太相关的形式。从许多方面来说，这类PPPs都是跨部门协作中具有复杂性的特例，不仅包括关系性和不完全性条件，而且还包括较长周期内私人投资和财务预期所增加的风险，因为公共部门并不习惯于规划。主要的差异包括规划与设计的形成、投标过程、建设监督和长期监管等方面。

规划与设计的形成

公私合伙（PPPs）的规划与设计形成阶段，要彻底评估基础设施项目的特定类型是否适用于 PPP 形式。其任务包括决策该项目是否需要主要的资本投资、指定服务、根据其全寿命成本（或者资产生命周期的预估成本）考虑服务、预测项目周期中的技术变化、预测使用者需求并决策私人部门专家是否存在（英国财政部 2006）。项目评估与比较可以效仿公共部门比较仪用来评价总体成本的模式，如果政府建立公共部门项目成本的基准以和 PPP 进行对比，那么公共部门就会产生这种成本（维多利亚州合作合同管理指南，2001）。

对任何基础设施项目来说，风险分析与配置都是很重要的，尤其是公私合伙（PPPs）项目。理解 PPPs 中各种技术、建设、运营、收入、政策和管制的风险，对于为诸如 PPP 的长期项目匹配公共的与私人的激励措施来说至关重要（格里姆斯，路易斯，2007）。不幸的是，典型的基础设施规划过程并没有考虑这种系列性风险，因为政府通常单独进行建设规划，并只是在项目完成之后处理长期运营问题。

规划也要求理解服务是否可以经由关键绩效指标进行测量，以及公共部门是否具有自身监管技能，来对项目输出与结果进行测量，形成目标并确保实现那些目标。要理解根据全生命周期成本评价项目的可能性，就必须理解项目的技术与运营维度，这些成本综合了设计、建设、运营的项目维度。

投标过程

推动公私合伙（PPPs）的投标过程需要具有在谈判中的所有缔约方之间维持竞争压力的技巧。竞争是 PPPs 中成本缩减的主要驱动力之一（莫拉洛斯，阿美葛蒂，2008），并要求政府确保市场中有足够的提供者就一个项目展开竞争。也必须确保私人运营者具有形成自身设计解决方案的灵活性。例如，英国政府运用竞争性对话的方法来审查投标，政府采购团队在固定期限内就所有的投标设计进行协商（费利佩，2003）。

在公私合伙（PPP）谈判中设计项目解决方案的灵活性意味着，在公共部门必须审查的项目设计之中经常会有更大的变化。PPP 投标的评审必须考虑技术要素（例如项目设计）、财务要素（包括财务与收入创造）、风险配置（例如预测需求的职责）、法律要素（例如公共部门贷款和当前法律所允许的监管潜力）。公共机构需要在每一个领域具备评价缔约方投标可能性的技能。评标也要求具有将私人部门的建议与政府产品的替代品进行对比的能力。

能够评估所有供应商方案的单一项目团队，同时通常是评估竞争性投标的最好组织（英国财政部，2009）。世界银行报告称，经常以公私合伙（PPP）形式出现的单一项目团队，已经在孟加拉国、牙买加、菲律宾、葡萄牙、南非、澳大利亚、韩国以及其他国家中形成了处理这些责任的能力（世界银行，2007）。PPP的形成在低收入国家尤其重要，这些国家的公共部门缺乏行政管理技能与资源。

建设

在建设期间，公共管理者必须在设备革新或建设中，对项目期限与进展进行监督以发挥作用。私人合作者的报酬经常被推迟到交付服务时才支付，这给私人部门按时完成项目带来了更大风险。公共管理者总体需要的技能包括监控建设期限以及建设设备的总体质量标准。

监控与评估

工后责任包括监控与评估，确保实现共同商定的绩效标准。监控与评估是质量控制的关键阶段，这与其他形式的跨部门协作很相像。从行政管理上来说，监管需要通过缔约团队来实现，该团队具有清晰的上下级关系、明确的管理标准、解决契约变化的机制以及在实施各阶段发现问题的能力（罗宾逊等，2010）。

合同管理者也需要通过私人承包商了解服务条款的财务维度，包括偿还项目背后债务的现金流和收益流的本质。管理者必须了解诸如"股息支付率、债务偿还能力、变现能力以及已公布会计报表"等指标，以表示商业计划是否有效运营（格里姆塞，路易斯，2007，212）。因此，合同管理比监控日常绩效要做得更多；它也需要对项目运营以及收益成本流进行彻底的审查（包括未来绩效的评估），以确保在长期时间范围内进行充分的项目交付。

网络管理的政府技能

网络管理也涉及一系列围绕共同目标领导多方成员的技能。跨组织管理要求形成书面协议范围之外的关系（范斯莱克，2009），并在组织领导中构建社会关系，以保护围绕共同目标的合作与协议（卡莉，2008）。例如，佐治亚州一项社会服务契约的研究发现，社会规范与相关人际关系协议对契约网络的绩效来说极为重要（加兹利，2008）。

管理者也需要劝说与谈判的技能，以实现为多组织网络建立的公共服务交付的目标（凯特尔，2002）。麦圭尔（2006）建议，政府管理者维持中心协调者的角色，并承担实现公共目标的大部分责任。所需要的特定任务包括激活（识别所需要的合适的人与资源）、设计（推进有关任务与责任的协议）、动员（建立每一位参与者的支持与承诺）、合成（构建参与者之间信任与信息的交换）。正如其他的跨部门协作形式一样，网络管理者也需要对网络产出与成果进行持续的监控与评价。

识别跨部门协作努力中所有的主体、解决矛盾并战略性地管理这些关系，也在网络治理中被用来改善绩效。为了在网络环境中各种组织之间协商其不同利益，矛盾管理技能是很重要的。改善不同优先级的技能包括协商、议价、解决协作性问题以及对矛盾进行管理（宾汉姆，奥利里，2007）。

独立的公共服务提供者的政府技能

独立的公共服务提供者（IPSPs）为公共管理者提出了另外一个问题。它们在政府控制之外运作，与其对接所需要的技能不同于和公私合伙（PPPs）或网络对接时的那些，政府更多的是发挥参与的作用。总体上，公共管理者需要一些我们已经运用的有关网络与合伙的技能：协商、谈判、协作问题的解决、构建社会资本以及信任。公共管理者也需要考虑IPSP成员运营的健康性及其为项目的长期成果做出贡献的可能性。

额外的技能包括扫描IPSP的环境以及对这些组织是否正在以公众利益采取行动做出决策。公共管理者如何完成这项任务呢？第一，对于公共管理者来说，理解特定IPSP创建的原因及其所处理的公共问题或政策是很重要的；第二，管理者必须决定IPSP是否通过解决了政府机制无法有效处理的已知问题而满足了公众需求；第三，他们必须尝试为公民提供参与IPSP工作的方法。这可能容易也可能不容易。在政府对IPSP没有任何帮助的时候，公共管理者是没什么优势的。公共管理者唯一能依靠的可能就是形成与IPSP管理者之间的关系，这或许能提供有关IPSP活动及其对公共问题影响的双向信息。

正如第10章所讨论的，政府往往具有支配处理的资源，这可能会被用作有效的谈判筹码，以使得公共管理者能够形成IPSP的行动。潜在的资源包括许可或规制IPSP的活动，提供所需要的信息或者对IPSP的成功比较重要的客户，可能也提供资金来支持IPSP的活动。在每一种情况下，公共管理者都必须在其谈判中学会克制，并被视为IPSP行动的推动者而不是IPSP有效行动的拦路虎。

政府领导与跨部门协作

学习如何改善政府的协作能力，对于热衷于从事跨部门协作的政府机构来说很重要，因为知识是政府控制这些项目潜在风险以及利用其财务和社会收益的能力的基础。

回顾跨政策部门的基础设施公私合伙（PPP）项目可以得出结论，许多PPP项目得到了有效地执行，同时也有许多项目结果非常糟糕（霍奇，格雷夫，2007）。PPP项目具体的失败涉及私人经营者不正确的技术设计，这些主体没有能力满足其项目的建设要求。在英国的一个案例中，为物理学家建造政府实验室的私人经营者屡次都无法达到设备进行科学实验所要求的较高的建设条件（国家审计署2006）。最终，公共部门被迫接管了该项目，承担了远高于预算的成本。类似地，如果政府方面的成员没有做好准备的话，网络中的公共服务成果就无法交付。通过网络提供儿童关爱的案例研究发现了透明度的问题，以及对面向公众的项目进行监督的有限性（范卡本诺，佛薛尔，2012）。大多数问题都归因于网络中不同的非政府成员所形成的复杂的责任链条，以至于很难判定谁应该为结果负责。凯特尔（2008）也解释了许多在健康服务交付网络中的非营利部门和私人部门如何通过联邦医疗保险和医疗补助项目将社会服务弄得支离破碎，拒绝运用更为综合性的方法来解决客户的特定需求。

构建政府协作能力：一个学习框架

政府机构通过在其组织内部采取实践措施促进集体学习，可以促进其向跨部门协作所必需的新技能领域过渡。知识源自经验，这样的话拥有更多经验的组织就能从其过去的行为中产生更多引导其未来行动的专门知识（马勒，1997），展示基于经验学习曲线的技能获取。公共机构的挑战是，它们几乎没有跨部门协作的经验可以利用。

政府学习中的核心问题

跨部门协作方面的组织学习可以被视为包括活动的结构维度和社会维度两个部分，这些活动对采纳与网络、合伙和独立的公共服务提供者（IPSPs）相关联的技能、专门知识和体系具有支持作用。学习的结构维度包括正式组织的项目，例如活动后报告或结构化培训。学习的社会维度是指为源自经验的知识赋予意义的人际互动。对知识赋值是个体层面的学习向组织范围的成果转化的重点（马勒，1997）。

顾及结构维度以及作为其基础的社会进程，解释了学习如何导致行为上的变化。例如已经被发现，社会背景对于个人在特定目的活动中进行学习的潜力具有重大影响。为了行为的改变，与学习紧密关联的环境可能需要一些条件，诸如自愿参与、共享思想的非竞争性论坛、个人失败的欣然接受、反思的重复或持续性方法（布林德巴赫尔，纳沙特，2010）。确保雇员不会感受到冒险或承担过去失败案例的负累也是很重要的。避免对于错误的反责有助于确保各个主体乐意分享其观点、考虑备择方案、通过心理安全氛围实现集体解决（埃德蒙森，1999）。

跨部门学习的框架

图11.1概述了政府学习的四个方面。这些阶段对于评价当前技术知识状态的活动与条件进行了处理（评价并配置雇员）；识别所需知识的来源并使得学习活动适应将外部知识向内部雇员的转移（解释并整合外部知识）；描述如何从新项目领域的持续实验中收集经验（讨论并从直接经验中记录经验教训）；解释如何通过绩效与评估系统获取持续知识（设计并评估标准）（波伊尔，2013）。

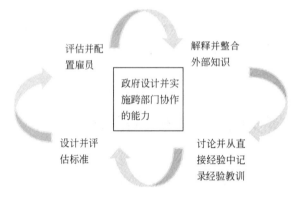

图11.1　跨部门协作中的学习框架

学习框架的维度

当考虑两家政府交通机构研究的实证发现时，理论框架所解释的每一个阶段都展现了公共管理者可以用来改善其跨部门协作管理的许多活动与实践。

评估并配置雇员　第一个阶段指的是多重过程，该过程以组织努力理解新技能领域的所知为基础。对于一家没有协作经验的机构来说，所需要的知识想必非常多。渴求的专业知识包括大量技术、财务、法律和处理与跨部门伙伴间关系的管理技能。

对于任何一家机构来说，用适当的技能识别雇员并赋予他们相应的角色，对于判定其职员在该机构与公共部门和私人部门合同管理方面的了解情况，是至关重要的。现实是，"组织经常不知道他们所了解的内容"（胡贝尔，1991，100）。不对既存知识分析进行阐明，公共管理者就很可能碰到知行差距，其组织作为一个整体就不会有与雇员已知内容一致的表现（史密斯，麦基恩，辛格，2006）。

例如，对24位政府官员和在公司合伙（PPPs）项目中工作的行业高管进行半结构化访谈分析，可以识别与建立技能基准的机构方法相关的三个方面：

1.分配职员致力于跨部门协作。

2.识别针对协作方法的额外技能。

3.为项目制定清晰的政策策略。

指派政府职员从事跨部门协作的工作，可以确保适当的人力资本致力于设计并履行协作关系方面的行政管理职责。一位公共管理者评论道："应该有一些针对职员的测试，来判断所了解的内容。"这里的挑战是，许多公共部门职员被委以设计和履行协作的职责，并将其置于其他职责之上。设计并履行合伙及网络关系的专门小组的建立，确保了政府对这些项目的重视。这方面的例子包括美国国务院国务大臣的全球合伙倡议（2012）以及弗吉尼亚交通部运输局的公私合伙活动（OTP3，2012）。

尽管本书认为许多技能对于网络与合伙关系中的政府领导能力来说非常重要，但是其他技能可能也是所采纳的特定跨部门协作形式所必需的。政府职员处理基础设施公司合伙（PPPs）项目所需的较为重要的一些技能有财务建模、公共参与、管理咨询。PPPs的设计包含复杂的财务预测，此时所进行的有关项目收入与投资的预测往往达到未来的四十到五十年。此外，公共管理者通过不同的公共参与形式向相关组织团体解释项目的感知利益时也面临着挑战。在诸如港口或公路等公共资产的运营中让私人部门参与会引发公众质疑，当私人部门经营者以通行费或相关用户费从公民那里征收费用时，这种质疑会更强烈。让公共部门职员做好清晰沟通项目目标的准备，有助于满足公众所关注的内容，并使得跨部门协作能够适应地方利益。

最终，当公共管理者开始评估负责跨部门协作工作的职员背景时，对讨论中的项目制定清晰的政策是很重要的。对交通运输项目来说，政策目标可能包括降低交通堵塞、减少车辆事故或是压缩交付成本。有人评论说："对于机构的领导力来说，关键是要设置明确的政策方向，然后为人们提供实施和执行的资源。"对于公共卫生项目来说，目标可以包括降低医疗费用或是改善预防性药物。政府项目背后的政策目标越清晰，公共管理者就更有能力使其知识开发的努力适应于技能的培养，这些技能在改进协作以满足那些目标方面是最为直接相关的。

解释并整合外部知识　从机构外部利用知识以改进协作的方法，要求识别所需知识的来源，并制定将这些知识整合到组织自身中去的计划。众所周知，"组织通过利用其他主体的能力，可以完成很多它们不知道如何去做的事情"（纳尔逊，温特1982，125）。从其他组织中吸取教训也可以降低学习成本，因为管理者可以从他人的错误中学习，而不必遭受同样错误带来的结果。

在跨部门协作形式中，向他人学习的三个方面比较重要：

1.确定所需知识的来源。

2.确定所需知识的特征。

3.运用学习技能使得外部知识适用于既存实践。

例如，大量不同的组织为州和地方政府在交通运输公司合伙（PPPs）项目实施方面提供了指导，包括美国交通部中的联邦公路管理局、研究与创新技术管理局这样的联邦机构；全国公私合作委员会、美国州公路及运输协会这样的非营利社团，以及美国基础设施与博思·艾伦·汉密尔顿控股公司这样的产业集团，它们举办会议讨论与PPPs相关的热门话题。对于任何需要为了公共部门而进行某种层次学习的协作方式来说，都要就哪些外部知识将有助于在该方式中工作的主体获取其所想要的技能方面做出决策。

对公司合伙（PPPs）项目中的专家所进行的访谈表明，外部顾问、公共部门官员、会议、讲习班是有关设计并实施PPPs项目的较佳知识来源。外部顾问往往被视为PPPs项目最为重要的知识来源，因为与PPP管理相关的如此多的技能需要有经验（以及相应薪水）的人才队伍，这些经验通常超出了公共部门的职责范围。一位受访者解释说，对外部顾问的信赖尤其重要，因为"美国交通部没有一位（职员）具有单干的充分知识"。此外，其他公共部门组织经常被视为特别有价值（并少有偏见）的合作伙伴，因为对于公共部门背景的主体来说，它们可以分享更为实用的经验。

判定机构所需知识的来源及其所期望的适应性也是很重要的。例如，知识可以划分为需要人际互动来分享的默会知识，以及可以通过阅读书写记录而被分享的显性知识（阿吉里斯，舍恩，1996）。如在交通运输的公司合伙（PPPs）项目中，PPPs的有关知识总体上是默会的，因为有许多知识是基于个人经验的（波伊尔，2013）。PPPs的复杂与多面性要求只有在公共管理者直接介入工作时，才能习得许多有关设计与实施的知识。另外，管理PPPs、网络以及独立的公共服务提供者（IPSPs）所需要的技能和知识，与公共组织当前的实践有很大差异，以至于要把新思想安置在既存体系中非常困难。

讨论并从直接经验中记录经验教训　通过直接经验来学习指的是从做中学的过程，以及组织用来从自身所遇事件中吸取教训的战略（希恩等，2005）。由于协作监管的经验经常局限于政府机构之中，所以他们从项目中获取的洞见将会在实施项目时呈现出来。组织必须在那些经历被遗忘之前，采取措施以获取并记录从这类经历中得到的经验教训（卡里略等，2006）。

从做中学的两个方面在其他跨部门协作中尤其相关：

1.在跨部门协作的设计与实施期间，促进项目评审并记录评审中的经验教训。

2.培养职员在项目评审期间舒畅地谈及其自身错误并挑战其上司的社会氛围。

为做中学建立正式的举措，有助于政府在跨部门协作设计与实施的整个过程中保持持续学习的一致性。其实例包括工作小组、学习论坛，以及其他旨在在同一组织内部的职员之间产生知识或共享知识的过程（吉布森，瑟缪伦，2003）。例如，执行公司合伙（PPPs）项目的政府机构经常进行项目评审并从那些评审中记录经验教训，以尽可能多地从实践中获取知识。从项目评审中识别并记录与设计有关的经验教训，可以将从这些规格中得到的经验运用到未来的项目中去。一位受访者以下述方式解释了从做中学的重要性："你所看到的是，如果一家州立机构有四个项目，你开始学习如何实施这些项目。当你完成的时候，你会在如何做的方面进行调整。私人部门声称想要达成其在第二年所具有的那种交易——但是公共部门已经学会了。"公共部门现在更好地理解了PPPs中的关键问题，并能更好地为州政府进行谈判。通过这种方式，从实践中学习提升了公共部门的知识基础，降低了公共部门与私人部门在PPPs项目中的信息不对称。

由于从协作中学习的许多内容都是通过直接经历以及项目评审和相关论坛中的讨论而产生的，所以，确保在项目评审中所有职员都对从其经历中分享经验感到舒畅是很重要的。用来理解愿意讨论过失的社会环境的一个概念是心理安全，或"团队在人际关系冒险中是安全的这一共同信念"（埃德蒙森，1999，354）。互动学习的利益来自于多种个体之间的深思熟虑，因为他们是从不同的视角和不同类型的知识来进行思考的（豪恩希尔德，沙利文，2002）。由于在政府中为心理安全开拓一片天地比较困难，所以特定的实践有助于征集职员的反馈，例如"免费通行"——或者没有反责之忧地讨论个人错误的能力。把所有问题摆在桌面上的公开讨论以及项目成果的匿名报告，可以促进从经历中识别重要的经验。

培养接纳不同观点的环境并吸引所有成员，提升了从多方主体以及拓展开来从有价值的知识来源获取充分贡献的可能性。而且，所有成员都能自由付出的环境可以提高共享经历的可能性，这些经历中有的导致了失败也有的引领了成功。只识别项目的成功是很危险的，这些成功可以放慢适应的速度，并限制对于可选行动方案的关注（邓雷尔，马奇，2001）。此外，认清失败及其成因能够促进个体间更深层次的反思，并鼓励他们找出未来避免这种结局的更为创新的解决方案（希特金，1992）。

设计并评估标准　监控和评估提供了持续产生数据和反思的机制，这可以促进组织中的技能形成，并推动改善组织绩效的持续学习。项目评估指的是"运用系统方法以解决有关项目运营与结果的问题"（霍雷，哈特里，纽科默，2010，5）。运营、程序或实践中所建议的更改有助于通过从经历分析中进行组织学习以引导集体行为中的变化。在跨部门协作的背景下，来自评估的信息可以表明活动在多大程度上实现了所期望的结果以及管理变更如何提升了绩效。

监控和评估的三个方面与有关网络、公私合伙（PPPs）和独立的公共服务提供者（IPSPs）的知识形成尤其相关：

1. 设计为未来决策提供参考的测量标准。
2. 让评价者参与项目标准设计。
3. 把评价标准与公共利益目标联系在一起。

为了使得监控与评估都有作用，必须把能够提供决策参考的信息聚集在一起。绩效数据只有在被认为是可信的和可靠的，以及所测量的实施内容是重要的和补救性的情况下才是有用的（霍雷等，2010）。而且，标准必须清晰地捕捉项目内容方面的信息，这些内容可能是公共管理者希望在未来的项目中进行调整的。例如，交通运输的公私合伙（PPPs）项目经常包括桥梁、公路或其他设施的设计标准度量，以便评估者能够追溯设计结果，从而将之前制定的决策与运营结果相比较，而运营结果在这些项目中只是到后来才会显现出来。创建适当标准的关键是，确保所测量的内容能够作为未来项目决策制定的参考。例如，一位受访者解释道："你不得不为项目设定统一的指标"。

在评价标准的发展中，把管理者进行整合的价值已经在公共管理的其他研究中得到过记载（普瑞斯基尔，托雷斯，2000）。公共部门在形成适当契约或网络结构的过程中，过于频繁地投入时间与资源，而没有考虑确保满足其条款所需要的管理资源。将评估者统一到设计中，反映了确保创建跨部门协作的公共管理者们更为宽泛的需要，即超越合同设计而考虑政府的诸多需求，这些需求是在签订合同之后才产生的（布朗，博托斯齐，范斯莱克，2011）。

司空见惯的是，公共管理者几乎不了解他们所评估的措施是如何与广泛的政策结果相联系的。挑战在于，评估者在并不了解标准与更广泛图景有何联系时，被请求对标准进行测量。提升对健康和评估的集体学习效果，也需要在宽泛的政策目标与评估中的公共管理者之间进行沟通。合同管理者对绩效标准背后的宽泛目标越了解，他们评估其测量值的个人承诺就越大。例如，州一级交通运输部门的官员指出，当他们理解了哪些措施是如何与更为宽泛的政策目标相联系时，他们就更可能从公私合伙（PPPs）项目评价中获取经验。

结论：学习的系统方法

本章所讨论的学习的四个领域识别了特定的活动与安排，这些可以改进政府跨部门协作的方法。它们包括了许多学习的结构维度和社会维度，这些是集体学习的基础，并强调了社会环境的重要性，以推动对于新信息和行为改变的共同理解。

学习领域源自对具有跨部门协作工作经验的州政府机构的分析。实施有关跨部门协作的学习技能的过程，对没有先前合作经验的政府机构来说很可能是有差异性的。没有直接的个人经验，机构将更加依赖于从其他主体那里学习，因为它们不具备从开始就进行评估的知识基础。此外，从直接经验中学习的过程尤其与没有跨部门协作经验的公共管理者相关，因为持续的经验能帮助他们避免重复犯错，并能加速其知识积累。不管在什么样的情况下，支持公共部门专业人员从事跨部门协作工作都是值得推荐的做法，这能使其开始积累并利用来自跨部门协作的经验。

学习四领域（评估并配置雇员、解释并整合外部知识、讨论并从直接经验中记录经验教训、设计并评估标准）的相互依赖与持续贡献意味着，与其在逐步发展中将每一领域作为一个步骤来考虑，不如将之前作为阶段的内容看作是更大系统的领域或子系统（圣吉，2006）。在更大的系统中，公共部门背景下的理论模型往往解释了子系统的行为过程，子系统互动产生了更宽泛的成果（萨巴蒂尔，威布，2007）。因此，政府学习可以被视为与管理网络、合伙关系以及独立的公共服务提供者（IPSPs）相关的更宽泛的过程系统。

许多与学习的每个阶段相关联的特定活动也作为组织学习过程的重要因素涌现出来。评价并配置职员、创建专门小组、识别在公众参与和管理顾问中有技能的员工、为项目制定清晰的政策，这些对于判定机构已经了解的有关处理复杂协作的内容来说是至关重要的。建立由单一从事合伙或网络工作的职员组成的团队，也即在组织内部创建特定部门，该部门可以生产、储存并作用于有关此类协作的知识。而且，为项目创建清晰的政策指令可以为从直接基于知识的活动中学习提供目标（圣吉，2006）。

在解释和整合外部知识方面，许多外部知识来源对于提升机构学习是很重要的。然而，对于政府管理者来说，理解外部知识的特征（及其可能的偏见）以便采纳最有利于内部转型的实践，也是很重要的。

通过做中学来讨论并记录得自于直接经历的经验教训，很可能涉及项目回顾以及乐于讨论失败和挑战权威的社会风气。受访者所强调的对于权威的挑战加强了组织中学习过程方面心理安全的重要性（埃德蒙森，1999）。对心理安全的关注也通过强调社会规范对于披露并识别项目失败的影响（马勒，卡萨马尤，2009），加强了组织文化在指导组织行为方面的重要性（沙因，1965）。

之前的讨论也强调了为在组织中产生弥漫于集体学习的经验而对标准进行设计和评价的重要性。而且，让评价者参与标准的设计，有助于解释职员如何能更好地理解他们测量举措背后的含义。

考虑到学习阶段的一体化和交叉重叠的特征及其社会维度，有助于阐明可以提升政府能力的学习活动，这些能力的建设用于设计并实施网络、合伙关系以及独立的公共服务提供者（IPSPs）协作。这四个阶段及附随的活动，可以帮助公共管理者改善跨部门协作的方式。

 案例研讨 ---

交通发展中的跨部门协作

你是一座大城市的地方政府机构中公共工作部门的项目经理。市长邀请你所在部门探究基础设施以公私合伙（PPP）方式支持轻轨系统扩张以提高市民在城市中的流动性。你的上司要求你提出建议，说明如何评估该项目

PPP交付手段的潜力。

目前，城市主要的运输模式是公共巴士网络，大多数人依赖于汽车出行，导致了大量的交通堵塞并且限制了低收入人群的流动性。城市正在寻求为一项新的交通系统提供经费的方式，并为项目设计形成创新性的想法。这种新的交通系统必须充分覆盖，并允许来自城市社区的低收入出行者和郊区的高收入出行者都有适当的方式到达市中心以及诸如机场和运动中心这样的主要目的地。此外，轻轨系统所收取的费用必须是城市所有阶层的人群都能负担得起的。

考虑的问题

1. 基于你对基础设施PPPs的了解，你认为该项目在将这种方式与外包方式进行对比时应该考虑哪些方面？

2. 为了形成合适的专门知识以实现PPP，你认为你所在部门应该在人力资本方面考虑什么问题？

第12章

跨部门协作的未来

当今的公共政策问题日益复杂，公民对只借助政府来解决问题缺乏信心，这些使政府与私人和非营利组织之间的各种协作形式得以拓展。监管的新方式——协作合同、合伙关系、网络、独立的公共服务提供者（IPSPs）——已经出现并填补了由于政府机构无效、低绩效和资金缺乏而形成的空白。目前，政府开始依靠私人与非营利部门提供公共机构所缺乏的专门知识、经验和能力。

强调有效跨部门协作（CSC）需求的一个知名的例子是，与2010年患者保护和平价医疗法案网站最初的实施相联系的明显失败，也就是众所周知的奥巴马医改计划。美国政府机构曾经把宇航员送到过月球；现在的问题是，它们甚至是否能够建立一个网站。如果政府机构不能正确地设计并建立某种像基于顾客网站这样的基础性平台，那么人们有什么信心认为政府能够处理更为复杂的事情呢？跨部门协作不应该被视为奢侈品或是附加的治理；在某些情况下，它可能是交付高品质公共服务的唯一可行的选择。然而，我们所面临挑战的紧迫性已经推动实践领先于理论。公平地说，协作之车已经跑到了治理框架之马的前面。

本书阐明了，存在充分的经验与研究成果来指引公共管理者成功参与所有形式的跨部门协作。正如由联邦、州或地方政府所管理的公共服务交付模型那样，跨部门协作应该满足公众对于绩效的期望，并且能创造公共价值。通过跨部门协作满足公众的绩效期望，需要把公众参与概念化并复兴民主责任的价值。通过跨部门协作创造公共价值，意味着重塑公共服务被生产和分配的方式，并重新思考创新方式如何能让公众和所有协作者互惠互利。

有些公共管理者、公共管理学者以及公众不相信跨部门协作的优点，尤其是当涉及私人部门的时候。与这种协作相对立的部分解释内嵌于这样的哲学中，即并不赞同非政府实体是在被视为公共领域的范围内运作。从这种观点来看，政府是管理并调节旨在满足公共利益的、某种集体行动适当且唯一合法的主体。正是政府才具有为所有各方利益进行解释并服务于大众利益的权力与责任。这是一个很有意思的争论，并很可能会持续很长一段时间。

涉及私人与非营利组织的跨部门协作的怀疑论也根植于更为实践的问题：服务费用会强加于使用者身上吗？政府官员对公众抱怨及问题的责任是否会减少？服务的质量或可得性是不是会降低？获取服务会不会受到限制并对社会中的特定群体来说变得不可得，例如低收入人群、郊区居民或少数民族？公职官员能控制其协作对象吗，或者他们是团结的甚或是腐败的？这些都是很好的问题，并且应该在公共管理者介入跨部门协作之前得以充分解决。在之前的章节中，本书研究了参与不同形式的跨部门协作所产生的许多问题，为公共管理者确保其职责以及保护公众利益提供了指导。

在考虑各种跨部门协作形式之前，公共管理者必须认识到自身的优势与不足。在某些情况下，公共管理者可能别无选择，因为缺乏只通过机构行为来解决问题的能力，而在其他情况下，参与跨部门协作的决定则是一项战略决策，或是最大化利用公共资源以实现公共目标（以及创造公共价值）最佳方式的有意选择。表12.1概述了公共管理者参与跨部门协作的主要优势与劣势。

表12.1　公共部门运用跨部门协作的优势与劣势

优势/劣势　类别	优势	劣势/注意事项
创新	私人与非营利主体具有更大的灵活性与试验的动因，并尝试创新性的解决方案。	公共管理者失去直接控制；创新可能造成公众的强烈抵制。
与公众互动	私人提供商通常更聚焦于客户并为客户需求负责，向公众提供更多的选择。非营利部门能够对公共部门往往服务不周的特定选民做出反应。	公共管理者具有比服务"客户"更广泛的兴趣；他们具有平等的关注；民主过程为直接或间接地与公众利益磋商提供了一种手段；向公众交付物品与服务的过程可能很重要。
融资途径	私人部门可以获取私人资金，能比政府更容易地借入资金。非营利部门具有基金、捐赠和其他支持来源。志愿者的运用可以降低服务成本。	政府通常能够比私人部门以更低的利率借入资金，尽管这种借贷可能容易受到宪法或法规的限制，抑或选民的首肯。
专门知识	私人部门比政府更容易吸收特定的专门知识，因为其在招聘政策上更为灵活，并能提供晋升的流动性。非营利部门可能会接触到志愿者或拥有在服务于某类客户方面具有价值的地方知识。	对外部知识的依赖会导致公共部门不能正确处理和监督跨部门关系。它也可以造成政府与潜在跨部门协作伙伴之间不利信息的不对称。
动机	私人部门由项目的有效运作推动并创建共享价值。非营利部门有动力以成本效益方式实现其使命；其使命往往与政府政策和目标相一致。	私人和非营利部门的目标可能与公共部门的目标不一致。不同目标的磋商是一项挑战，风险是公共利益可能被私人或非营利机构利益所调和。
所有权关系	私人部门所有权形成了项目有利和有效实施的动力。捐赠者鼓励非营利资源的有效配置，非营利机构成员能影响项目的优先权。	公共部门所有权在公众之中散布；然而，最终公共管理者为管理公共资源并获取公共利益负责。
移至委托-委托关系	私人与非营利组织不再将自身仅仅看作代理机构，而是在解决公共问题方面公共组织可信的合作伙伴。	公共管理者习惯于在正常的委托-代理环境下工作，超越层级控制进行委托-委托关系的谈判对他们来说是一项挑战。

治理挑战的演化特征

当今，政府在传统官僚模式的框架内进行运作的时候，治理所面临的挑战就够多的了，更不用说当它们转向期望较少政府控制的更为协作的安排下的时候了。图12.1展示了不同的协作方式是如何随着政府（以及治理中所涉及的其他主体）而演化的，期间，政府等主体寻求获取资源、专业知识和市场驱动型管理的新途径，并将之作为解决公共管理者所面临的不断涌现的复杂问题的方式。

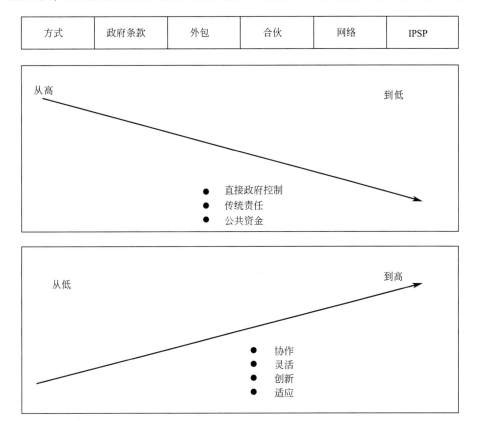

方式	政府条款	外包	合伙	网络	IPSP

从高　　　　　　　　　　　　　　　　　　　到低

● 直接政府控制
● 传统责任
● 公共资金

从低　　　　　　　　　　　　　　　　　　　到高

● 协作
● 灵活
● 创新
● 适应

图12.1　治理演进

随着公共管理者从服务的传统条款向外部、合伙、网络以及现在的独立的公共服务提供者（IPSPs）转变，每一种协作形式都被认为对公共服务交付来说具有一些附加利益。同时，这些参与也意味着政府直接控制以及协作自治方面损失的增加。IPSP是一个极端的案例——近似于从政府管控下自治，但仍有着责任、灵活与创新的极大可能性。

对公共管理者来说，这些备选方式的演化形成了有趣的选择：对其可能性做出承诺，又对其所带走的东西进行要挟。对公共管理者来说自相矛盾的是，为了充分获取这些新方式——协作、灵活性、创新和适应性——的利益，公共管理者必须放弃传统观念的本质，即充当政府管理者所意味着的：对公共服务的生产和交付进行正式的控制。甚至支持跨部门协作的公共管理者也不愿意放下这种观点，即政府的特权应该在所有那些安排中得以普及——即使在政府贡献寥寥或是根本没有资源的极端情况下也应如此。

对新公共治理的贡献

引导参与跨部门协作预期的治理框架正在兴起，但其中的许多观点和建议还不能形成完整的概念（艾格斯，戈德史密斯，2004；萨拉蒙，2002；麦圭尔，2006；奥斯本，2010；黑尔，赫尔德，2011）。跨部门协作正在成为例常的实践活动，然而处理这些活动的治理模型仍在形成之中。在这种情况下，有些人可能会建议谨慎并最好是等到形成更加完整的治理框架之后再进行跨部门协作。

新公共治理学力图解决本书所提出的许多问题。跨部门协作摆脱压力提供更加为公众负责的公共服务，但是它们形成了治理缺口——该缺口存在于公共问题与解决这些问题的机制之间，这种缺口在政府/治理层面上已经成为固定的形式。尽管新公共管理（NPM）的支持者已经提出了一些有趣的观点，并向传统的治理思想提出了挑战，但是新公共治理方面的学者将NPM看作是一套不完整的理论和研究，没有完全解决公共管理者当下在治理方面所面临的挑战。NPM发挥了从"公共管理集权和官僚的传统以及新公共管理萌芽的多领域和多元化传统"进行转变的作用（奥斯本，2010，2）；然而，要完全解释协作所涉及的扩展和治理方面的挑战，该理论仍是不充分的。

新公共治理学者在公共政策实施和公共服务交付方面不断形成新的概念和实践性方法，将跨部门协作的理论与实践融合在一起。本书之前的章节提出了几个关键命题，作为对未来新公共治理范式的贡献：

1.四种跨部门协作选择或模式的连续统一体。公共管理学者已经对四种跨部门协作选择中的三个，即外包、合伙与网络治理进行了研究。我们提出，这些协作形式加上IPSPs，在现存环境与期望的基础上，被视为公共管理者可能选来进行协作的四种相关方式会更好一些。跨部门协作的四种形式在一定程度上与公共管理者力图利用的内容有关，即协作者的专业知识、政府能力以及作为服务交付一部分的复杂性。

2.独立的公共服务提供者（IPSPs）。这些实体被建立起来并像政府那样提供公共服务，把跨部门的多种组织聚合在一起解决公共政策问题。通常，IPSPs将自身组织成网络，但是它们脱离于组织引导的自治及其对于协作的承诺，都是它们不同于其他跨部门协作类型的明显特征。

3.跨部门中的委托 - 委托关系。传统的将涉及政府与协作者之间的关系视为委托 - 代理关系的观点受到了跨部门协作的挑战，跨部门协作经常牵涉到委托 - 委托关系；这在IPSPs的例子中很明显，而在大多数合伙与网络关系中已是事实。委托 - 委托关系使得公共责任的基本观点变得复杂，但是往往对政府与跨部门协作者之间关系的描述更为准确。

4.官僚模式与跨部门协作的不相容。出现跨部门协作的部分原因在于，对经典公共管理方式进行治理及其不能始终提供高品质和积极响应的公共服务的不满。跨部门协作所诉求的创新性、灵活性与动态性，与传统的作为官僚模式基础的控制与责任要求并不一致。

5.跨部门协作的新的责任结构。为了获取跨部门协作的最佳利益，需要对行政治理的新模式进行广泛传播。由于传统的责任形式在跨部门协作中并不成功，我们提出了共同责任的四个支柱性内容：接受共同的结果测量、创建价值、推进可信的合伙关系以及让公民参与。

6.公众参与以确保合法和责任的重要性。跨部门协作把公共管理者置于这种地位，即必须代表这些形式所服务的公众的观点，这或许超越了政府交付公共服务的任何其他形式。因此，管理者必须找到让公众通过社会媒体和其他方式参与其中的方法，以确保协作能为其所服务的委托人产生公共价值。

这些提议与将跨部门协作看作多元治理形式一部分的观点是一致的，这类治理更多地依赖于具有不同使命与价值观的实体间的协作，而不太看重通过立法和行政命令授予政府机构的正式权力。考虑到这些问题，我们又提出了一个可能有助于新公共治理范式发展的命题：公共价值的重要性。

跨部门协作与公共价值

之前的有关跨部门协作的介绍已经将其作为传统公共治理模式的延伸。外包、合伙及网络关系方面的专家承认，协作在推进公共利益方式方面面临着挑战。本书的中心议题是，在期望政府控制并维持协作的密切职责与期望跨部门协作敏感、灵活、创新之间所具有的天然的紧张关系。对于形成并参与跨部门协作工作，且必须处理期望与绩效之间紧张关系的公共管理者来说，有一种方法就是运用公共价值的概念。

界定公共价值

公共价值思想在公共管理领域是一个相对较新的概念。公共价值所发挥的作用有助于公共管理者评估跨部门协作的成功性，在第10章的讨论中，我们在形成该作用的基本原理方面构建了摩尔（1995）的基础观念。正如私人企业管理者的目标是创造私有（经济）价值一样，公共管理者的目标可以被视为创建公共（社会）价值。公共价值的定义提出了统一的思想，即公共管理者在跨部门协作中应该追求什么，以及什么可以在满足公共需求的适当的协作方案中指引决策。

然而，公共价值的观点仍然是难以捉摸的。摩尔（1995）对公共价值的界定等同于公共部门的管理成功，即以短期和长期两个方面都为公众增加价值的方式开创并重塑公共部门事业。许多方面已经发现，这种想法很有意思，但又很难将其明确。许多争论的决断都取决于这样的假设，即公共价值是由公共机构创建还是至少由公共机构识别。调查跨部门协作对于公共价值的贡献使得在判定公共价值的内容及起源方面具有更大的灵活性。塔尔博特（2006）在公共价值含义方面对于一套复杂因素的经济性整合可能效果最好，"公共价值是公众所重视的东西"（第7页）。它使得这一概念在任意一个给定的跨部门协作中都可以被争论和解决，其假定是参与方全部或大部分都会对于其群体的公共价值有所感知。因此，公共管理者在帮助跨部门协作更好地理解如何将其活动转化为公共价值方面，扮演着关键性角色。这也承认了，公众最终对于公共价值的判定，要么是直接通过公众参与，要么是间接通过选举。

作为与私有价值的类比，摩尔的公共价值概念依然是评估跨部门协作绩效方面最为有用的试金石。对于企业来说，创造私有价值是目标，但是一个有目的的目标。由公司所创建并获取的私人价值可以传递给其产品的购买方，并以各种财务收益的方式而获取。公司试图创造有益且有利可图的私有价值，但并没有成功的保证。对于跨部门协作来说，创造公共价值是目标，但也是一个有目的的目标。公共价值可以被公众创造并获取，无论是通过由跨部门协作所提供服务的方式，还是通过由跨部门协作对于社会的额外溢出影响的方式。将摩尔的概念运用于跨部门协作，公共管理者对跨部门协作的价值进行了实用主义的评判。公共管理者可以通过四种不同的视角来评价公共价值。

1.公共政策视角。跨部门协作将已经采纳为公共政策的目标推进到了什么程度？有理由假定，公共政策目标被推进的时候产生了公共价值。通过这种视角，公共管理者可以将跨部门协作满足清晰的公共政策目标的程度达到最大。

2.组织的视角。跨部门协作在实现其目标及其所设定的结果方面已经达到了什么程度？跨部门协作的核心原理是提供公共服务的能力，以满足一些未曾达到的公共政策需求。通过这种视角，公共管理者能够确保跨部门协作不会偏离总体上被接受的公共利益方面的观点。

3.更好治理的视角。跨部门协作在提供公共服务方面创建创新性和适应性的方法已经达到了什么程度？那种创新所形成的公共价值并不局限于特定的跨部门协作方式，而是表现在由其他跨部门协作方式和政府机构作为常规做法而存在的复制与采纳活动之中。

4.公众的视角。公众在多大程度上会感到跨部门协作正在直接或间接地为他们创造公共价值？有理由宣称，跨部门协作的努力很可能与公共政策相匹配。活跃的公众参与，通过跨部门协作的不同阶段（不仅是项目的先导阶段而且还包括项目一旦开始的阶段），可以在公众预期是否得到满足方面提供答案。

在所有这四个方面，公共价值对公共管理者来说都成为评价跨部门协作的标准，以及影响跨部门协作设计、决策和运营的指导。实际上，这种评价在跨部门协作运行时就开始了，并且所识别的价值能够提供有益的评价工具。对公共管理者来说，审视由跨部门协作所创造的公共价值已经成为对比所付诸努力的一种方法。

⌃ 实例：一个基础设施的PPP项目 ⌄

华盛顿特区Ⅰ-495号环城公路快速通道项目在许多方面都是有效利用PPP的代表，并可以依据公共价值被评判。该项目在斯普林菲尔德立体交叉道和杜鲁斯收费公路以北路段之间，建设了22.526km（14mile）长的新快运专线（双向四车道）——华盛顿环城高速最为繁忙的一段路。这些快速路首次可以提供与Ⅰ-95/395、Ⅰ-66以及杜鲁斯收费公路相连接的大载客车辆专用道，具有降低交通拥堵的极大潜力。该项目也为环城公路45年之久的基础设施做出了巨大贡献，更换了50多座老化的大桥和天桥，改造了10个立体交叉道，改善了新的自行车和行人通道。495号快速路的收费根据交通状况而变化，这调控了对快速路的需求，让这些道路甚至在高峰期间都不会拥堵（弗吉尼亚州交通部，2013）。对于出行公民的价值包括缩减了出行时间、提升了现代化基础设施的安全性，并拓宽了价格选择以满足各自的出行需求。

私人部门合作者（首都环城快速路有限责任公司）在总共20亿美元的项目成本股权融资中提供了3.49亿美元，这被认为是增加新道路所必要的（美国国家公路与运输协会标准，2014）。首都环城快速路有限责任公司也承担了风险，即其从管理该条公路所收取的费用要足以产生有吸引力的投资回报。首都环城快速路公司具有其他公路项目的融资与管理经验，并将这些专门知识带到这个项目中。环城公路部分的扩张意味着延伸线上无数天桥的维修与替换，并且弗吉尼亚州将重要且紧迫的首都改善成本部分地转移给了私人合作者。

以公共价值的视角来审视该项目，公共管理者就能积极地做出反应，他们正在实现弗吉尼亚清晰的公共政策目标，并创建扩大公路容量的创新性方法。如果跨部门协作的每一方都实现了其目标，并且协作的共同结果也得以实现，那么我们就认为跨部门协作是成功的。

公众对于该项目的接受程度还要拭目以待。495号快速公路的使用者们支付了多变的拥堵费用，这依赖于行驶里程和交通量——总体上是在1.50～5美元，但是并没有收费上限。拼车和载客3人以上出租车、摩托车、紧急车辆以及混合动力汽车和公共汽车免于收费。交通拥堵费已经令许多司机感到意外了——尽管弗吉尼亚交通部在公共关系上力图告知公众这些费用可以加快通行的时间。为某些人可能认为是合理的通勤时间支付费用，对许多司机来说似乎是一种负担——他们很可能认为已经通过税收支付了这笔费用。然而，即便对于那些不使用快速公路的人来说，公路的扩张应该也减少了总体的通勤时间，将一些出行者从现有公路上带到快速路上来。这种PPP结构类似于许多全国性的和国际性的考虑；通行费对于支付扩张公路所借款项的利息和本金来说是重要的，无论是公共资金还是私有资金。公共管理者需要审查公众期望是否得到了满足，以及他们是否感觉到所创造的公共价值与所支付的通行费是相称的。

实例：一个国际性的公共服务提供者（IPSPs）

在第6章所讨论的案例中，被忽视的热带疾病全球网络（GNNTD）的自我指导和财务独立，是公共服务提供者（IPSPs）所提供的公共价值的一种响应。GNNTD的成员认为，被忽视的热带疾病（NTDs）并没有得到全球卫生保健资助者足够的关注，GNNTD构建了自己与此相一致的使命与目标。面向全球性疾病和瘟疫的美国项目已经优先考虑了HIV/AIDS、疟疾和肺结核。GNNTD已经从盖茨基金得到了资助，并在实施一项治愈NTDs的国内项目。该项目的努力与全球健康社区对于NTDs重要性的认识相一致，但是GNNTD对项目的支持远远超过那些美国政府所支持的项目。对于那些倡导对NTDs进行更多关注的人来说，IPSP的方法非常适合并对服务受到影响的人群创造了价值。

然而，GNNTD的相对独立也意味着，其努力或许被视为脱离于更大的全球政策环境。GNNTD所产生的资金会被更好地用在美国及全球健康社区已经认可的优先项目上吗？ GNNTD也努力成为扶持NTD的最强劲的倡导者，但是其他组织（例如英国反对NTDs联盟）仍然很活跃，并且也不清楚如何解决不同群体之间使命交叉重叠的问题。

公共管理者可以评价由GNNTD创造的公共价值吗？从广义上讲，GNNTD正在实现改善发展中国家人民健康的公共政策目标。虽然不支持美国医疗保障为发展中国家支付费用的特定优先次序，但这并非与宽泛的政策目标不一致，并且它正以创新的、合算的方式来提供服务。由于其独立性，对结果进行监控并不是公共管理者的责任。然而，公共管理者主张公众援助GNNTD，并以实现结果为核心观点，通过利用这种IPSP使得公众利益最大化。

推进跨部门协作

跨部门协作具有通过创造更多公共价值帮助政府做好其工作的潜力。这是弥补政治家诺言与政府交付物之间差距的一种方式。成功地实现这一目标意味着，在跨部门协作中在值得信赖的公共部门、私有部门和非营利部门等合作伙伴之间构建长期关系。这种协作应该围绕着基本原则来建立：将风险最佳地分配给合伙者以管理它们并确保所有合伙者都在其中具有利害关系，自愿分享信息以帮助合伙者以公共利益进行协作性决策，在协作的可测量结果方面达成共识以创造公共价值，与公众进行富有成效的参与，以及所有协作者对其绩效负责的意愿。

运转良好的跨部门协作并不仅仅是政府项目的延伸，而且提供了公共服务方式的根本性变化。它们提供了建立创新性与响应式的公共服务的机会：那些机会与其他方式相比创造了更多的公共价值。在正确的设计下，跨部门协作参与者被激发起来产生出最大程度的公共与共享价值。然而，这种方式呼吁公共管理者重新思考识别和提供公共服务的方式，并对公众有关服务的质量、使用权和成本的反馈与期望进行管理。

我们都应该坚持对公众需求做出响应的以及无关财富或影响的最高质量的公共服务。政府提供一种通用、无选择余地的服务的观点不仅无法接受，而且也违背了民主的原则。政府交付公共服务方面缺乏创新性，这日益与私人和非营利部门交付服务时自适应的客户导向模式形成对比，后者具有为其客户提供服务的强烈动机。只有对比性地考虑在亚马孙和在大多数州机动车辆管理局所得到的客户服务的类别，才能理解其差异。成功的企业不断寻找为其客户所提供的价值。公共机构在追求提升公共价值方面应该没有区别。

出于这种考虑，跨部门协作被正确地理解为组织的一种方式，以更好的治理来改善向公众提供的公共服务（米尔本，2007）。在被适当的愿景和原则指引的时候，跨部门协作具有转变我们所看待和交付公共服务方式的潜力。尽管不存在最佳的方式，米尔本还是赞同以下三个原则：① 选择与表达，强调客户服务并了解标准；② 授权，或允许合作者具有创新性和响应性；③ 供给多样性，或支持具有活力的市场和具有创业素质的非营利性组织以检测新的思想。

在操作层面，跨部门协作必须运用使公众注意其创造公共价值绩效的方法。这是通过基于一致的绩效水平监控和评估服务而实现的。通过通信技术（ICTs）和社会媒介来利用可得的新能力，可以每天、每小时或实时地进行监控和评估，而不是每年一次。在跨部门协作启动并运行之后，技术也扩大了考虑项目中公民投入的选择范围。可以重新安排监控和评估，以解释跨部门协作能在何种程度上获取公共价值、提高对公众的透明度和可得性。这种实时的问责为跨部门协作的调整与修正提供了前景，具有创造更多公共价值的新机会，并在政府与公众之间形成了更多持续性的关系与信任。该过程的透明度是关键问题。所提供的公共服务的水平与质量、成本及其满足期望的程度，可以通过网站和其他社会媒介得以记录，以便公众可以确切地了解他们所支付的内容以及他们所得到的东西。

随着跨部门协作的推广，加剧了既存于交付公共服务最佳方式的公共管理内部的紧张局面。跨部门协作在超越所直接或间接涉及的公共部门来考虑公共利益方面向政府提出了挑战，也包括从政府之外识别和提出公众价值的挑战。本书所描述和分析的跨部门协作的四种方法在过去几十年中已经涌现并得到演化。它们对于责任、公共利益、公共价值的传统观点的关注，正以缓慢而稳定的转型艰难地发展着。然而，直至出现新的公共治理范式，跨部门协作才能持续地面对作为交付公共服务的创新形式所带来的挑战，这与公共管理者所熟知的传统原则和典范并不一致。无论怎样，很显然跨部门协作会持续下去。在满足公众需求的方式方面，它们具有交付公共服务的潜能，否则情况是无法想象的。

结论

一个世纪之前，公共管理原则与实践就被编成法典并通过学术课程进行规范，以在公共治理响应转型期社会进行变革时保护民主职责。当今，公共管理必须再次概念化，以适应新的治理方式：跨部门协作。

我们已在全书中强调了公共管理者所面临的挑战，即识别哪一种跨部门协作形式在满足其目标方面将是最具价值的。考虑吸引跨部门协作的现实途径是，利用凯尔特（1993）将政府视为"聪明买家"的观点。他引证了三个基本的先决条件：

1. 政府必须了解所想要买的东西。

2. 政府必须了解谁能销售其所想要的东西。

3. 政府必须了解如何评判其所买到的东西。

对于考虑运用跨部门协作的公共管理者来说，凯尔特的聪明买家的方法比较恰当。至少从20世纪80年代开始，私有化和公私关系就已经出现，公共管理者就受到激励去找到更加基于市场的解决公共政策问题的方法。凯尔特的建议很好地匹配了政府类似的认知，即要求其具备可能缺乏这种能力的治理方法。我们提出了吸引跨部门协作的三个平行的先决条件：

1. 政府必须了解公共价值的何种成果是可以通过跨部门协作来实现的。

2. 政府必须了解哪些参与者可以对跨部门协作做出最佳贡献。

3. 政府必须了解如何在跨部门协作中监控和评估公共价值。

凯尔特对于政府在采购的技巧和敏锐性方面的缺点的关注也应该引起跨部门协作的注意。公共管理和公共政策的硕士课程应该培养具有设计并管理跨部门协作技能和分析方法的未来的公共管理者。公共管理者会发现以下的技能会日益重要：理解如何成功地与私人和非营利组织进行协商、管理并激发协作关系、产生并检测公共价值、通过社会媒介和本人活动让公民参与并利用其偏好、形成获得协作者支持的创新性解决方法、加入跨部门协作并运用恰当的政府参与层面来优化成功。

　　本书已经记录了成功的（以及不成功的）跨部门协作的经历，并在公共管理者将跨部门协作的一种形式与另一种形式进行权衡时，为其提供了分析方法。我们建议公共管理者采用的有关运用跨部门协作的总体方法是"可信但需要核实的"。这种说法，由罗纳德·里根总统在描述其与苏联进行核武器谈判的方法时提出而闻名，抓住了平衡谨慎与热情方面的需要以及监控结果的需要。

　　正如摩尔（1995）所预想的那样，公共价值展示了在跨部门协作中公共部门与非营利部门管理者的原始动力。把公共价值看作度量标准让公共管理者很是吃惊，因为他们一直都在努力把公共价值以及如何在实践中对其进行解释进行概念化。未来的某个时点，或许所有的公共管理者都会衡量政府和非政府跨部门协作的公共价值，正如我们当下在收入与成本方面所做的那样。

参考文献

导论

Bobbitt, Philip. The Shield of Achilles: War, Peace, and the Course of History. New York; Knopf, 2002.

Goldstein, Mark. America's Hollow Government: How Washington Has Failed the People. Homewood, H. Irwin, 1992.

Kee, James Edwin, and Kathryn E. Newcomer. Transforming Public and Nonprofit Organizations: Stewardship for Leading Change. McLean, VA: Management Concepts, 2008.

Kettl, Donald. "The Global Revolution in Public Management: Driving Themes, Missing Links." Journal of Policy Analysis and Management, 1997, 16(3): 446-62.

Mailward, H. Brinton, and Keith G. Provan. "Governing the Hollow State." Journal of Public Administration Research and Theory, 2000, 10(2): 359-79.

Newcomer, Kathryn E., and James Edwin Kee. "Federalist 23: Can the Leviathan Be Managed?" Public Administration Review, 2011, 71(Supp. 1): 537-46

Salamon, Lester M. "The Tools Approach and the New Governance: Conclusions and Implications." In The Tools of Government: A Guide to the New Governance, edited by I., M. Salamon. New York: Oxford University Press, 2002.

Savas, E. S. 2000. Privatization and Public-Private Partnerships. New York: Chatham House, 2000.

第1章

Agranoff, Robert. Leveraging Networks: A Guide to Public Managers Working Across Organizations. Washington, DC: IBM Endowment for the Business of Government, 2003.

AidMatrix. 2013. http://www.aidmatrix.org/Bill and Melinda Gates Foundation. 2013. "Foundation Fact Sheet." http://www.gatesfoundation.org/

Boris, Elizabeth T. Erwin de Leon, Katie L. Roeger, and Milena Nikolova. Human Service Nonprofits and Government Collaboration: Findings of the 2010 National Survey of Nonprofit Government Contracts and Grants. Washington. DC: Urban Institute, 2010.

Bowman, Ann, and Richard C. Kearney. State and Local Government: The Essentials. 5th ed. Boston: Wadsworth, Cengage Learning, 2011.

Brown, Trever L. "The Dynamics of Government-to-Government Contracts." Public Performance and Management Review, 2008, 31(3): 364-86.

Bryson, John. Barbara C. Crosby, and McIlissa Middleton Stone. "The Design and Implementation of Cross-Sector Collaborations : Propositions from the Literature." Public Administration Review, 2006, 66(Stippl, I): 44-55.

Center for Climate and Energy Solution. 2014. "Historical Global CO., Emissions" http://www..c2es.org/acts-figures/international-emissions/historical.

Conlan, Timothy J., and Paul Posner, eds. Intergovernmental Management for the 21st Century. Washington, DC: Brookings Institution, 2008.

Derthick, Martha. Whither Federalism? Washington DC: Urban Institute, 1996.

Donahue, John D., and Richard J. Zeckhauser. Collaborative Governance: Private Roles for Public Goals in Turbulent Times. Princeton, NJ: Princeton University Press, 2011.

Gallup Politics. 2012. "In U.S. Trust in State, Local Governments Up." September 26. http://www.gallup.com/poll/157700/trust-state-local-government.aspx.

Gallup Politics. 2013. "Americans' Satisfaction with U.S. Gov't Drops to New Low." http://www.gallup.com/poll/165371/americans-satisfaction-gov-drops-new-low.aspx.

Global Alliance for Improved Nutrition. 2011. "About Gain." http://www.gainhealth.org/about-gain

Global Network for Neglected Tropical Diseases.2013. http://www.globalnetwork.org/

Goldstein, Mark. America's Hollow Government: How Washington Has Failed the People. Homewood, IL: Irwin, 1992.

International Federation of Red Cross and Red Crescent Societies. 2013. "History" . http://www.ifrc.org.history.

Kee, James Edwin, and Kathryn E. Newcomer. Transforming Public and Nonprofit Organizations: Stewardship for Leading Change. McLean, VA: Management Concepts, 2008.

Kettl, Donald. "The Global Revolution in Public Management: Driving Themes, Missing Links." Journal of Policy Analysis and Management, 1997,16(3): 446-62.

Kettl, Donald. "Managing Boundaries in American Administration: The Collaboration Imperative." Public Administration Review, 2006, 66(Suppl. 1): 10-19.

Koliba, Christopher, Jack Meek, and Asim Azia. Governance Networks in Public Administration and Public Policy. Baton Ration, FL: CRC Press, 2011.

Light, Paul. The True Size of Government. Washington, DC: Brookings Institution, 1999.

Mildward, H. Brinton, and Keith C. Provan. A Manager's Guide to Choasing and Using Networks. Washington, DC: IBM Center for the Business of Government, 2006.

National Center for Charitable Statistics, 2012. "NCCS Databases and Tools." Washington, DC: Urban Institute. http://nccs.urban.org/NCCS-Databases-and-Tools.cfm.

National Council for Public-Private Partnerships. 1999. City of Dallas/Dallas Public Library. http://www.ncppp.org/cases/dallas.shtml.

National Council for Public-Private Partnerships. 2009. Yuma Desert Proving Grounds, Yuma, Arizona. http:// ncppp.org/cases/YumaProvingGrounds.shtml.

National Council for Public-Private Partnerships. 2012. PPP Case Studies. http://www. ncppp.org/cases/index.shtml.

National Geographic. 2011. "Effects of Global Warming: Signs Are Everywhere." http:// environment.national-geographic.com/environment/global-warming/gw-effects/.

Newcomer, Kathryn E., ed. Using Performance Measurement to Improve Public and Nonprofit Programs. San Francisco: Jossey-Bass, 1997.

Newcomer, Kathryn E., and James Edwin Kee. "Federalist 23: Can the Leviathan Be Managed?" Public Administration Review, 2011, 71(Suppl. 1): 537-46.

O'Toole, Laurence J., ed. American Intergovernmental Relations. 4th ed. Washington DC: CQ Press, 2006.

O'Toole, Laurence J., and Kenneth L Hanf. "American Public Administration and Impacts of International Governance." Public Administration Review, 2002, 62(1): 158-69.

Pachauri, R.K., and A. Reisinger, eds. 2008. Climate Change 2007: Synthesis Report. Geneva, Switzerland: Intergovernmental Panel on Climate Change. http://www.ipcc. ch/pdf/assessment-report/ar4/syt/ar4.syr.cover.pdf.

Provan. Keith G., and Howard B. Milward. "A Preliminary Theory of Interorganizational Effectiveness: A Comparative Study of Four Community Mental Health System." Administrative Science Quarterly, 1995, 40(1): 1-33.

Rainforest Alliance. 2013. http://www.rainforest-alliance.org/

Ridley-Duff, R. J., and M. Bull. Understanding Social Enterprise: Theory and Practice. London: SAGE, 2011.

Rosenau, James N. Turbulence in World Politics: A Theory of Change and Continuity. Princeton, NJ: Princeton University Press, 1990.

Salamon, Lester M. "The Tools Approach and the New Governance: Conclusions and Implications." In The Tools of Government: A Guide to the New Governance, edited by I., M. Salamon. New York: Oxford University Press, 2002.

Savas, E. S. Privatization and Public-Private Partnerships. New York: Chatham House, 2000.

Scholte, Jan Aart. Globalization: A Critical Introduction. 2nd ed. London: Palgrave Macmillan, 2005.

US Environmental Protection Agency. 2011. Climate Change: Health and Environmental Effects. http://epa.gov/climatechange/effects/health.html.

US Office of Personnel Management . Historical Federal Workforce Tables: Executive Branch Civilian Employment Since 1940. Washington, DC: Office of Personnel Management, 2011.

Verkuil, Paul R. Why Privatization of Government Functions Threatens Democracy and What We Can Do About It. Cambridge: Cambridge University Press, 2007.

Wettenhall, Roger, "The Rhetoric and Reality of Public-Private Partnerships." Public Organization Review, 2003,3: 77-107.

Wolfe, Martin. Why Globalization Works. New Haven, CT: Yale University Press, 2004.

第2章

Adams, Guy B., and Danny L. Balfour. Unmasking Administrative Evil. Armonk, NY: M. E. Sharpe, 2004.

Agranoff, Robert. Collaborating to Manage: A Primer for the Public Sector. Washington, DC: Georgetown University Press, 2012.

Allen, Thad W. "Unprecedented Events: Unprecedented Leadership Challenges." Speech presented at George Washington University, Washington, DC, 2010.

Axelrod, Nancy R. "Board Leadership and Board Development." In The Jassey-Bass Handbook of Nonprofit Leadership and Management, edited by Robert D. Harman. San Francisco: Jossey-Bass, 1994.

Barbaro, Michael, and Justine Gillis, "Wal-Mart at Front in Hurricane Relief." Washington Post, September 6, 2005.

Baron, David. Business and Its Environment. 7th ed. Boston: Person, 2013.

Baur. Dorothea, and Hans Peter Schmitz. "Corporations and NGOs: When Accountability Leads to Co-optation." Journal of Business Ethics, 2012, 106(1): 9-21.

Behn, Robert D. Rethinking Democratic Accountability. Washington, DC. Brookings Institution, 2001.

Bozeman, Barry. "Public-Value Failure: When Efficient Markets May Not Do." Public Administration Review, 2002, 62(2): 145-61.

Bozeman, Barry. Public Values and Public Interest: Counterbalancing Economic Individualism. Washington. DC: Georgetown University Press, 2007.

Brooks. A. C. "Can Nonprofit Management Help Answer Public Management's "Big Questions"?" Public Administration Review, 2002.62(3): 259-66.

Bryson, John M., Barbara C. Crosby, and Melissa Middleton Stone. "The Design and Implementation of Cross-Sector Collaborations: Propositions from the Literature." Public Administration Review, 2006, 66(Suppl. 1)44-55.

Buchanan, James M., and Richard E. Wagner, Democracy in Deficit: The Political Legacy of Lord Keynes. New York: Academic Press, 1977.

Centers for Disease Control and Prevention. 2013. Overweight and Obesity: Data and Statistics. http://www.cdc.gov/obesity/data/childhood.html/.

Centers for Disease Control and Prevention. 2014. "New CDC Data Show Encouraging Development in Obesity Rates Among 2 to 5 Year Olds." Press release. http://www.cdc.gov/ media/ release/2014/p0225-child-obesity.html.

Chandler, David, and William Werther, Jr. Strategic Corporate Social Responsibility: Stakeholders, Globalization, and Sustainable Value Creation. 3rd ed, 2014.Thousand Oaks, CA: SAGE.

Childhood Obesity Prevention Coalition. 2014. "Shared-Use Toolkit." http://copcwa. org/.

Cooper, Terry L. The Responsible Administrator: An Approach to Ethics for the Administrative Role. 3rd ed. San Francisco: Jossey-Bass, 1990.

Crosby, B. C., and J. M., Bryson. Leadership for the Common Good: Tacking Public Problems in a Shared-Power World. 2nd ed. San Francisco: Jossey-Bass, 2005.

Demsetz, Harold. 1967 "Toward a Theory of Property Rights." American Economic Review, 1967, 57(2): 347-59.

DiMaggio, Paul J., and Walter W. Powell. "The Iron Cage Revisited: Institutional Isomorphism and Collective Rationality in Organizational Fields." American Sociological Review, 1983, 48: 147-60.

Donahue, John D., and Richard J. Zeckhauser. Collaborative Governance: Private Roles for Public Goals in Turbulent Times. Princeton, NJ: Princeton University Press, 2011.

Downs, Anthony. Inside Bureaucracy. Longrove, IL: Waveland Press, 1967.

Entwistle, T., and S. Martin. "From Competition to Collaboration in Public Service Delivery: A New Agenda for Research." Public Administration, 2005, 83(1): 233-42.

Feigenbaum, Harvey, Jeffrey Henig, and Chris Hamnett. Shrinking the State: The Political Underpinnings of Privatization. Cambridge: Cambridge University Press, 1988.

Forrer, John, James Edwin Kee, Kathryn Newcomer, and Eric Boyer. "Public-Private Partnerships and the Accountability Question." Public Administration Review, 2010, 70(3): 475-84.

Fox, Elliot M., and L. F. Urwick. Dynamic Administration: The Collective Papers of Mary Parker Follett. London: Camelot Press, 1973.

Friedman, Milton. "The Social Responsibility of Business Is to Increase Its Profits." New York Times Magazine, September 13, 1970.

Gazley, Beth. "Beyond the Contract: The Scope and Nature of Informal Government-Nonprofit Partnerships." Public Administration Review, 2008, 68(1): 141-54.

Guttman, Dan. Government by Contract: Considering a Public Service Ethics to Match the Reality of the "Blended" Public Workforce. Washington, DC: Johns Hopkins University, Center for Advanced Government Studies, 2011.

Hodge, Graeme. A., and Ken Coghill. "Accountability in the Privatized State." Governance: An International Journal of Policy Administration and Institutions, 2007, 20(4): 675-702.

Hoffman, E., K. McCabe, K Shachat, and V. Smith. "Preferences, Property Rights, and Anonymity in Bargaining Games." Games and Economic Behavior, 1994, 7(3): 346-80.

Huxham, Chris, and Siv Vangen. Managing to Collaborate: The Theory and Practice of Collaborative Advantage. London: Routledge, 2005.

Kale, Prashant, and Harbir Singh. "Building Firm Capabilities Through Learning: The Role of the Alliance Learning Process in Alliance Capability and Firm-Level Alliance Success." Strategic Management Journal, 2007, 28(10): 981-1000.

Kanter, Rossbeth Moss. "Collaborative Advantage: The Art Of Alliances." Harvard Business Review, 1994, 72(4): 96-108.

Kass, H. D. "Stewardship as a Fundamental Element." In Image and Identity in Public Administration, edited by H. D. Kass and Bayard L, Catron. Newbury Park, CA: SAGE, 1990.

Kee, James Edwin, and Kathryn Newcomer. Transforming Public and Nonprofit Organizations: Stewardship for Leading Change. Vienna, VA: Management Concepts, 2008.

Kettl, Donald. "Managing Boundaries in American Administration: The Collaboration Imperative." Public Administration Review, 2006, 66(Suppl.1): 10-19.

Lawrence, Anne, and James Weber. Business and Society: Stakeholders, Ethics, Public Policy. New York: McGraw-Hill, 2014.

Lipsky, Michael. Street Level Bureaucracy: Dilemmas of the Individual in Public Services. New York: Russell Sage Foundation, 1980.

Lynn, Laurence E., Jr., Public Management: Old and New. New York: Routledge, 2006.

Milward, H. Brinton, and Keith G. Provan. A Manager's Guide to Choosing and Using Collaborative Networks. Washington, DC: IBM Center for the Business of Government, 2006. http://www.businessofgovernment.org/report/managers-guide-choosing-and-using-collaborative-networks.

Moe, Ronald. "The Reinventing Government" Exercise: Misinterpreting the Problem, Misjudging the Consequences. Public Administration Review, 1994, 54(4): 446-62

Moe, Ronald. "The Emerging Federal Quasi Government: Issues of Management and Accountability." Public Administration Review, 2001, 61(3): 290-312.

Mowla, Mohammad Masrurul. "An Overview of Strategic Alliance: Competitive Advantages in Alliance Constellations." Journal of Business Management and Corporate Affairs, 2012, 1(1): 1-10.

National Commission on the BP Deepwater Horizon Oil Spill and Offshore Drilling. Deepwater: The Gulf Oil Disaster and the Future of Offshore Drilling. Report to the President. Washington, DC: National Commission on the BP Deepwater Horizon Oil Spill and Offshore Drilling, 2011.

Nelson, Jane. Averaging the Development Impact of Business in the Fight Against Global Poverty. Washington DC: Brookings Institution, 2005.

Niskansen, William A. Bureaucracy and Representative Government. Chicago: Aldine-Atherton, 1971.

Norris-Tirrell, Dorothy, and Joy A. Clay, eds. Strategic Collaboration in Public and Nonprofit Administration. Boca Raton, FL: CRC Press, 2010.

O'Leary, Rosemary, and Nidhi Vij. "Collaborative Public Management: Where Have We Been and Where Are We Going?" American Review of Public Administration, 2012, 42(5): 507-22.

Osborne, David, and Ted Gaebler. Reinventing Government: How the Entrepreneurial Spirit Is Transforming the Public Sector. Reading, MA: Addison-Wesley, 1993.

Pollitt, Christopher, and Geert Bouckaert. Public Management Reform: A Comparative Analysis-New Public Management and the Neo-Weberian State. 3rd ed. Oxford: Oxford University Press, 2011.

Porter, Michael E., and Mark R. Kramer. "Creating Shared Value." Harvard Business Review, 2011.89(1/2): 62-77.

Rittel, Horst W. J., and Melvin M. Webber. 1973 "Dilemmas in a General Theory of Planning." Policy Sciences, 1973, 4(2): 55-69.

Salamon, Lester M. "Of Market Failure, Voluntary Failure, and Third-Party Government: Toward a Theory of Government-Nonprofit Relations in the Modern Welfare State." Journal of Voluntary Action Research, 1987, 16(1-2): 29-49.

Salamon, Lester M. "The Tools Approach and the New Governance: Conclusions and

Implications." In The Tools of Government: A Guide to the New Governance, edited by L. M. Salamom. New York: Oxford University Press, 2002.

Schooner, Steven L. "Fear of Oversight: The Fundamental Failure of Business-Like Government." American University Law Review, 2001, 50(3): 627-723.

Sclar, Elliott D. You Don't Always Get What You Pay For: The Economics of Privatization. Ithaca, NY: Cornell University Press, 2000.

Selden, S., J. E. Sowa, and J. Sandfort. "The Impact of Nonprofit Collaboration in Early Child Care and Education on Management and Program Outcomes." Public Administration Review, 2002, 66(3): 412-25.

Senge, Peter M. The Fifth Discipline: The Art and Practice of the Learning Organization. New York: Doubleday, 2006.

Shiffman, Jeremy. "Has Donor Prioritization of HIV/AIDS Displaced Aid for Other Health Issues?" Health Policy and Planning, 2008, 23(2): 95-100.

Steensma, H. Kevin, Laszlo Tihanyi, Marjorie A. Lyles and Charles Dhanaraj. "The Evolving Value of Foreign Partnerships in Transitioning Economies." Academy of Management Journal, 2005, 48(2): 213-35.

Steinberg, Richard. "Economic Theories of Nonprofit Organizations." In The Nonprofit Sector: A Research Handbook, edited by Walter W. Powell and Richard Steinberg. New Haven, CT: Yale University Press, 2006.

Terry, Larry D. Leadership of Public Bureaucracies: The Administrator as Conservator. Thousand Oaks, CA: SAGE, 1995.

Thomson, Ann M., and James. L. Perry. "Collaboration Processes: Inside the Black Box." Public Administration Review, 2006, 66(Suppl.1): 20-32.

Tiebout, Charles M. "A Pure Theory of Local Expenditures." Journal of Political Economy, 1956, 64(5): 416-24.

Uddin, Mohammed Belal, and Bilkis Akhter. "Strategic Alliances and Competitiveness: Theoretical Framework." Journal of Arts, Science, and Commerce, 2011, 2(1)43-55.

US National Aeronautics and Space Administration. 2008 Tunnel of Terror: Systems Failure Case Studies. http://pbma.nasa.gov/docs/public/pbma/images/msm/big_dig_sfcs.pdf.

Weber, Edward P., and Anne M. Khademian. "Wicked Problems, Knowledge Challenges, and Collaborative Capacity Builders in Network Settings." Public Administration Review, 2008, 68(2): 334-49.

Wolf, Charles. 1978. A Theory of Nonmarket Failure: Framework for Implementation Analysis. Santa Monica, CA: Rand, http://130.154.3.14/content/dam/rand/ pubs/ papers/2006/P6034.pdf.

Wolf, Charles. "The Emerging Federal Quasi Government: Issues of Management and Accountability." Public Administration Review, 2001, 61(3): 290-312.

Wood, Donna J., and Barbara Gray. "Toward a Comprehensive Theory of Collaboration." Journal of Applied Behavioral Science, 1991, 27(2)139-62.

第3章

American Federation of State, County, and Municipal Employees. 2014. Government for

Sale. 8th ed. http://www.afscme.org/newspublication/publication/privitization /pdf/ GovernmentSale.pdf.

Bell, David. Report to the President on Government Contracting for Research and Development. Document No. 94. Washington, DC: US Senate, 87th Congress, 2nd Session, 1962.

Bertelli, Anthony, and Craig R. Smith. "Relational Contracting and Network Management." Journal of Public Administration Research and Theory, 2009, 20(1): 21-40.

Boston, Jonathon. "Purchasing Policy Advice." Governance, 1994, 7(1): 1-30.

Brown, Trevor L., and Matthew Potoski. "Transaction Costs and Institutional Explanations for Government Service Production Decisions." Journal of Public Administration Research and Theory, 2003, 13(4): 441-68.

Brown, Trevor L., Matthew Potoski, and David M. Van Slyke. The Challenge of Contracting for Large Complex Projects: A Case Study of the Coast Guard's Deepwater Program. Washington, DC: IBM Center for the Business of Government, 2008.

Brown, Trevor L., Matthew Potoski, and David M. Van Slyke. "Contracting for Complex Products." Journal of Public Administration Research and Theory, 2010, 20(Suppl.1): 41-58.

Brown, Trevor L., Matthew Potoski, and David M. Van Slyke. "Accountability Challenges in Public Sector Contracting for Complex Products." In Accountable Governance: Problems and Promises, edited by Melvin J. Dubnick and H. George Frederickson. New York: M. E. Sharpe, 2011.

Bryson, John M. Strategic Planning for Public and Nonprofit Organizations. 4th ed. San Francisco: Jossey-Bass, 2011.

Cooper, Phillip J. 2003. Governing by Contract: Challenges and Opportunities for Public Managers. Washington, DC: Congressional Quarterly Press, 2003.

Dehoog, Ruth Hoogland, and Lester M. Salamon. "Purchase-of-Service Contracting." In The Tools of Government: A Guide to the New Governance, edited by Lester M. Salamon. New York: Oxford University Press, 2002.

Domberger, S., and P. Jensen. "Contracting Out by the Public Sector: Theory, Evidence, Prospects." Oxford Review of Economic Policy, 1997, 13(4): 67-78.

Forrer, John, and James Edwin Kee. "Public Servants as Contract Managers?" Public Contract Law Journal, 2004, 33(2): 361-68.

Foster Care Kansas. 2013. "Foster Care in Kansas." http://www.fostercarekansas.org/.

Freundlich, Madelyn, and Sarah Gerstenzang. Privatization of Child Welfare Services: Challenges and Successes. Washington, DC: Child Welfare Services of America, 2003.

Gazley, Beth. "Beyond the Contract: The Scope and Nature of Informal Government-Nonprofit Partnerships." Public Administration Review, 2008, 68(1): 141-54.

Gietzmann, M. B. "Incomplete Contracts and the Make or Buy Decision: Governance Design and Attainable Flexibility." Accounting Organizations and Society, 1996, 21(6): 611-26.

Gore, Albert. Creating a Government That Works Better and Costs Less. Report of the

National Performance Review. Washington, DC: US Government Printing Office, 1993.

Guttman, Daniel. "Public and Private Service: The Twentieth Century Culture of Contracting Out and the Evolving Law of Diffused Sovereignty." Administrative Law Review, 2000.52(3): 859-926.

Guttman, Daniel. 2002. "Who's Doing Work for Government? Monitoring, Accountability and Competition in the Federal and Service Contract Workforce." Testimony before the US Senate, Committee on Governmental Affairs, March 6. http://www.gpo.gov/fdsys/pkg/GHRG-107shrg79883/html/CHRG-107shrg79883.htm.

Hardin, Russell. Trust and Trustworthiness. New York: Russell Sage, 2002.

Johnston, Jocelyn M., and Barbara S. Romzek. "Traditional Contracts as Partnerships: Effective Accountability in Social Services Contracts in the American States." In The Challenge of Public-Private Partnerships, edited by Graeme Hodge and Carsten Greve. Cheltenham, UK: Edward Elgar, 2005.

Kee, James Edwin. "Evaluating Contracting-Out and PPPs." PowerPoint presentation at The Evaluators Institute, Washington, DC, 2005.

Kelman, Steven J. "Contracting." In The Tools of Government: A Guide to the New Governance, edited by L. M. Salamon. New York: Oxford University Press, 2002.

Kettl, Donald. Sharing Power: Public Governance and Private Markets. Washington, DC: Brookings Institution, 1993.

Lonsdale, Chris. "Post-Contractual Lock-In and the UK Private Finance Initiative (PFI): The Cases of National Savings and Investments and the Lord Chancellor's Department." Public Administration, 2005, 83(1): 67-88.

Mayer, Holly A. Belonging to the Army: Camp Follower and Community During the American Revolution. Columbia: University of South Carolina Press, 1999.

Moten, Matthew. The Army Office's Professional Ethic-Past, Present, and Future, 2010. http://www.dtic.mil/cgibin/GetTRDoc?AD=ADA514082&Location=U2&doc=GetTRDoc.pdf.

Organization for Economic Co-operation and Development. Guidelines for Performance-based Contracts Between Water Utilities and Municipalities: Lessons Learnt from Eastern Europe, Caucasus and Central Asia. Paris: Organization for Economic Co-operation and Development, 2010.

Petrie, Murray. A Framework for Public Sector Performance Contracting. Paris: Organization for Economic Co-operation and Development, 2002.

Price, Don K. The Scientific Estate. Cambridge, MA: Harvard University Press, 1965.

Savas, E. S. Privatization and Public-Private Partnerships. New York: Chatham House, 2000.

Sclar, Elliott D. You Don't Always Get What You Pay For: The Economics of Privatization. Ithaca, NY: Cornell University Press, 2000.

Tirole, Jean. "Incomplete Contracts: Where Do We Stand?" Econometrica, 1999, 76(4): 741-81.

US General Accountability Office. Competitive Sourcing: Greater Emphasis Needed on Increasing Efficiency and Improving Performance(GAO 04-367). Washington, DC: General Accountability Office, 2004.

US General Accountability Office. High Risk Series: An Update(GAO 11-278). Washington, DC: General Accountability Office, 2011.

US Office of Management and Budget. Competitive Sourcing: Report on Competitive Sourcing Results, FY 2007. Washington, DC: Executive Office of the President, 2008.

US Office of Management and Budget. "Policy Letter 11-01." Federal Register, 2011, 76: 176, September 12.

Van Slyke, David M. "Collaboration and Relational Contracting." In The Collaborative Public Manager: New Ideas for the 21st Century, edited by Rosemary O'Leary and Lisa Blomgren Bingham. Washington, DC: Georgetown University Press, 2009.

Walker, David. Commercial Activities Panel: Final Report(GAO 02-866T). Washington, DC: General Accountability Office, 2002.

Zaheer, Akbar, and N. Venkatraman. "Relational Governance as an Interorganizational Strategy: An Empirical Test of the Role of Trust in Economic Exchange." Strategic Management Journal, 1995, 16(5): 373-92.

第4章

Abadie, Richard. "Using Private Finance to Fund Public Infrastructure." In Presentation to Vancouver Board of Trade. Vancouver, BC: Pricewaterhouse Coopers,LLP, 2008.

Alexander, Rob. "Network Structures and the Performance of Brownfield Redevelopment PPPs." Public Performance and Management Review, 2012, 35(4): 753-68.

American Society of Civil Engineers. Report Card for America's Infrastructure, 2013. http://www.infrastructurereportcard.org/a#p/garde-sheet/americas-infrastructure-investment-needs.

Andrew, Rhys, and Tom Entwistle. "Does Cross-Sectoral Partnership Deliver? An Empirical Exploration of Public Service Effectiveness, Efficiency, and Equity." Journal of Public Administration Research and Theory, 2010, 20(3): 679-701.

Bain, David Howard. Empire Express: Building the First Transcontinental Railroad. New York: Viking Press, 1999.

Blau, P. M. Exchange and Power in Social Life. New York: Wiley, 1964.

Boardman, Anthony E., Finn Poschmann, and Aidan R. Vining. "North American Infrastructure P3s: Examples and Lessons Learned." In The Challenge of Public-Private Partnerships: Learning from International Experience, edited by Graeme Hodge and Carsten Greve. Cheltenham, UK: Edward Elgar, 2005.

Bovaird, Tony. "Public-Private Partnerships: From Contested Concepts to Prevalent Practice." International Review of Administrative Sciences, 2004, 70(2): 199-215.

Boyer, Eric. "Building Capacity for Cross-Sector Collaboration: How Transportation Agencies Build Skills and Systems to Manage Public-Private Partnerships." Ph. D. diss., George Washington University, 2012.

Boyer, Eric. "Government Learning in Public-Private Partnerships: Lessons from the Field." Working paper, Georgia Institute of Technology, Atlanta, 2013.

Boyer, Eric J., Gordon Kingsley, and Christopher M. Weible. "Evaluating Prime and

Subcontractor Relations in the Georgia Department of Transportation." Working paper, Georgia Institute of Technology, Atlanta, 2013.

Brabham, Daren C. "Crowdsourcing the Public Participation Process for Planning Projects." Planning Theory, 2009, 8(3): 242-62.

Brabham, Daren C. "Crowdsourcing: A Model for Leveraging Online Communities." In The Routledge Handbook of Participatory Cultures, edited by Aaron Dewwiche and Jennifer Henderson. New York: Routledge, 2010.

Brown, Trevor L., Matthew Potoski, and David M. Van Slyke. "Managing Public Service Contracts: Aligning Values, Institutions, and Markets." Public Administration Review, 2006, 66(3): 323-31.

Buxbaum, Jeffrey N., and Iris N. Ortiz. "Public Sector Decision Making for Public-Private Partnerships: A Synthesis of Highway Practice." National Cooperative Highway Research Program. Washington, DC: Transportation Research Board, 2009.

Chen, Bin, and Elizabeth A. Graddy. "The Effectiveness of Nonprofit Lead-Organization Networks for Social Service Delivery." Nonprofit Management and Leadership, 2010, 20(4): 405-22.

Delmon, Jeffrey. Understanding Options for Public-Private Partnerships in Infrastructure-Sorting Out the Forest from the Trees: BOT, DBFO, DCMF, Concession, Lease. Washington, DC: World Bank, 2010.

Eggers, William, and Stephen Goldsmith. Government by Networks: The New Public Management Imperative. Cambridge, MA: Ash Institute for Governance and Innovation, Harvard Kennedy School, 2004.

Entwistle, T., and S. Martin. "From Competition to Collaboration in Public Service Delivery: A New Agenda for Research." Public Administration, 2005, 83(1): 233-42.

Forrer, John, James Edwin Kee, Kathryn Newcomer, and Eric Boyer. "Public Private Partnerships and the Public Accountability Question." Public Administration Review, 2010, 70(3): 475-84.

Forrer, J., J. E. Kee, and Z. Zhang. Private Finance Initiative: A Better Public-Private Partnership. Public Manager, 2002, 31(2): 43-47.

Garvin, M. J. "Enabling Development of the Transportation Public -Private Partnership Market in the United States." Journal of Construction Engineering and Management-ASCE, 2010, 136: 402-11.

Gazley, Beth. "Beyond the Contract: The Scope and Nature of Informal Government-Nonprofit Partnerships." Public Administration Review, 2008, 68(1): 141-54.

Gazley, Beth, and Jeffrey L. Brudney. "The Purpose(and Perils) of Government-Nonprofit Partnership." Nonprofit and Voluntary Sector Quarterly, 2007, 36(3): 389-415.

Geddes, R. Richard. The Road to Renewal: Private Investment in US Transportation Infrastructure. Washington, DC: AEI Press, 2011.

Goldfarb, Zachary A. "Obama Visits Miami Port to Push Plan to Rebuild Roads, Bridges, Other Infrastructure." Washington Post, 2013, March, 29. http://www.washingtontonpost.com/business/economy/obama-visit-miami-port-to-push-plan-to-rebuild-roads-bridges-other-infrastructure/2013/03/29/3dacb07e-98a1-11e2-b68f-dc5c4b47e519_story.html.

Grimsey, Darrin, and Mervyn K. Lewis. Public Private Partnerships: The Worldwide Revolution in Infrastructure Provision and Project Finance. Northampton, MA: Edward Elgar, 2007.

Gulati, Ranjay, Dovev Lavie, and Harbir Singh. "The Nature of Partnering Experience and the Gains from Alliances." Strategic Management Journal, 2009, 30(11): 1213-33.

Hodge, G. A., and K. Coghill. Accountability in the Privatized State. Governance: An International Journal of Policy, Administration, and Institutions, 2007, 20(4): 675-702.

International Finance Corporation. Emerging Partnerships. Washington, DC: World Bank, 2013. http://www.ifc.org/wps/wcm/connect/511912004ebc2c059d48bd45b400a808/EmergingPartnerships_FINAL_Web.pdf?MOD=AJPERES.

Istrate, Emilia, and Robert Puentes. Moving Forward with Public Private Partnerships: US and International Experience with PPP Units. Washington, DC: Brookings Institution, 2011.

Johnston, Jocelyn M., and Barbara S. Romzek. "Traditional Contracts as Partnerships: Effective Accountability in Social Services Contracts in the American States." In The Challenge of Public-Private-Partnerships, edited by Graeme Hodge and Carsten Greve. Cheltenham, UK: Edward Elgar, 2005.

Jooste, S. F., and W. R. Scott. "The Public-Private Partnership Enabling Field: Evidence from Three Cases." Administration and Society, 2012, 44(2): 149-82.

Kanter, R. M. "Collaborative Advantage——The Art of Alliances." Harvard Business Review, 1994, 72(4): 96-108.

Kapucu, Naim. "Public-Nonprofit Partnerships for Collective Action in Dynamic Contexts of Emergencies." Public Administration, 2006, 84(1): 205-20.

Kee, James Edwin, and Kathryn Newcomer. Transforming Public and Nonprofit Organizations: Stewardship for Leading Change. Vienna, VA: Management Concepts, 2008.

Kettl, Donald. "Managing Indirect Government." In The Tools of Government, edited by Lester M. Salamon, 490-510. New York: Oxford University Press, 2002.

Klijn, Erik-Hans, and Geert R. Teisman. "Institutional and Strategic Barriers to Public-Private Partnership: An Analysis of Dutch Cases." Public Money and Management, 2003, 23(3): 137-46.

Mendel, S. C., and J. L. Brudney. "Putting the NP in PPP: The Role of Nonprofit Organizations in Public-Private Partnerships." Public Performance and Management Review, 2012, 35(4): 617-42.

Nabatchi, Tina. A Manager's Guide to Evaluating Citizen Participation. Washington, DC: IBM Center for the Business of Government, 2012a.

Nabatchi, Tina. "Putting the 'Public' Back in Public Values Research: Designing Participation to Identify and Respond to Values." Public Administration Review, 2012b, 72(5): 699-708.

National Association of State Budget Officers. Fall 2010 Fiscal Survey of States. Washington, DC: National Association of State Budget Officers, 2011.

Ni, A. Y. "The Risk-Averting Game of Transport Public-Private Partnership: Lessons from the Adventure of California's State Route 91 Express Lanes." Public Performance and Management Review, 2012, 36(2): 253-74.

North, Douglass C. Institutions, Institutional Change and Economic Performance. Cambridge: Cambridge University Press, 1990.

Office of Government Commerce. Effective Partnering: An Overview of Customers and Providers. London, UK: Office of Government Commerce, 2003.

Ostrom, Elinor. "Collective Action and the Evolution of Social Norms." Journal of Economic Perspectives, 2000, 14(3): 137-58.

Patterson, Jean A. "What's the Bottom Line? Corporate Involvement in an Early Childhood Initiative." Urban Review, 2004, 36(2): 147-68.

Pfeffer, Jeffrey, and Gerald Salancik. The External Control of Organizations: A Resource Dependence Perspective. New York: Harper, 1978.

Pongsiri, Nutavoot. "Regulation and Public-Private Partnerships." International Journal of Public Sector Management, 2002, 15(6): 487-95.

Provan, Keith G., and Patrick Kenis. "Modes of Network Governance: Structure, Management, and Effectiveness." Journal of Public Administration Research and Theory, 2008, 18(2): 229-52.

Rainey, Hal. Understanding and Managing Public Organizations. 3rd ed. San Francisco: Jossey-Bass, 2003.

Rall, Jaime, James B. Reed, and Nicholas J. Farber. Public-Private Partnerships for Transportation: A Toolkit for Legislators. Denver: NCSL Partners Project on Public-Private Partnerships for Transportation, National Conference of State Legislatures, 2010.

Rittel, Horst W. J., and Melvin M. Webber. "Dilemmas in a General Theory of Planning." Policy Sciences, 1973, 4(2): 155-69.

Robinson, Herbert, Patricia Carrillo, Chimay J. Anumba, and Manju Patel. Governance and Knowledge Management for Public Private Partnerships. Oxford, UK: Wiley-Blackwell, 2010.

Saavedra, P., and B. Bozeman. "The 'Gradient Effect' in Federal Laboratory-Industry Technology Transfer Partnerships." Policy Studies Journal, 2004, 32(2): 235-52.

Savas, E. S. Privatization and Public-Private Partnerships. New York: Chatham House, 2000.

Suarez, D. F. "Collaboration and Professionalization: The Contours of Public Sector Funding for Nonprofit Organizations." Journal of Public Administration Research and Theory, 2010, 21(2): 307-26.

Te'eni, Dov, and Dennis R. Young. "The Changing Role of Nonprofits in the Network Economy." Nonprofit and Voluntary Sector Quarterly, 2003.32(3): 397-414.

Thompson, J. D. 1967. Organizations in Action. New York: McGraw-Hill.

Van Slyke, David M. "The Mythology of Privatization in Contracting for Social Services." Public Administration Review, 2003, 63(3): 296-315.

Velotti, Lucia, Antonio Botti, and Massimiliano Vesci. "Public-Private Partnerships and Network Governance." Public Performance and Management Review, 2012, 36(2): 340-65.

Whitaker, G. P. "Coproduction: Citizen Participation in Service Delivery." Public

Administration Review, 1980, 40(3): 240-46.

Whitaker, G. P., L. Altman-Sauer, and M. Henderson. "Mutual Accountability Between Governments and Nonprofits: Moving Beyond Surveillance to Service." American Review of Public Administration, 2004, 34(2): 115-33.

Wholey, Joseph, Harry, and Kathryn E. Newcomer. The Handbook of Practical Program Evaluation. 3rd ed. San Francisco: Jossey-Bass, 2010.

Yescombe, E. R. Public-Private Partnerships: Principles of Policy and Finance. Oxford: Elsevier, 2007.

Zaheer, Akbar, and N. Venkatraman. "Relational Governance as an Interorganizational Strategy: An Empirical Test of the Role of Trust in Economic Exchange." Strategic Management Journal, 1995, 16(5): 373-92.

Zhang, X. "Paving the Way for Public-Private Partnerships in Infrastructure Development." Journal of Construction Engineering and Management, 2005. 131(1): 71-80.

第5章

Agranoff, Robert. Managing Within Networks: Adding Value to Public Organizations. Washington, DC: Georgetown University Press, 2007.

Agranoff, Robert. Collaborating to Manage: A Primer for the Public Sector. Washington, DC: Georgetown University Press, 2012.

Hale, Thomas, and David Held, eds. The Handbook of Transnational Governance: Institutions and Innovations. Malden, MA: Polity, 2011.

Kapucu, Naim, and Montgomery van Wart. "The Evolving Role of the Public Sector in Managing Catastrophic Disasters." Administration and Society, 2006, 38(3): 279-308.

Kee, James Edwin, and John Forrer. "PPPs: E-SCAD or Partners in Service." Public Integrity, 2012, 14(2): 193-202.

Kennedy School of Government. Hurricane 卡特里娜(A): Preparing for "The Big One" in New Orleans. Boston: Kennedy School of Government Case Program, Harvard University, 2006.

Lee, E. W. Y., and H. K. Liu. "Factors Influencing Network Formation Among Social Service Nonprofit Organizations in Hong Kong and Implications for Comparative and China Studies." International Public Management Journal, 2012, 15(4): 454-78.

McGuire, Michael. "Managing Networks: Propositions on What Managers Do and Why They Do It." Public Administration Review, 2002, 62(5): 559-609.

McGuire, Michael. "Collaborative Public Management: Assessing What We Know and How We Know It." Public Administration Review, 2006, 66(6): 33-43.

Milward, H. Brinton, and Keith G. Provan. "Managing Networks Effectively." Paper presented at the Seventh National Public Management Research Conference, Washington, DC, October, 2003. http://www.pmranet.org/conferences/georgetownpapers/Milward.pdf.

Milward, H. Brinton, and Keith G. Provan. "A Manager's Guide to Choosing and Using Collaborative Networks." Washington, DC: IBM Center for the Business of Government, 2006.

Moore, Jan. Collaborations of Schools and Social Services Agencies. Finalized draft, National Center for Homeless Education, Greensboro, NC, 2005.http://files.eric,ed. gov /fulltext/ED491199.pdf.

Provan, Keith G., and Patrick Kenis. "Modes of Network Governance: Structure, Management, and Effectiveness." Journal of Public Administration Research and Theory, 2008, 18(2): 229-52.

Provan, Keith G., and H. Brinton Milward. "A Preliminary Theory of Interorganizational Network Effectiveness: A Comparative Study of Four Community Mental Health Systems." Administration Science Quarterly, 1995, 40(1): 1-33.

Provan, Keith G., and H. Brinton Milward. "Do Networks Really Work? A Framework for Evaluating Public-Sector Organizational Networks." Public Administration Review, 2001, 61(4): 414-23.

Silvia, Chris, and Michael McGuire. "Leading Public Sector Networks: An Empirical Examination of Integrative Leadership Behaviors." Leadership Quarterly, 2010, 21(2): 264-77.

Small Community Water Infrastructure Exchange. The Small Community Water Infrastructure Exchange, 2014. http://www.scwie.org/.

Turrini, Alex, Daniela Cristofoli, Francesca Frosini, and Greta Nasi. "Networking Literature About Determinants of Network Effectiveness." Public Administration, 2010, 88(2): 528-50.

United Nations Environmental Programme. United Nations Environmental Programme Dams and Development Project, 2001. http://www.unep.org/dams/.

US Department of Education. Lessons Learned from School Crises and Emergencies. Washington, DC: National Center for Educational Education and Regional Assistance, 2008. http://rems.ed.gov/docs/LL_Vol3Issue2.pdf.

Zaheer, A., V. McEvily, and V. Perrone. "Does Trust Matter? Exploring the Effects of Interorganizational and Interpersonal Trust on Performance." Organization Science, 1998, 9(2): 141-59.

第 6 章

American Hospital Association. AHA Research Synthesis Report: Accountable Care Organization. Chicago: American Hospital Association.

Business Civic Leadership Center. National Network for Sustainable Urban Mobility, 2012. http://csr.bclcmaps.com/#!/projects/national-network-for-sustainable-urban-mobility.

Caterpillar. First Response Team Uses Caterpillar Equipment to Save Lives, 2012. http://www.caterpillar.com/cda/layout?m=4129958&x=7&id=3265721.

Channel Industries Mutual Aid. 2014. "About CIMA." http://www.cimatexas.org/.

Congressional Budget Office. Reducing the Deficit: Spending and Revenue Options: A CBO Study. CBO Publication No.4212. Washington, DC: US Government Printing Office, 2011.

Fisher, Elliot S. Creating Accountable Care Organizations: The Extended Hospital Medical Staff, 2006. http://content.healthaffairs.org/content/26/1/w44.abstract.

Fisher, Elliot S. Slowing the Growth of Health Care Costs: Lessons from Regional Variation, 2009. http://www.nejm.org/doi/full/10.1056/NEJMp0809794#t=article.

Forrer, John, Ridhima Kapur, and Leilani Greene. "Understanding Global Governance Networks: Organization and Leadership." Working Paper, Institute for Corporate Responsibility, George Washington University, Washington, DC, 2012.

Global Network for Neglected Tropical Diseases. 2013. "Mission Statement." http://www.globalnetwork.org/about.

Joint Venture——Silicon Valley Network. Joint Venture--Silicon Valley Network: About Us, 2014. http://www.jointventure.org/.

Kaiser Commission on Medicaid and the Uninsured. Community Care of North Carolina: Putting Health Reform Ideas into Practice in Medicaid, 2009. http://www.kff.org/medicaid/upload/7899.pdf.

Kosar, Kevin R. The Quasi-Government: Hybrid Organizations with Both Government and Private Sector Legal Characteristics. Washington, DC: Congressional Research Service, 2011.

Nelson, Bryn. 2009. "Quality over Quantity." Hospitalist. http://www.the-hospitalist.org/details/article/477391/Quality_over_Quantity.html.

Oregon Environment Council. Overview Report 2010-2011. Portland: Oregon Environmental Council, 2011. http://www.oeconline.org/resources/publications/reportsandstudies/oec-overview-report-2010-201.

Peters, B. G., and John Pierre. "Governance Without Government? Rethinking Public Administration." Journal of Public Administration Research and Theory, 1998, 8(2): 223-43.

Rainforest Alliance. 2011 Annual Report. Rainforest Alliance,2012, http://www.rainforest-alliance.org/sites/default/files/about/annual_reports/annual-report2011.pdf.

Simmons, J. "The Medical Home as Community Effort." Health Leaders, 2010. http://www.healthleadersmedia.com/content/MAG-249300/Quality-The Medical-Home-as-Community-Effort.

US General Accountability Office. "Surface Transportation: Restructured Approach Needed for More Focused Performance-based and Sustainable Program" (GAO-08-400). Washington, DC: US. General Accountability Office, 2008.

US Health and Human Services. "Medicare's Delivery System Reform Initiatives Achieve Significant Savings and Quality Improvements--Off to a Strong Start." Press release, 2014, January 30. http://www.hhs.gov/news/press/2014pres/01/20140130a.html.

White House. "The President's Climate Action Plan." Executive Office of the President, 2014. http://www.whitehouse.gov/sites/default/files/image/president27sclimateactionplan.pdf.

第7章

Balanced Scorecard Institute. "Balanced Scorecard Basics." , 2012. http://www.

balancedscorecard.org/BSCResources/AbouttheBalancedScorecard/tabid/55/Default. aspx.

Boardman, A. A., D. H. Greenberg, A. R. Vining, and D. L. Veimer. Cost-Benefit Analysis: Concepts and Practice. 3rd ed. Upper Saddle River, NJ: Prentice Hall, 2006.

Brown, Trevor, Matthew Potoski, and David M. Van Slyke. Complex Contracting: Government Purchasing in the Wake of the US Coast Guard's Deepwater Program. Cambridge: Cambridge University Press, 2013.

Cellini, Stephanie Riegg, and James Edwin Kee. "Cost-Effectiveness and Cost-Benefit Analysis." In Handbook of Practical Program Evaluation, edited by Harry, Kathryn Newcomer, and Joseph Wholey. 3rd ed. San Francisco: Jossey-Bass, 2010.

Congressional Budget Office. Reducing the Deficit: Spending and Revenue Options: A CBO Study. CBO Publication No.421. Washington, DC: US Government Printing Office, 2011.

Hatry, Harry. Performance Management: Getting Results. 2nd ed. Washington, DC: Urban Institute, 2007.

Her Majesty's Treasury. Value for Money Assessment Guidance. London: Her Majesty's Treasury, 2006.

Kee, James Edwin, and John Forrer. "Private Finance Initiative: The Theory and the Practice." International Journal of Public Administration, 2008,31(2): 151-67.

Kee, James Edwin, and Kathryn E. Newcomer. Leading Change, Managing Risk: The Leadership Role in Public Sector Transformation. Washington, DC: Center for Innovation in Public Service, George Washington University, 2007.

Kee, James Edwin, and Kathryn E. Newcomer. Transforming Public and Nonprofit Organizations: Stewardship for Leading Change. McLean, VA: Management Concepts, 2008.

Kerali, Henry. "Public Sector Comparator for Highway PPP Projects." Presentation at the World Bank, 2012. http://siteresources.worldbank.org/ INTTRANSPORT/ Resources/336291-1122908670104/1504838-1151587673078/ PSCforHighwayPPPProjects-v2.pdf.

Koliba, Christopher, Jack W. Meek, and Asim Zia. Governance Networks in Public Administration and Public Policy. Boca Raton, FL: CRC Press, 2011.

Levin, Henry M., and Patrick J. McEwan. Cost-Effectiveness Analysis. 2nd ed. Thousand Oaks, CA: SAGE, 2000.

Milward, H. B., and K. G. Provan. "Governing the Hollow State." Journal of Public Administration Research and Theory, 2000,10(2): 359-80.

N Street Village. "Mission Statement.", 2011. http://www.nstreetvillage.org/about/.

Neely, Andy, Chris Adams, and Mike Kennerley. The Performance Prism: The Scorecard for Measuring and Managing Business Success. Bedford, UK: Cranfield University, School of Management, 2002.

Newcomer, Kathryn E., ed. Using Performance Measurement to Improve Public and Nonprofit Programs. San Francisco: Jossey-Bass, 1997.

Newcomer, Kathryn E., ed. Meeting the Challenges of Performance Oriented Government. Washington, DC: American Society for Public Administration, 2002.

Newcomer, Kathryn E., Harry Hatry, and Joseph Wholey, eds. Handbook of Practical Program Evaluation. 3rd ed. San Francisco: Jossey-Bass, 2010.

Parker, David. "Editorial: PPP/PFI: Solution or Problem?" Economic Affairs, 2009, March, 2-6.

Sclar, Elliott D. You Don't Always Get What You Pay For: The Economics of Privatization. Ithaca, NY: Cornell University Press, 2000.

US General Accountability Office. Privatization: Questions State and Local Decisionmakers Used When Considering Privatization Options. Washington, DC: US General Accountability Office, 1997.

Way, Jerry. "Interview with Brandon Key." April 23, George Washington University, 2012.

Wyden, Ron, and Paul Ryan. "Guaranteed Choices to Strengthen Medicare and Health Security for All: Bipartisan Options for the Future." US House, Budget Committee, 2011. http://budget.house.gov/uploadedfiles/wydenryan.pdf.

Yastutani, Satoru. "Interview with Leon Corbett, Manager, and Diane Flowers, Project Finance Team, Financial Development Office, and Gary Drzewiecki, Finance and Revenue Manager, Financial Development Office, Florida Department of Transportation." March 4, Tallahassee, FL. Report from the GW Center for the Study of Globalization, George Washington University, 2010.

Yescombe, E. R. Public-Private Partnerships: Principles of Policy and Finance. Oxford: Elsevier, 2007.

第8章

Adler, Paul S., and Bryan Borys. "Two Types of Bureaucracy: Enabling and Coercive." Administrative Science Quarterly, 1996,41(1): 61-89.

Agranoff, Robert. Managing Within Networks: Adding Value to Public Organizations. Washington, DC: Georgetown University Press, 2007.

Agranoff, Robert, and Michael McGuire. Collaborative Public Management: New Strategies for Local Governments. Washington, DC: Georgetown University Press, 2003.

Allan, Kenneth D. Explorations in Classical Sociological Theory: Seeing the World. Thousand Oaks, CA: Pine Forge Press/SAGE, 2005.

Amy, Douglas J. "Government Is Good: The Case for Bureaucracy." , 2011. http://governmentisgood.com/articles.php?aid=20&print=1.

Barzelay, M., and Armajani, B. J. Breaking Through Bureaucracy: A New Vision for Managing in Government. Berkeley: University of California Press, 1992.

Behn, Robert. "What Right Do Public Managers Have to Lead?" Public Administration Review, 1998,58(3): 209-24.

Bresser Pereira, Luiz Carlos, and P. Spink. Reforming the State: Managerial Administration in Latin America. Boulder, CO: Lynne Rienner, 1999.

Eeming, W. Edward. Out of Crisis. Cambridge, MA: MIT Center for Advanced Engineering Study, 1986.

Denhardt, Janet V., and Robert B. Denhardt. The New Public Service. 3rd ed. Armonk,

NY: M. E. Sharp, 2011.

Diver, Colin. "Engineers and Entrepreneurs: The Dilemma of Public Management." Journal of Policy Analysis and Management, 1982,1(3): 402-406.

Follett, Mary Parker. In Mary Parker Follett: Prophet of Management, edited by Pauline Graham. Washington, DC: Beard Books, 2003.

Follett, Mary Parker. "The Giving of Orders." In Classics of Public Administration, edited by Jay M. Shafritz and Albert C. Hyde. 6th ed. Belmont, CA: Washington, 2007.

Forrer, John, and James Edwin Kee. "Private Finance Initiative: The Theory Behind the Practice." Journal of International Public Administration, 2008,31(2): 151-67.

Freedberg, Syndey J. Jr. "In One Louisiana Parish, Flexibility Trumps Bureaucracy." National Journal, "Daily Briefing." October 11, 2005.

Friedman, Milton. Capital and Freedom. Chicago: University of Chicago Press, 1962.

Goldsmith, Stephen, and William D. Eggers. Governing by Network: The New Face of the Public Sector. Washington, DC: Brookings Institution Press, 2004.

Goodsell, Charles T. The Case for Bureaucracy: A Public Administration Polemic. 4th ed. Washington, DC: CQ Press, 2004.

Gore, Albert. Creating a Government That Works Better and Costs Less. Washington DC: US Government Printing Office, 1993.

Hayek, Friedrich. The Road to Serfdom. London: Routledge, 1944.

Hooghe, Liesbet. The European Commission and the Integration of Europe: Images of Governance. Cambridge: Cambridge University Press, 2001.

Kee, James Edwin, and Kathryn E. Newcomer. Transforming Public and Nonprofit Organizations: Stewardship for Leading Change. McLean, VA: Management Concepts, 2008.

Kettl, Donald. "The Global Revolution in Public Management: Driving Themes, Missing Links." Journal of Policy Analysis and Management, 1997,16(3): 446-62.

Kettl, Donald. "The Future of Public Administration." Journal of Public Affairs Education, 1999,5: 127-33.

Kettl, Donald, and Steven Kelman. Reflections on 21st Century Government Management. Washington, DC: IBM Center for the Business of Government, 2007.

Light, Paul C. The Tides of Reform: Making Government Work, 1945-1995. New Haven, CT: Yale University Press, 1997.

Lynn, Laurence E. Jr. "Public Management." In Handbook of Public Administration, edited by B. Guy Peters and Jon Pierre. Thousand Oaks, CA: SAGE, 2003.

Moe, Ronald. "The Reinventing Government' Exercise: Misinterpreting the Problem, Misjudging the Consequences." Public Administration Review, 1994,54(2): 446-62.

Munby, D. K. "Feminism, Postmodernism, and Organizational Communication Studies: A Critical Reading." Management Communication Quarterly, 1996, 9(3): 259-95.

Osborne, David, and Ted Gaebler. Reinventing Government: How the Entrepreneurial Spirit Is Transforming the Public Sector. Reading, MA: Addison-Wesley, 1992.

Peters, B. Guy. The Future of Governing: Four Emerging Models. Lawrence: University Press of Kansas, 1996.

Rohr, John A. To Run a Constitution: The Legitimacy of the Administrative State.

Lawrence: University Press of Kansas, 1986.

Salamon, Lester M. "The Tools Approach and the New Governance: Conclusions and Implications." In The Tools of Government: A Guide to the New Governance, edited by L. M. Salamon. New York: Oxford University Press, 2002.

Syed, Jawad, and Peter A. Murray. "A Cultural Feminist Approach Towards Managing Diversity in Top Management Teams." Equal Opportunities International, 2008, 27(5): 413-32.

Terry, Larry D. "Administrative Leadership, Neo-Managerialism, and the New Public Management Movement." Public Administration Review, 1998, 58(3): 194-200.

Weber, Max. The Theory of Social and Economic Organization. Translated by A. M. Henderson and Talcott Parsons. London: Collier Macmillan, 1947.

Wilson, James Q. Bureaucracy. New York: Basic Books, 1989.

第9章

Agranoff, Robert. Collaborating to Manage: A Primer for the Public Sector. Washington, DC: Georgetown University Press, 2012.

Agranoff, Robert, and Michael McGuire. "American Federalism and the Search for Models of Management." Public Administration Review, 2001, 61(6): 671-81.

Allen, Thad W. "Unprecedented Events: Unprecedented Leadership Challenges." Speech presented at George Washington University, Washington, DC, 2010.

Austin, James E. "Strategic Collaboration Between Nonprofits and Business." Nonprofit and Voluntary Sector Quarterly, 2000, 29(1): 69-97.

Barnard, Chester Irving. The Functions of the Executive. Cambridge, MA: Harvard University Press, 1938.

Berinato, Scott. "You Have to Lead from Everywhere: An Interview with Admiral Thad Allen." Harvard Business Review, 2010, 88(11): 76-79.

Berry, J. M. "Validity and Reliability Issues in Elite Interviewing." PS: Political Science and Politics, 2002, 35(4): 679-682.

Bertelli, Anthony, and Craig R. Smith. "Relational Contracting and Network Management." Journal of Public Administration Research and Theory, 2009, 20(1): 21-40.

Boyer, Eric. "Building Capacity for Cross-Sector Collaboration: How Transportation Agencies Build Skills and Systems to Manage Public-Private Partnerships." PhD diss., George Washington University, 2012.

Carlee, Ron. "Leadership in Emergency Management Networks." In Transforming Public and Nonprofit Organizations: Stewardship for Leading Change, James Edwin Kee and Kathryn E. Newcomer. McLean, VA: Management Concepts, 2008.

Cooper, David E. Hurricanes and Rita: Preliminary Observations on Contracting for Response and Recovery Efforts(GAO 06-246). Washington, DC: US Government Accountability Office, 2005.

Denhardt, Janet V., and Robert B. Denhardt. The New Public Service. Armonk, NY: M. E. Sharp, 2003.

Gazley, Beth. "Linking Collaborative Capacity to Performance Measurement in

Government-Nonprofit Partnerships." Nonprofit and Voluntary Sector Quarterly, 2010, 39(4): 653-73.

George, Alexander L., and Andrew Bennett. Case Studies and Theory Development in the Social Sciences. Cambridge, MA: MIT Press, 2004.

Goldsmith, Stephen, and William D. Eggers. Governing by Network: The New Face of the Public Sector. Washington, DC: Brookings Institution Press, 2004.

Jenkins, W. O. "Collaboration over Adaptation: The Case for Interoperable Communications in Homeland Security." Public Administration Review, 2006, 66(3): 319-21.

Johansen, M., and K. LeRoux. "Managerial Networking in Nonprofit Organizations: The Impact of Networking on Organizational and Advocacy Effectiveness." Public Administration Review, 2013, 73(2): 355-63.

Kee, James Edwin, and Kathryn E. Newcomer. Transforming Public and Nonprofit Organizations: Stewardship for Leading Change. McLean, VA: Management Concepts, 2008.

Kettl, Donald. "Managing Boundaries in American Administration: The Collaboration Imperative." Public Administration Review, 2006, 66(1): 10-19.

Kettl, Donald. The Next Government of the United States: Why Our Institutions Fail Us and How to Fix Them. New York: Norton, 2008.

Kettl, Donald, and Steven Kelman. Reflections on 21st Century Government Management. Washington, DC: IBM Center for the Business of Government, 2007.

Kennedy School of Government. Hurricane 卡特里娜(A): Preparing for "The Big One" in New Orleans. Boston: Kennedy School of Government Case Program, Harvard University, 2006.

Landy, Marc. "Mega-Disasters and Federalism." Public Administration Review, 2008, 68(1): S186-S198.

Milward, H. Brinton, and Keith G. Provan. A Manager's Guide to Choosing and Using Collaborative Networks. Washington, DC: IBM Center for the Business of Government, 2006.

Moynihan, Donald P. Leveraging Collaborative Networks in Infrequent Emergency Situations. Washington, DC: IBM Center for the Business of Government, 2005.

Provan, Keith G., and Robin H. Lemaire. "Core Concepts and Key Ideas for Understanding Public Sector Organizational Networks: Using Research to Inform Scholarship and Practice." Public Administration Review, 2012, 72(5): 638-48.

Ratnasingam, Pauline. "Inter-Organizational Trust in Business to Business E-Commerce: A Case Study in Customs Clearance." Journal of Global Information Management, 2003, 11(1): 1-19.

Reihlen, Markus. "The Logic of Hierarchies: Making Organizations Competitive for Knowledge-Based Competition." Working Paper 91. Cologne, Germany: University of Cologne, 1996.

Salamon, Lester M. "The Tools Approach and the New Governance: Conclusions and Implications." In The Tools of Government: A Guide to the New Governance, edited by L. M. Salamon. New York: Oxford University Press, 2002.

Schein, E. H. Organization Culture and Leadership. 2nd ed. San Francisco: Jossey-Bass,

1992.

Senge, Peter M. The Fifth Discipline: The Art and Practice of the Learning Organization. New York: Doubleday, 2006.

Shadish, William R., Thomas D. Cook, and Donald T. Campbell. Experimental and Quasi-Experimental Designs. Boston: Houghton Mifflin, 2002.

Soda, Giuseppe, and Akbar Zaheer. "A Network Perspective on Organizational Architecture: Performance Effects of the Interplay of Formal and Informal Organization." Strategic Management Journal, 2012, 33(6): 751-771.

Stephenson, Karen. "Neither Hierarchy nor Network: An Argument for Heterarchy." People and Strategy, 2009, 32(1): 4-7.

Tansey, O. "Process Tracing and Elite Interviewing: A Case for Non-Probability Sampling." PS: Political Science and Politics, 2007, 40(4): 765-72.

Titan Systems Corp. After-Action Report on the Response to the September 11th Terrorist Attack on the Pentagon. San Diego, CA: Arlington County, 2002.

Varley, Pamela. Command Performance: County Firefighters Take Charge of the 9/11 Pentagon Emergency. Cambridge, MA: John F. Kennedy School of Government, Harvard University, 2003.

Whitehead, Joel. Remarks at George Washington University, October 22, Washington, DC, 2005.

第 10 章

AECOM Technology Corporation. Case Studies of Transportation Public-Private Partnerships in the United States, 2007. http://www.fhwa.dot.gov/ipd/pdfs/us_ppp_case_studies_final_report_7-7-07.pdf.

Behn, Robert D. Rethinking Democratic Accountability. Washington, DC: Brookings Institution, 2001.

Berman, Sheri. "Civil Society and Political Institutionalization." American Behavioral Scientist, 1997, 40(5): 562-74.

Bozeman, Barry. Public Values and Public Interest: Counterbalancing Economic Individualism. Washington, DC: Georgetown University Press, 2007.

Brabham, Daren C. "Crowdsourcing the Public Participation Process for Planning Projects." Planning Theory, 2009, 8(3): 242-62.

Brabham, Daren C., Thomas W. Sanchez, and Keith Bartholomew. Crowdsourcing Public Participation in Transit Planning: Preliminary Results from the Next Stop Design. Washington, DC: Transportation Research Board Conference, 2009.

Brewer, B., and M. R. Hayllar. "Building Public Trust Through Public-Private Partnerships." International Review of Administrative Sciences, 2005, 71(3): 475-92.

Carnevale, David. Trustworthy Government: Leadership and Management Strategies for Building Trust and High Performance. San Francisco: Jossey-Bass, 1995.

Derthick, Martha. "Ways of Achieving Federal Objectives." In American Intergovernmental Relations, edited by Lawrence J. O'Toole and Robert K Christensen. 5th ed. Thousand Oaks, CA: SAGE/CQ Press, 2013.

Dicke, L. A., and J. S. Ott. "Public Agency Accountability in Human Service Contracting." Public Productivity and Management Review, 1999, 22(4): 502-16.

Dobb, Maurice. Theories of Value and Distribution Since Adam Smith: Ideology and Economic Theory. Cambridge: Cambridge University Press, 1973.

Eggers, William, and Stephen Goldsmith. Government by Networks: The New Public Management Imperative. Washington, DC: Deloitte Research and the Ash Institute for Democratic Governance and Innovation, 2004.

Follett, Mary Parker. In Mary Parker Follett: Prophet of Management, edited by Pauline Graham. Washington, DC: Beard Books, 2003.

Forrer, John, James Edwin Kee, Kathryn Newcomer, and Eric Boyer. "Public- Private Partnerships and the Accountability Question." Public Administration Review, 2010, 70(3): 475-84.

Friedman, Milton. Capitalism and Freedom. Chicago: University of Chicago Press, 1962.

Friedrich, Carl J. "Public Policy and the Nature of Administrative Responsibility." In Public Policy: A Yearbook of the Graduate School of Public Administration, edited by C. J. Friedrich and E. S. Mason. Cambridge, MA: Harvard University Press, 1940.

Hamilton, Alexander, John Jay, and Jay Madison. The Federalist, edited by G. W. Carey and J. McClellan. Indianapolis: Indianapolis Liberty Fund, 2001.

Hardin, Russell. Trust and Trustworthiness. New York: Russell Sage Foundation, 2004.

Harmon, Michael M. Responsibility as Paradox: A Critique of Rational Discourse on Government: Thousand Oaks, CA: SAGE, 1995.

Heinzelman, Jessica, and Carol Waters. "Crowdsourcing Crisis Information in Disaster-Affected Haiti." Special Report. Washington, DC: US Institute of Peace, 2010.

Ingram, Helen. "Policy Implementation Through Bargaining: The Case of Federal Grant-in-Aid." Public Policy, 1977, 25(4): 499-526.

Kearns, K. P. Managing for Accountability: Preserving the Public Trust in Public and Nonprofit Organizations. San Francisco: Jossey-Bass, 1996.

Kettl, Donald. The Transformation of Governance: Public Administration for Twenty-First Century America. Baltimore, MD: Johns Hopkins University Press, 2002.

Kettl, Donald. The Global Public Management Revolution. 2nd ed. Washington, DC: Brookings Institution Press, 2005.

Light, Paul C. The Tides of Reform: Making Government Work, 1945-1995. New Haven, CT: Yale University Press, 1998.

Lynn, L. E. Public Management: Old and New. New York: Routledge, 2006.

McSwite, O. C. Legitimacy in Public Administration: A Discourse Analysis. Thousand Oaks, CA: SAGE, 1997.

Moore, M. Creating Public Value. Cambridge, MA: Harvard University Press, 1995.

Nabatchi, Tina. "Putting the 'Public' Back in Public Values Research: Designing Participation to Identify and Respond to Values." Public Administration Review, 2012, 72(5): 699-709.

National Center for Charitable Statistics. Quick Facts About Nonprofits, 2012. http:// nccs.urban.org/statistcs/quickfacts.cfm.

Osborne, David, and Ted Gaebler. Reinventing Government: How the Entrepreneurial

Spirit Is Transforming the Public Sector. Reading, MA: Addison-Wesley, 1992.

Porter, Michael E., and Mark R. Kramer. "Creating Shared Value." Harvard Business Review, 2011, 89(1-2): 2-17.

Posner, Paul L. "Accountability Challenges of Third-Party Government." In The Tools of Government, edited by L. M. Salamon. New York: Oxford University Press, 2002.

Romzek, Barbara, and Melvin Dubnick. "Issues of Accountability in Flexible Personnel Systems." In New Paradigms for Government: Issues for the Changing Public Services. edited by Patricia Ingraham and Barbara Romzek. San Francisco: Jossey-Bass, 1994.

Thomas, John. Citizen, Customer, Partner: Engaging the Public in Public Management. Armonk, NY: M. E. Sharp, 2012.

US Government Accountability Office. Assessments and Citations of Federal Labor Law Violations by Selected Federal Contractors. Washington, DC: US Government Accountability Office, 2010.

Waldo, Dwight. The Administrative State. New Brunswick, NJ: Transaction Publishers, 1948.

White, House. Memorandum for the Heads of Executive Departments and Agencies: Open Government Directive. Washington, DC: Executive Office of the President, Office of Management and Budget, 2009.

Wilson, Woodrow. "The Study of Administration." Political Science Quarterly, 1887, 2(2): 197-222.

Wuthnow, R. Poor Richard's Principle: Recovering the American Dream Through the Moral Dimension of Work, Business, and Money. Princeton, NJ: Princeton University Press, 1996.

第 11 章

Argyris, Chris, and Donald A. Schön. Organizational Learning II: Theory, Method, and Practice. Reading, MA: Addison-wesley, 1996.

Bingham, Lisa Blomgren, and Rosemary O'Leary. A Manager's Guide to Resolving Conflicts in Collaborative Networks. Washington, DC: IBM Center for the Business of Government, 2007.

Blindenbacher, Raoul, and Bidjan Nashat. The Black Box of Governmental Learning: The Learning Spiral——A Concept to Organize Learning in Governments. Washington, DC: World Bank, Independent Evaluation Group, 2010.

Boyer, Eric. "Building Capacity for Cross-Sector Collaboration: How Transportation Agencies Build Skills and Systems to Manage Public-Private Partnerships." Ph. D. dissertation, George Washington University, 2012.

Boyer, Eric. "A Preliminary Framework of Collaborative Learning." Working paper, Georgia Institute of Technology, 2013.

Brown, Trevor L., Matthew Potoski, and David M. Van Slyke. "Accountability Challengers in Public Sector Contracting for Complex Products." In Accountable Governance: Problems and Promises, edited by Melvin J. Dubnick and H. George Frederickson. Armonk, NY: M. E. Sharp, 2011.

Carlee, Ron. "Leadership in Emergency Management Networks." In Transforming Public and Nonprofit Organizations: Stewardship for Leading Change, by James Edwin Kee and Kathryn E. Newcomer. McLean, VA: Management Concepts, 2008.

Carrillo, Patricia, Herbert Robinson, Chimay Anumba, and Nasreddine Bouchlaghem. "A Knowledge Transfer Framework: The PFI Context." Construction Management and Economics, 2006, 24(10): 1045-56.

Denrell, Jerker, and James March. "Adaptation as Information Restriction: The Hot Stove Effect." Organization Science, 2001, 12(5): 523-38.

Edmondson, Amy C. "Psychological Safety and Learning Behavior in Work Teams." Administrative Science Quarterly, 1999, 44(2): 350-83.

Felipe, Jesus. Public-Private Partnership for Competitiveness. Manila: Asian Development Bank, 2003.

Gazley, Beth. "Beyond the Contract: The Scope and Nature of Informal Government-Nonprofit Partnerships." Public Administration Review, 2008, 68(1): 141-54.

Gibson, Cristina, and Freek Vermeulen. "A Healthy Divide: Subgroups as a Stimulus for Team Learning Behavior." Administrative Science Quarterly, 2003, 48(2): 202-39.

Grimsey, Darrin, and Mervyn K. Lewis. Public Private Partnerships: The Worldwide Revolution in Infrastructure Provision and Project Finance. Northampton, NA Edward Elgar, 2007.

Haunschild, Pamela R., and Bilian Ni Sullivan. "Learning from Complexity: The World: Effects of Prior Accidents and Incidents on Airlines' Learning." Administrative Science Quarterly, 2002, 47(4): 609-43.

Her Majesty's Treasury. Value for Money Assessment Guidance. London: Her Majesty's Treasury, 2006.

Her Majesty's Treasury. Competitive Dialogue in 2008: OGC/HMT Joint Guidance on Using the Procedure. London: Her Majesty's Treasury, 2009.

Hodge, Graeme A., and Carsten Greve. "Public-Private Partnerships: An International Performance Review." Public Administration Review, 2007, 67(3): 545-58.

Huber, George P. "Organizational Learning: The Contributing Processes and the Literatures." Organization Science, 1991, 2(1): 88-115.

Kettl, Donald. "Managing Indirect Government." In The Tools of Government, edited by Lester M. Salamon. New York: Oxford University Press, 2002.

Kettl, Donald. The Next Government of the United States: Why Our Institutions Fail Us and How to Fix Them. New York: Norton, 2008.

Mahler, Julianne. "Influences of Organizational Culture on Learning in Public Agencies." Journal of Public Administration Research and Theory, 1997, 7(4): 519-40.

Mahler, Julianne, and Maureen Hogan Casamayou. Organizational Learning at NASA: The Challenger and Columbia Accidents. Washington, DC: Georgetown University Press, 2009.

McGuire, Michael. "Collaborative Public Management: Assessing What We Know and How We Know It." Public Administration Review, 2006, 66(Suppl.1): 33-43.

Morallos, Dorothy, and Adjo Amekudzi. "The State of the Practice of Value for Money Analysis in Comparing Public Private Partnerships to Traditional Procurements."

Public Works Management Policy, 2008,13(2): 114-25.

National Audit Office. The Termination of the PFI Contract for the National Physics Laboratory. London: National Audit Office, 2006.

Nelson, R. R., and S. G. Winter. An Evolutionary Theory of Economic Change. Cambridge, MA: Belknap Press, 1982.

Newcomer, Kathryn E., Harry Hatry, and Joseph Wholey. "What You Need to Know About Program Evaluation." In The Handbook of Practical Program Evaluation, 3rd ed., edited by Joseph Wholey, Harry Hatry and Kathryn E. Newcomer. San Francisco: Jossey-Bass, 2010.

OTP3. Office of Transportation Public-Private Partnerships, Virginia Department of Transportation(OTP3), 2012, http://www.vappta.org/.

Partnerships Victoria. "Public Sector Comparator." Technical note, Department of Treasury and Finance, State of Victoria, Victoria, Australia, 2001.

Preskill, H., and R. T. Torres. "The Learning Dimension of Evaluation Use." New Directions for Evaluation, 2001, (88): 25-37.

Robinson, Herbert, Patricia Carrillo, Chimay J. Anumba, and Manju Patel. Governance and Knowledge Management for Public Private Partnerships. Oxford: Wiley-Blackwell, 2010.

Sabatier, Paul A., and Christopher M. Weible. "The Advocacy Coalition Framework: Innovations and Clarifications." In Theories of the Policy Process, edited by Paul A. Sabatier. Boulder, CO: Westview Press, 2007.

Schein, E.H. Organizational Psychology. Englewood Cliffs, NJ: Prentice Hall, 1965.

Secretary's Global Partnership Initiative. U.S. State Department, Global Partnership Initiative(S/GPI), 2012, http://www.state.gov/s/partnerships/.

Senge, Peter M. The Fifth Discipline: The Art and Practice of the Learning Organization. New York: Doubleday, 2006.

Sheehan, Tony, Dominique Poole, Ian Lyttle, and Charles O. Egbu. "Strategies and Business Case for Knowledge Management." In Knowledge Management in Construction, edited by Chimay J. Anumba, Charles Egbu, and Patricia Carrillo. Oxford: Blackwell, 2005.

Sitkin, Sim B. "Learning Through Failure: The Strategy of Small Losses." In Research in Organizational Behavior, edited by Barry Staw and L. L. Cummings. Greenwich, CT: JAI Press, 1992.

Smith, Heather A., James D. McKeen, and Satyendra Singh. "Making Knowledge Work: Five Principles for Action-Oriented Knowledge Management." Knowledge Management Research and Practice, 2006, 4: 116-24.

Van Slyke, David M. "Collaboration and Relational Contracting." In The Collaborative Public Manager: New Ideas for the Twenty-First Century, edited by Rosemary O'Leary and Lisa Blomgren Bingham. Washington, DC: Georgetown University Press, 2009.

Vancoppenolle, Diederik, and Bram Verschuere. "Failure in Service Delivery by Public-Private Networks: The Case of Flemish Childcare." Public Policy and Administration, 2012, 27(1): 31-48.

Wholey, Joseph, Harry Hatry, and Kathryn E. Newcomer. The Handbook of Practical

Program Evaluation. 3rd ed. San Francisco: Jossey-Bass, 2010.

World Bank. Public-Private Partnership Units: Lessons for Their Design and Use in Infrastructure. Washington, DC: Public-Private Infrastructure Advisory Facility, World Bank, 2007.

第 12 章

AASHTO Center for Excellence in Project Finance. "I-495 Capital Beltway HOT Lanes." , 2014, http://www.transportation-finance.org/projects/i495_beltway_hotlanes.aspx.

Eggers, William, and Stephen Goldsmith. Government by Networks: The New Public Management Imperative. Deloitte Research and the Ash Institute for Democratic Governance and Innovation. Cambridge, MA: Harvard Kennedy School of Government, 2004.

Goldsmith, S., and W. D. Eggers. Governing by Network: The New Sharp of the Public Sector. Washington, DC: Brookings Institution Press, 2004.

Hale, T., and W. D. Held. Handbook of Transnational Governance: Institutions and Innovations. Cambridge, MA: Polity, 2011.

Kettl, D. F. Sharing Power: Public Governance and Private Markets. Washington, DC: Brookings Institution, 1993.

McGuire, M. "Intergovernmental Management: A View from the Bottom." Public Administration Review, 2006, 66(5): 677-79.

Milburn, Alan. "A 2020 Vision for the Public Services." Lecture at the London School of Economics, London, 2007.

Moore, M. H. Creating Public Value: Strategic Management in Government. Cambridge, MA: Harvard University Press, 1995.

Osborne, S. P. The New Public Governance: Emerging Perspectives on the Theory and Practice of Public Governance. London: Routledge, 2010.

Salamon, L. M. The Tools of Government: A Guide to the New Governance. Oxford: Oxford University Press, 2002.

Talbot, C. "Paradoxes and Prospects of 'Public Value'." Public Money and Management, 2011, 31(1): 27-34.

Virginia Department of Transportation. 495 Express Lanes: Virginia Megaprojects Current Alerts, 2013, http://www.vamegaprojects.com/about-megaprojects/ i495-hot-lanes/#overview.